Berufsvorbereitung Bau

Lehr- und Arbeitsbuch

Balder Batran
Nadine Brix
Volker Frey
Romy Karier
Dr. Klaus Köhler

mit über 600 farbigen Abbildungen,
zahlreichen Aufgaben, Beispielen und Versuchen

5., durchgesehene Auflage

Handwerk und Technik · Hamburg

ISBN 978-3-582-68849-1 Best.-Nr. 5620

Verlag Handwerk und Technik GmbH,
Lademannbogen 135, 22339 Hamburg; Postfach 63 05 00, 22331 Hamburg – 2024
E-Mail: info@handwerk-technik.de, Internet: www.handwerk-technik.de

Satz: Claudia Wild, 78467 Konstanz
Zeichnungen: Nadine Brix, L-3397 Roeser

Druck und Weiterverarbeitung: Himmer GmbH Druckerei & Verlag, 86167 Augsburg

Anstelle eines Vorwortes

Dies sind **Sofie** und ihr Freund **Nico**. Sie besuchen das **Berufsvorbereitungsjahr (BVJ)/Berufseinstiegsjahr (BEJ)** mit der Absicht, sich auf einen **Bauberuf** vorzubereiten.

Sofies Großmutter besitzt ein Grundstück, das eine Bebauung mit einem kleinen Wohnhaus zuließe.
Die Großmutter stellt den beiden jungen Leuten das Grundstück in Aussicht, vorausgesetzt, sie erwerben die nötigen bautechnischen Grundkenntnisse im BVJ/BEJ, bemühen sich ernsthaft um einen **Ausbildungsplatz in einem Bauberuf** und sind dann irgendwann fähig, ein solches Haus weitgehend selbst zu bauen.

Sofie und Nico sind von der Idee begeistert, sie blättern in verschiedenen Bauzeitschriften und entdecken dabei Zeichnungen eines Häuschens, das genau ihren Vorstellungen entspricht.

In ihrem Unterricht im BVJ/BEJ erarbeiten sich Sofie und Nico die erforderlichen bautechnischen Grundkenntnisse am Beispiel ihres Wunschhauses.

Wir wünschen allen Schülerinnen und Schülern die gleiche Begeisterung und Freude bei der Bearbeitung der Aufgaben, wie sie Sofie und Nico erleben.

Im Sommer 2024

Die Verfasserinnen und Verfasser

Inhaltsverzeichnis

1 Vom Plan zum Bauwerk

Sofie und Nico informieren sich in verschiedenen Architekturzeitschriften und finden schließlich auch ein Haus, das ihren Vorstellungen entspricht.

1.1 Das Projekthaus

Sofies und Nicos Wunschhaus hat einen rechteckigen Grundriss und ein Pultdach.

Es ist nicht unterkellert.

Auf den folgenden Seiten sind die Pläne des Wunschhauses von Sofie und Nico abgebildet.

Perspektive

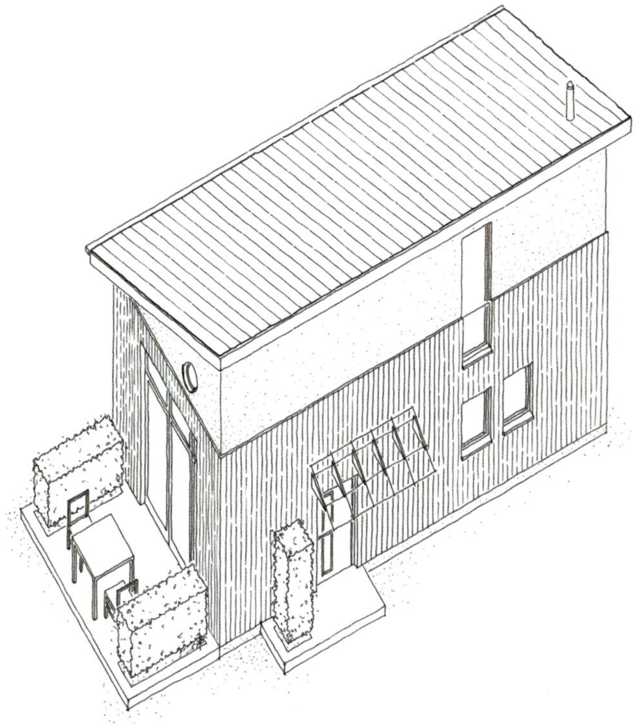

Lageplan

Lagepläne werden üblicherweise in den Maßstäben 1:1000, 1:500 oder 1:200 gezeichnet.

Grundrisse

Erdgeschoss

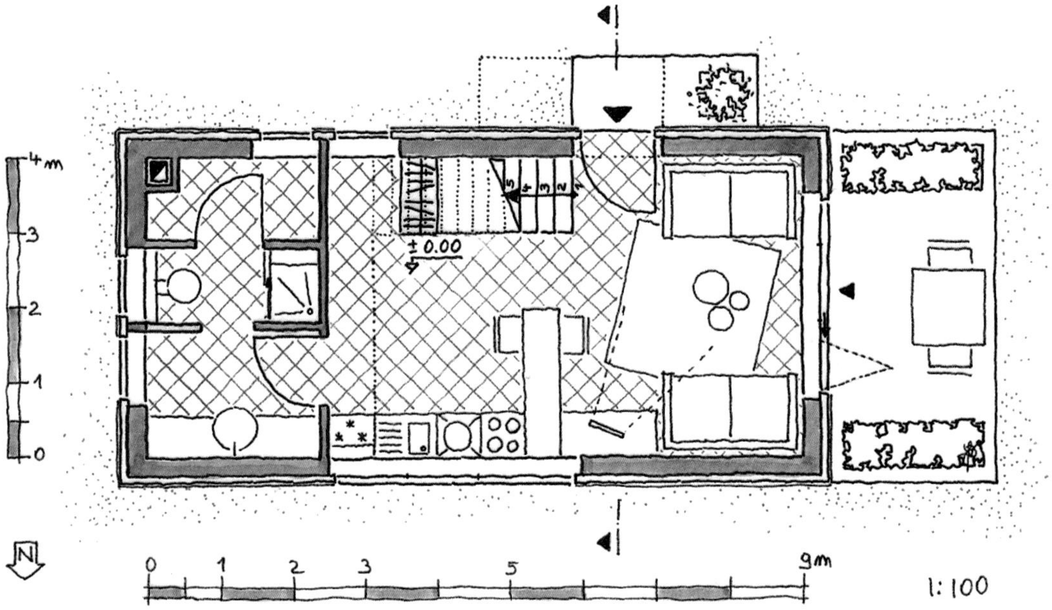

Obergeschoss

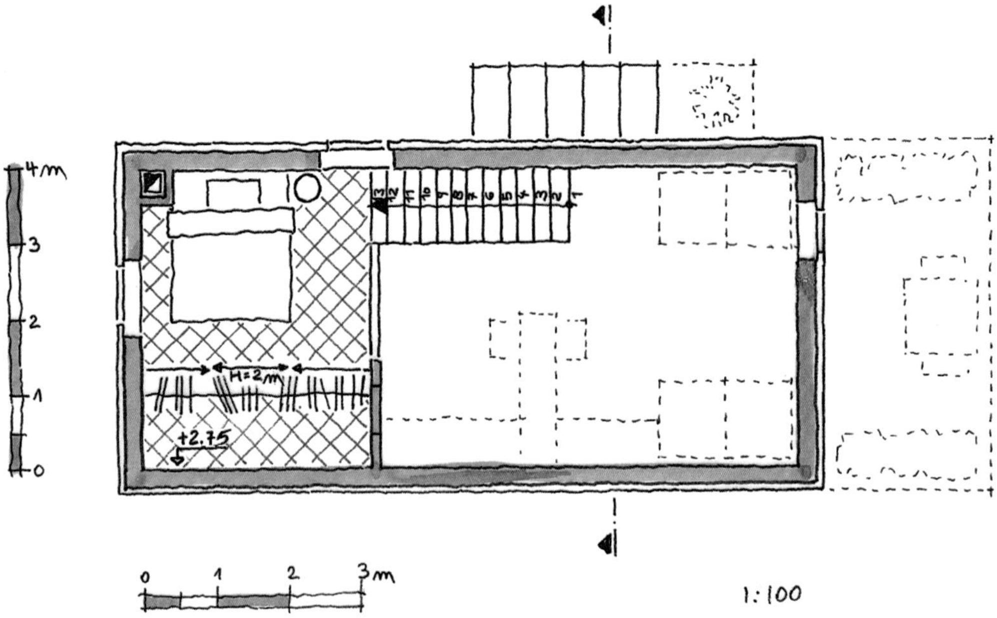

Ansichten

Südansicht

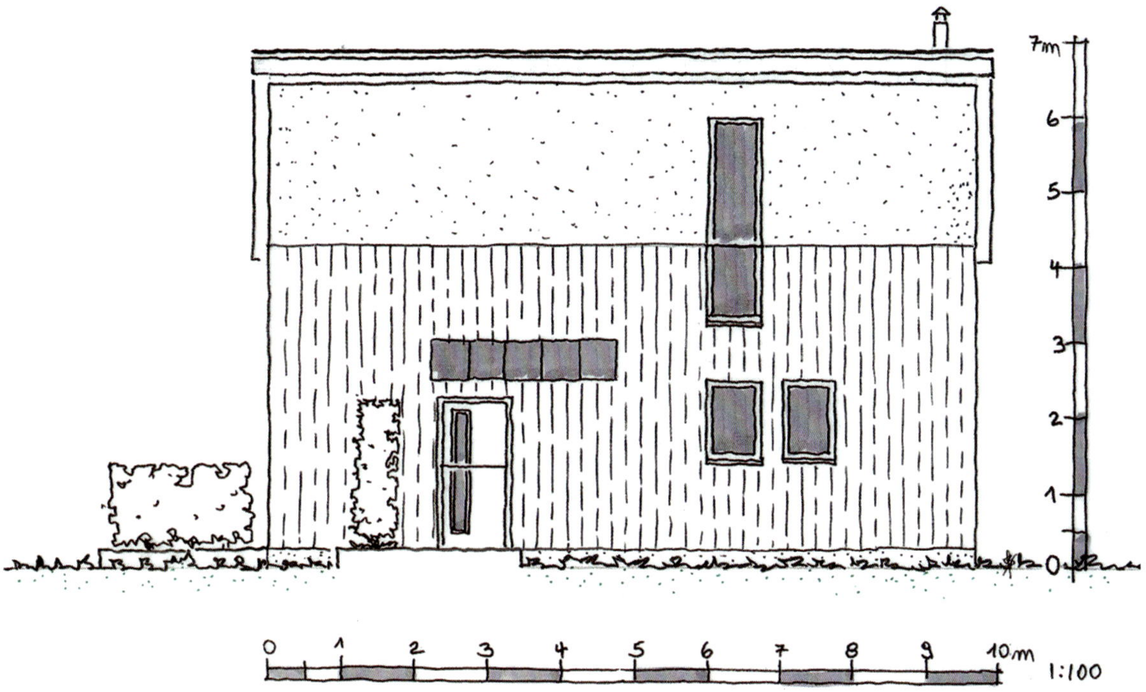

Westansicht

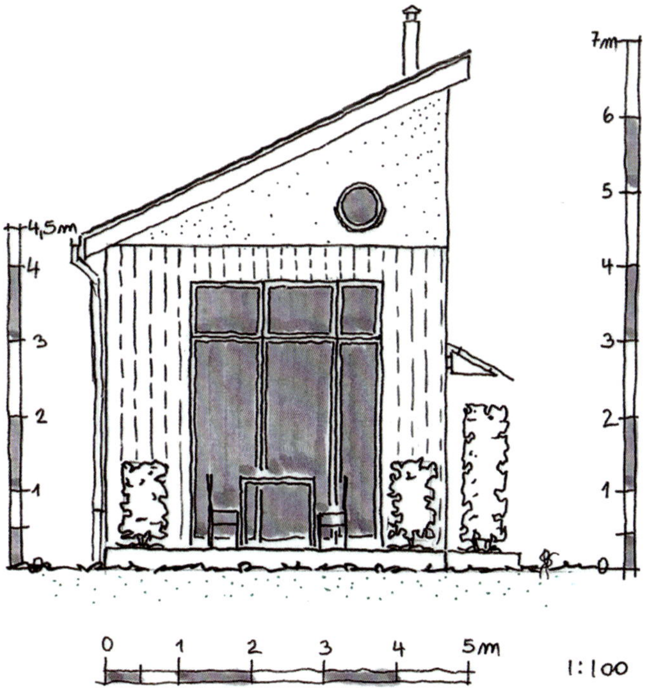

Nordansicht

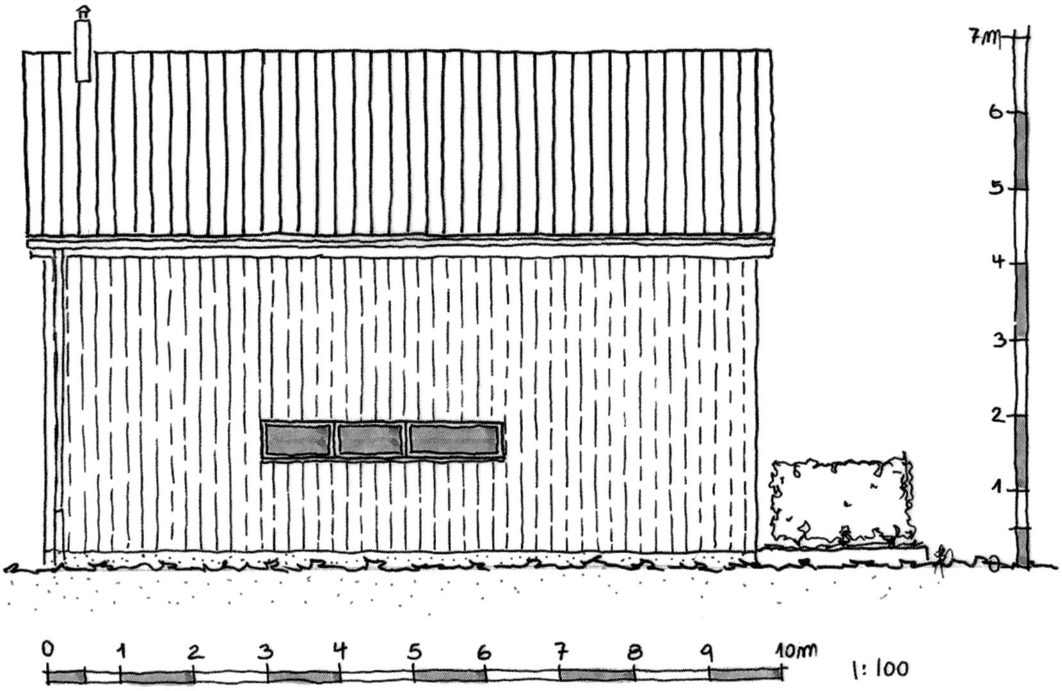

Ostansicht

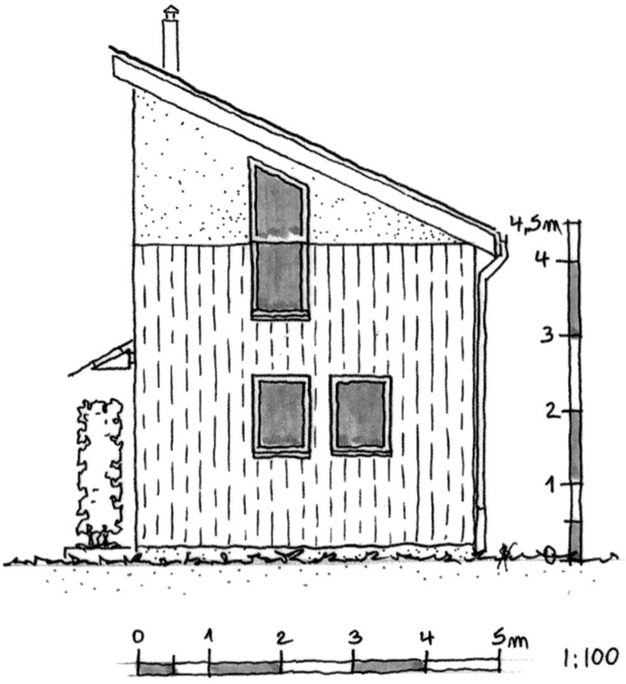

Schnitt

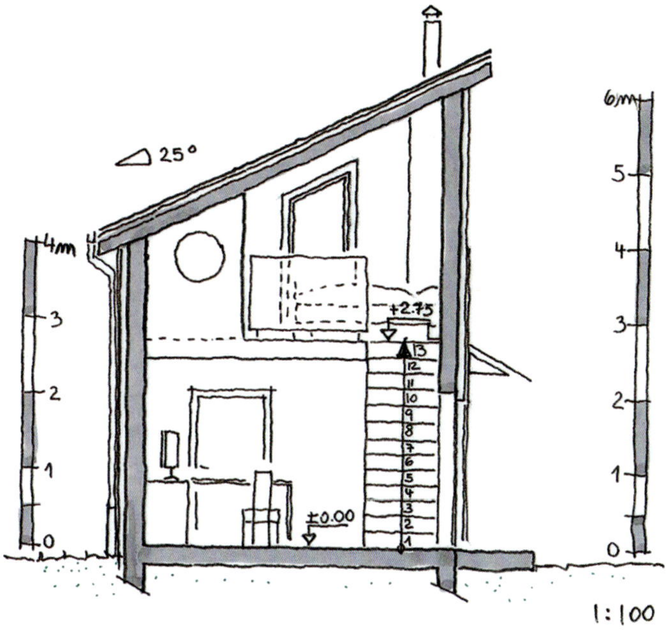

Aufgabe

Bauen Sie Sofies und Nicos Wunschhaus als „**Aufklapphaus**".

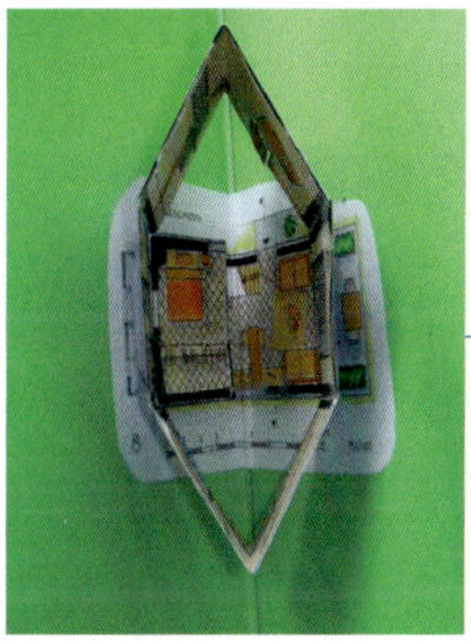 → 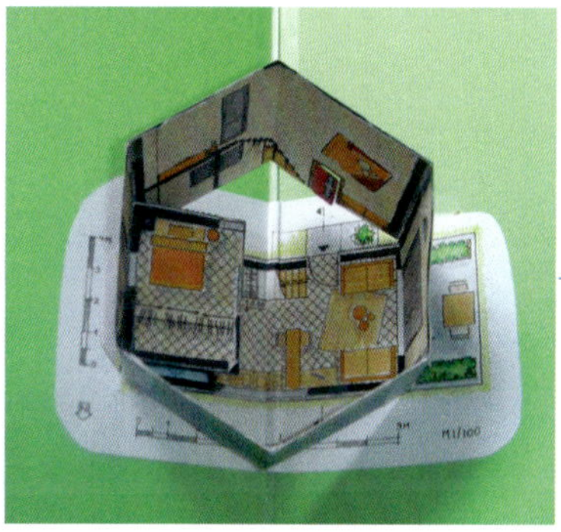 → 

Dafür benötigen Sie:

- einen dünnen Karton im Format A3,
- die Vorlagen 1, 2, 3 und 4 aus dem Anhang **A, B und C,**
- eine Schere (oder ein Schneidemesser mit Unterlage),
- Klebstoff (am besten einen Klebestift für Papier und Karton) und
- Farben zum Ausmalen (am besten Farbstifte).

Folgende Kanten und Flächen werden in den Vorlagen 1, 2, 3 und 4 dargestellt:

- - - - - - - = Schneidekante

. . . . = Falzkante

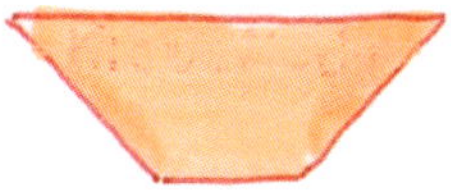 = Klebefläche

Bauanleitung:

- Malen Sie alle Vorlagen nach Ihrem Geschmack farbig aus.
- Falten Sie die Vorlage 1 entlang der Falzkante.
- Falten Sie den A3-Karton in der Mitte auf das Format A4.
- Kleben Sie die Vorlage 1 auf den A3-Karton, sodass die Falzkanten aufeinanderliegen.
- Schneiden Sie die Vorlagen 2, 3 und 4 entlang den vorgesehenen Kanten mit der Schere aus. Kleben Sie die entsprechenden Außen- und Innenansichten passgenau zusammen. (Wenn Sie möchten, können Sie mit einem Schneidemesser auch die Öffnungen der Eingangstür, der Terrassentür und der Badezimmertür einschneiden, bitte beachten Sie die gekennzeichneten Kanten.)
- Falten Sie die Vorlagen entlang den Falzkanten.
- Kleben Sie die Klebefläche A auf A` und die Klebefläche B auf B`.
- Kleben Sie die Klebefläche C auf C` und die Klebefläche D auf D`.
- Kleben Sie dann die Klebefläche E auf E` und die Klebefläche F auf F`.

1.2 Die Bauzeichnungen

Es werden verschiedene Arten von Darstellungen unterschieden:

- Perspektive
- Lageplan
- Draufsicht
- Grundriss
- Schnitt
- Ansicht
- Detailzeichnung

Die Perspektive → die dreidimensionale (räumliche) Darstellung

Perspektiven stellen das Haus so dar, wie wir es sehen würden.

Auch Fotos bilden Gegenstände so ab, wie sie von uns gesehen werden, also perspektivisch.

Der Lageplan → die Sicht aus dem Flugzeug

Lagepläne zeigen Gebäude in der Draufsicht und in ihrer Lage auf dem Grundstück. Oft sind auch die benachbarten Gebäude und die angrenzenden Straßen in den Lageplänen noch mit abgebildet.

Der Lageplan ist immer mit einem Nordpfeil versehen, sodass ersichtlich wird, in welcher Himmelsrichtung das Gebäude liegt.

Die Draufsicht (auch Vogelperspektive) → die Sicht auf das Gebäude

Der Grundriss → die Sicht in das Gebäudeinnere von oben

Der Grundriss ist ein horizontaler (waagerechter) Schnitt durch das Gebäude.
Man kann sich das so vorstellen: Das Gebäude wird horizontal durchgesägt und der obere Teil entfernt.

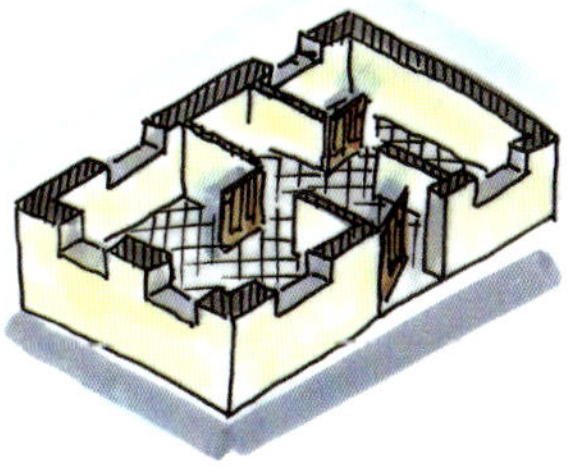

Dadurch wird die Sicht in das Innere möglich. Wenn wir davon aus der Vogelperspektive eine Zeichnung anfertigen, erhalten wir den Grundriss des Gebäudes.

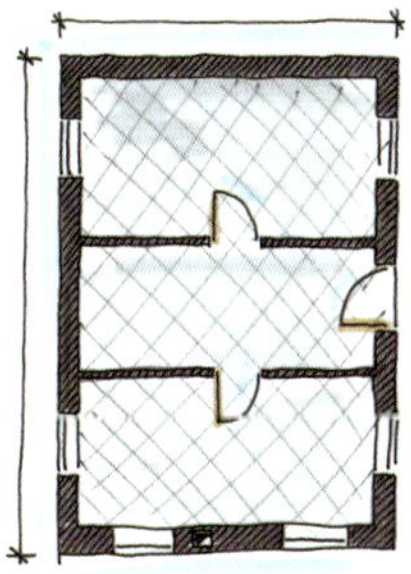

Grundrisse liefern sehr wichtige Informationen wie z. B. Abmessungen der Bauteile, Raumgrößen, Anordnung der Räume usw.

Der Schnitt → die Sicht in das Gebäudeinnere von der Seite

Der Schnitt ist ein vertikaler (senkrechter) Schnitt durch das Gebäude. Dabei gibt es zwei Möglichkeiten:

Das Gebäude kann quer durchgeschnitten werden (→ **Querschnitt**).

Das Gebäude kann längs durchgeschnitten werden (→ **Längsschnitt**).

Schnitte geben Informationen über Höhen (Gebäudehöhe, Geschosshöhe, Brüstungshöhe, Fensterhöhe, Türhöhe usw.).

Die Ansicht → die Sicht auf die Fassaden

Südansicht

Ostansicht

Nordansicht

Westansicht

Die Ansichten eines Gebäudes werden gezeichnet, um zu zeigen, wie das Gebäude von verschiedenen Seiten aussieht. Ansichten von Gebäuden werden meist nach ihrer Himmelsrichtung bezeichnet, z. B. Südansicht, Nordansicht usw. (Die Himmelsrichtung ist dem Lageplan zu entnehmen.)

Die Detailzeichnung → die besonderen Einzelheiten des Gebäudes

Detailzeichnungen werden angefertigt, um Einzelheiten zu zeigen, die auf den Grundrissen, Schnitten, Ansichten usw. nicht oder schlecht zu erkennen sind.

Die Maßstäbe

Sofies und Nicos Wunschhaus ist in der Architekturzeitschrift verkleinert abgebildet. Bauzeichnungen sind immer verkleinerte Abbildungen.

Das Verhältnis für die Verkleinerung wird als Maßstab bezeichnet.

Der Maßstab 1:100 z. B. bedeutet, dass 1 cm in der Zeichnung 100 cm am Gebäude entspricht. Das heißt, dass die Strecken in der Zeichnung einem Hundertstel der Gebäudeabmessungen entsprechen.

Allgemein wird ein Maßstab im Verhältnis 1: *n* ausgedrückt, wobei *n* die Verhältniszahl ist.

Für die Umrechnung der wirklichen Maße in Zeichnungsmaße ergibt sich:

$$\textbf{Zeichnungslänge} = \frac{\text{wirkliche Länge}}{\text{Verhältniszahl } n}$$

$$\textbf{Verhältniszahl } n = \frac{\text{wirkliche Länge}}{\text{Zeichnungslänge}}$$

$$\textbf{Wirkliche Länge} = \text{Zeichnungslänge} \cdot \text{Verhältniszahl } n$$

Art der Bauzeichnung	Maßstäbe
Lageplan	1:1000 1:500 1:200
Grundriss	1:100 1:50 1:25 1:20
Schnitt	1:100 1:50 1:25 1:20
Draufsicht, Ansicht	1:100 1:50 1:25 1:20
Detailzeichnung	1:25 1:20 1:10 1:5

Für Perspektiven gibt es keine Maßstäbe.

Aufgabe

Die Umrisse von Sofies und Nicos Haus sollen im Maßstab 1:50 in der Draufsicht und den vier Ansichten gezeichnet werden.

Berechnen Sie die Zeichnungslängen in cm.

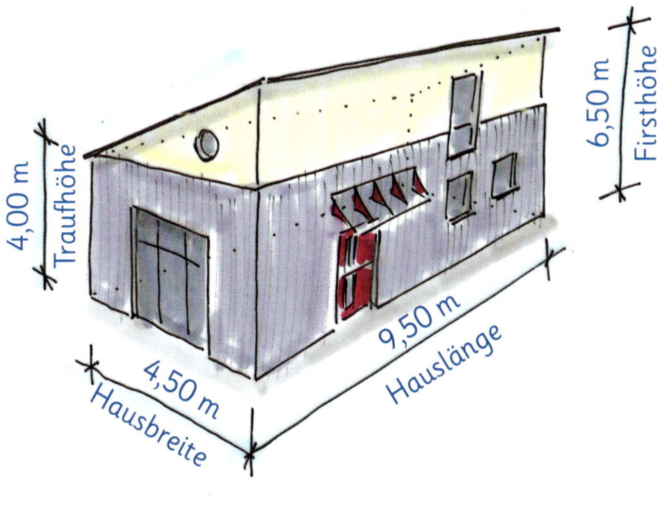

Abmessung	Wirkliche Länge	Zeichnungslänge
Hausbreite	4,50 m	
Hauslänge	9,50 m	
Traufhöhe	4,00 m	
Firsthöhe	6,50 m	

Die Darstellung der Baustoffe in Bauzeichnungen

Häuser bestehen aus verschiedenen Baustoffen. Um die verschiedenen Baustoffe in den Bauzeichnungen unterscheiden zu können, werden sie unterschiedlich dargestellt. Dafür verwendet man in einfarbigen Zeichnungen **unterschiedliche Kennzeichnungen** (z. B. Schraffuren), in bunten Zeichnungen **unterschiedliche Farben**.

Die Schraffuren bzw. die Farben gelten immer nur für einen bestimmten Baustoff.

Baustoff	**Kennzeichnung**	
	in einfarbigen Zeichnungen	**in Farbe**
Mauerwerk		rotbraun
Beton/Estrich	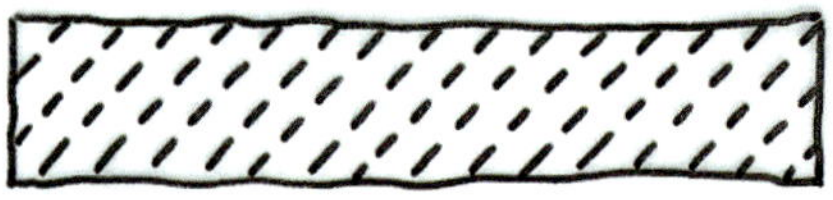	olivgrün
Stahlbeton	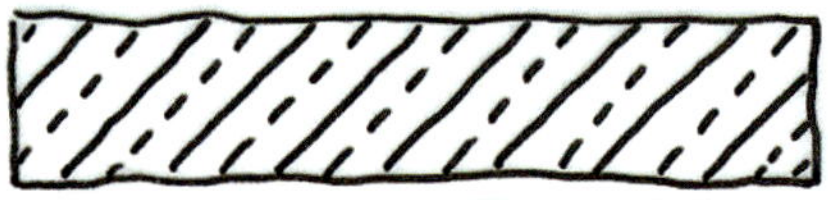	blaugrün
Mörtel/Putz		weiß
Holz		braun
Dämmstoffe	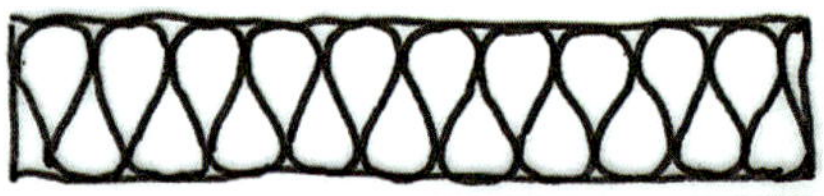	blaugrau
Abdichtungen		schwarz
Boden		*)
Kies	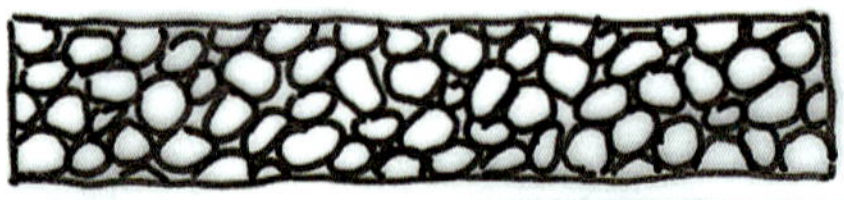	rotviolett
Sand	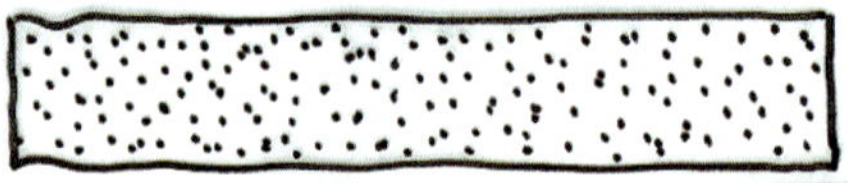	weiß

*) nicht für alle Kennzeichnungen sind Farben festgelegt

Aufgabe

Kennzeichnen Sie die Detailzeichnungen des Schnittes entsprechend den angegebenen Baustoffen.

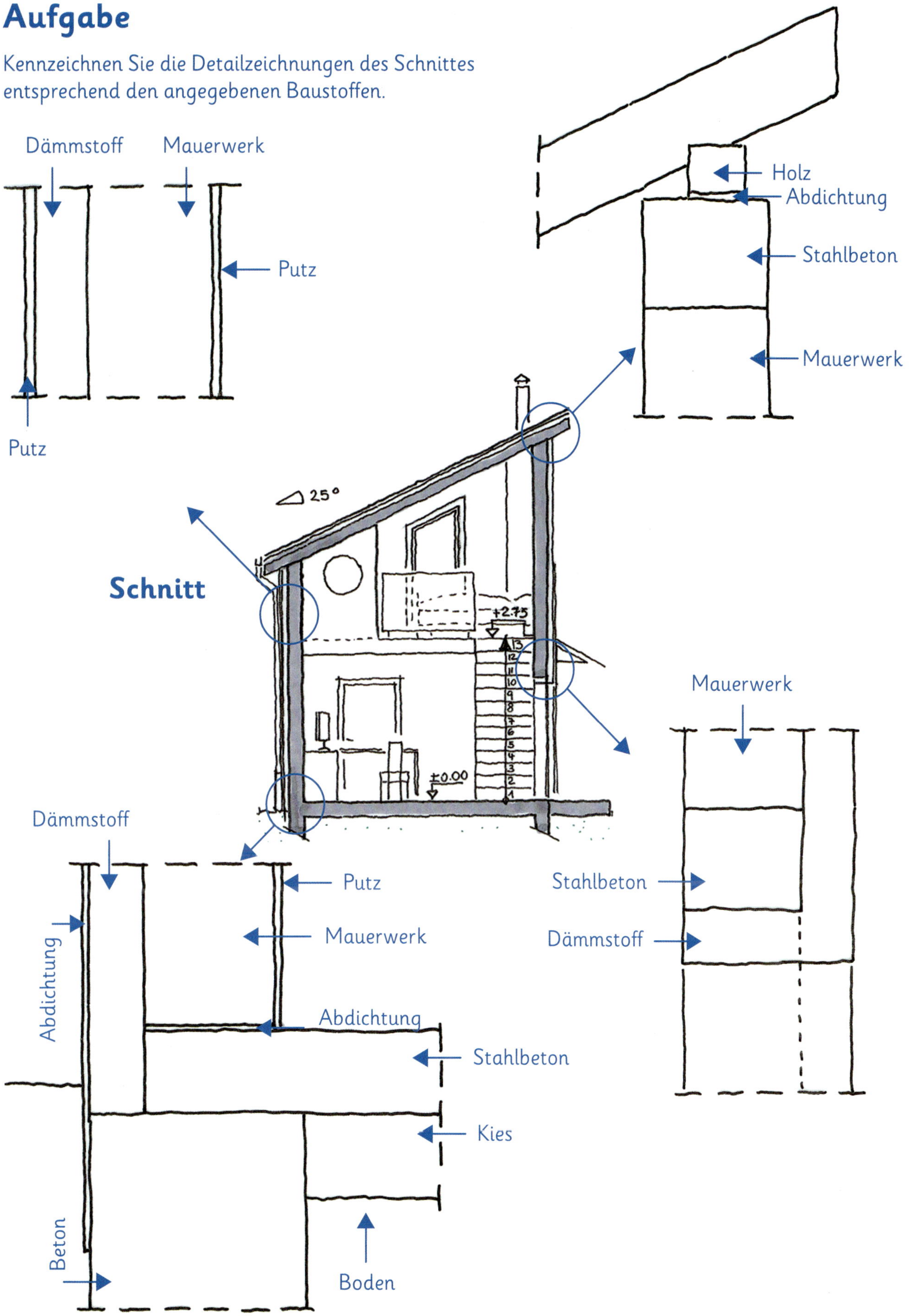

1.3 Tradition des Bauens

1.3.1 Handwerkliches Brauchtum

Sofie und Nico sind von der Vorstellung, dass sie einmal in einem eigenen kleinen Häuschen wohnen und vielleicht selbst daran mitbauen, so sehr begeistert, dass sie den Entschluss fassen, einen Bauberuf zu erlernen.

Bei ihren Nachforschungen erfahren die beiden, dass einige Berufe schon über viele Jahrhunderte ausgeübt werden.

Auch alte **Handwerksbräuche** (Traditionen) sind in ausgeprägter Weise bis in die heutige Zeit überliefert worden. Am deutlichsten wird das beim „Richtfest" eines Hauses oder bei den Handwerksgesellen, die in ihrer Zunftkleidung auf Wanderschaft (Walz) gehen.

1.3.2 Geschichte des Bauens

Bauwerke aus vergangenen Zeiten, die Sofie und Nico staunend betrachten, weisen noch heute auf das handwerkliche Können und die Phantasie der Bauhandwerker hin.

Sofie und Nico stellen sich folgende Fragen:

Wohnen ist eines der Grundbedürfnisse des Menschen. Schon in der Urzeit suchte der Mensch nach einer Behausung. Die „eigenen vier Wände“ und das „Dach über dem Kopf“ trennen die Menschen von der sie umgebenden Umwelt und schaffen Geborgenheit.

Die Menschen fanden zunächst in Höhlen Schutz vor der Witterung, vor wilden Tieren und vor Feinden.

Wo keine Höhlen vorhanden waren, wurden einfachste Zelte gebaut. Das hierzu verwendete Stangengerüst stellt wohl den Anfang des Bauens dar.

Als die Völker sesshaft wurden, errichteten die Menschen feste Behausungen. Sie bauten zunächst Rundhütten aus Schilf, Stroh, Lehm und Holz. Die Aufteilung der Hütten in mehrere Räume führte schließlich zu rechteckigen Grundrissen.

In Deutschland begann um etwa 800 n. Chr. die erste massive Bauweise aus Natursteinen. Diese Bauzeit wird als **Romanik (800–1250)** bezeichnet. Vorzugsweise wurden Klöster und Kirchen gebaut. Sie zeigen wehrhafte Türme und wuchtige Mauern mit Rundbögen.

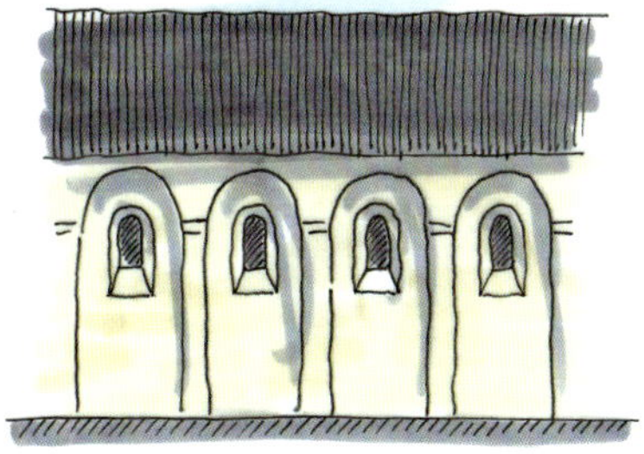

Mauer mit Rundbögen

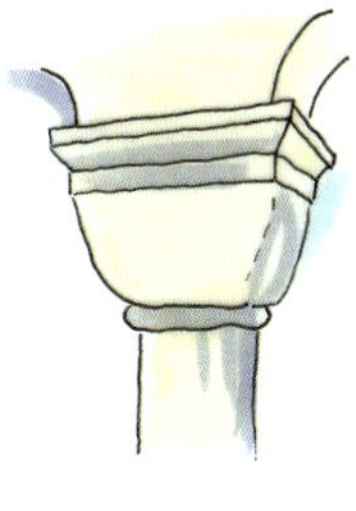

Würfelkapitel

Romanisches Portal

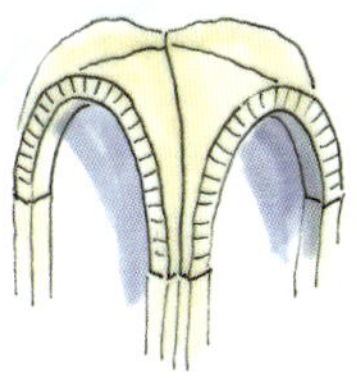

Kreuzgratgewölbe

In dieser Epoche entsteht das Bauhandwerk. Die Handwerker organisieren sich in Zusammenschlüssen, den sogenannten Zünften. Zunftzeichen und Zunftkleidung waren äußere Kennzeichen.

Beispiel:

Romanische Baukunst

(Klosterkirche in Alpirsbach, Schwarzwald 1095)

Im weiteren Verlauf des Mittelalters wurden dann bei den Kirchen (Domen, Münstern, Kathedralen) die Wände durch hohe, farbige, lichtdurchflutete Fenster aufgelöst. Fenster und Portale wurden mit Spitzbögen versehen und die Gewölbe auf stark gegliederte Pfeiler und Säulen abgestützt. Augenfällig ist die aufwärts strebende Linie der Bauwerke. Als Baustoffe wurden Natursteine und Glas verwendet.

Wandgliederung eines Kircheninnenraumes

Fenster mit Spitzbogen und farbigem Glas

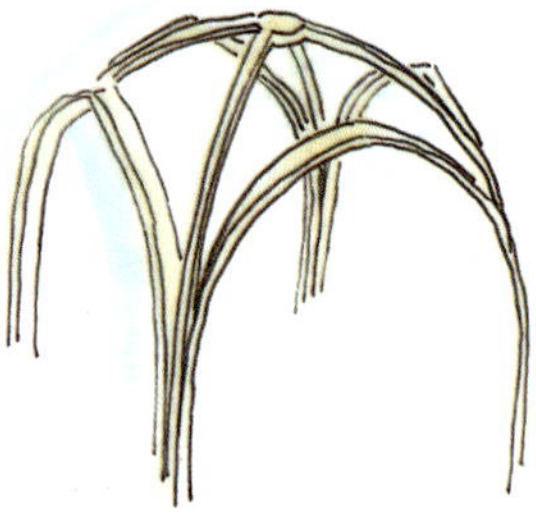

Kreuzrippengewölbe

In dieser Zeit der **Gotik (1250–1530)** waren die Steinmetze die bedeutsamsten Handwerker. Sie schlossen sich in Verbänden, den sogenannten Bauhütten, zusammen. In ihnen wurde das handwerkliche, technische und künstlerische Wissen gelehrt und gepflegt. In diese Zeit fiel auch der Fachwerkbau.

Beispiel:

Fachwerk
a) sächsisches Fachwerk
b) süddeutsches Fachwerk

a)

b)

Beispiel:

Gotische Baukunst
(Dom in Erfurt, 1400–1500)

Im norddeutschen Küstengebiet, wo der Naturstein fehlte, wurden gebrannte Steine, „**Backsteine**", verbaut. Viele Kirchen und Rathäuser wurden mit Backsteinen ausgeführt.

Beispiel:

Backsteingotik
(Rathaus in Stralsund, ca. 1450)

Im Spätmittelalter wurden neben den Kirchen auch nichtkirchliche Bauten, wie Paläste, Schlösser, Stadtanlagen, Rat- und Bürgerhäuser erstellt.

- In der **Renaissance (1530–1600)** wurden die Bauwerke klar gegliedert und die waagerechte Linie betont.

Beispiel:

Baukunst der Renaissance

(Heidelberger Schloss, 1556–1559)

- Die **barocke Baukunst (1600–1800)** bevorzugte geschwungene und lebhafte Formen. Im Innenraum wird auf die Lichtwirkung größter Wert gelegt. Farben, oftmals Goldauftrag, Stuckverzierungen und Plastiken bereichern Wände und Decken und schaffen eine üppige Dekoration mit überquellender Pracht. Das Zusammenwirken vieler verschiedener Berufe, wie Maurer, Stuckateur, Maler, Bildhauer, Glaser, Schreiner, Zimmerer und Dachdecker war erforderlich.

Beispiel:

Barocke Baukunst

(Würzburger Schloss, 1719–1746)

Am Ende des 19. Jahrhunderts erfolgte im Bauen ein Wandel. Anknüpfungspunkte fand man bei der griechischen und römischen Baukunst. In der Zeit des **Klassizismus (ca. 1800–1850)** zeigen die Gebäude wieder eine strenge, klare Gliederung.

Beispiel:

Klassizistische Baukunst

(Brandenburger Tor, Berlin 1788–1791)

Die technischen Veränderungen während der **industriellen Revolution** ab etwa 1850 wirkten sich auch auf das Bauen aus. Neue Baustoffe wie Beton, Stahl- und Spannbeton und neue Bauaufgaben wie Bahnhöfe, Fabriken und Ausstellungshallen führten zu völlig neuen Konstruktionen und Bauformen.
Es entstanden auch neue Berufe, wie der Beton- und Stahlbetonbauer, Estrichleger, Straßenbauer und andere.

Beispiel:

Industrielle Revolution

(Eifelturm, Paris, 1887–1889)

Die technische Verbesserung der Baustoffe ermöglicht der **Gegenwartsarchitektur** ausgeklügelte hochtechnische Konstruktionen mit sehr großen Höhen. So misst das zurzeit (2024) höchste Gebäude der Welt (Burj Khalifa) 828 m. Es steht in Dubai, einem der Emirate am Persischen Golf.

Beispiel:

Gegenwartsarchitektur

(Burj Khalifa, Dubai)

Aber auch andere neue Arten von Bauvorhaben können heute umgesetzt werden. So wurde z. B. bei Magdeburg über die Elbe eine Kanalbrücke für Schiffe gebaut. Schiffe fahren über Schiffe hinweg, eine technologische Meisterleistung, die durch eine 918 m lange Stahlwanne verwirklicht wurde.

Beispiel:

Gegenwartsarchitektur

(Kanalbrücke, Magdeburg)

Romanik, Gotik, Renaissance, Barock, Klassizismus, die industrielle Revolution und die Gegenwartsarchitektur sind wichtige **Bauepochen**, die einen erheblichen Einfluss auf die zeitgenössische Architektur haben.

Zahlreiche und größer werdende Bauvorhaben führten in der Vergangenheit zur Entwicklung des Bauhandwerks mit den unterschiedlichen Bauberufen.

Sorgfalt in der Bauausführung und erstklassige Fachkenntnisse der Bauleute ermöglichten in jeder Bauepoche, und auch heute, die Entwicklung und Ausführung hochtechnologischer, eindrucksvoller und moderner Bauten.

Aufgaben

1. Ordnen Sie folgende Bauepochen den entsprechenden Zeitabschnitten zu:

Gegenwartsarchitektur (kurz Gegenw.), Romanik, Gotik, Klassizismus (kurz: Klass.), Barock, Renaissance (kurz: Ren.).

Zeit	800	900	1000	1100	1200	1300	1400	1500	1600	1700	1800	1900	2000
Bauepochen													

2. Ordnen Sie die folgenden Bauwerke den Stilepochen **Romanik, Gotik, Renaissance, Barock, Klassizismus** und **Gegenwartsarchitektur** zu und nennen Sie jeweils drei Beispiele innerhalb der Bundesrepublik Deutschland.

Bauepoche:

Beispiele:

Bauepoche:

Beispiele:

Bauepoche:

Beispiele:

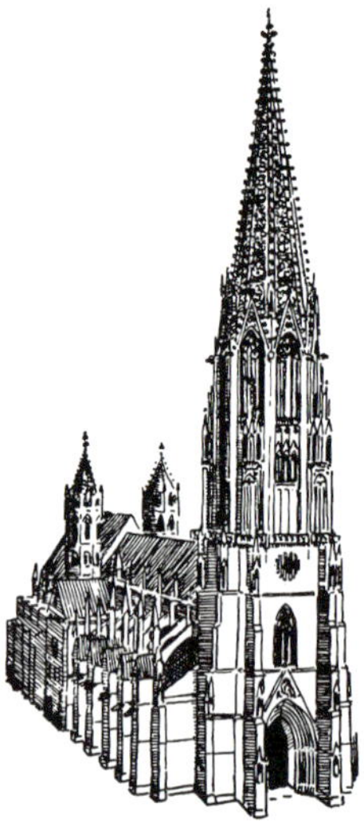

Bauepoche:

Beispiele:

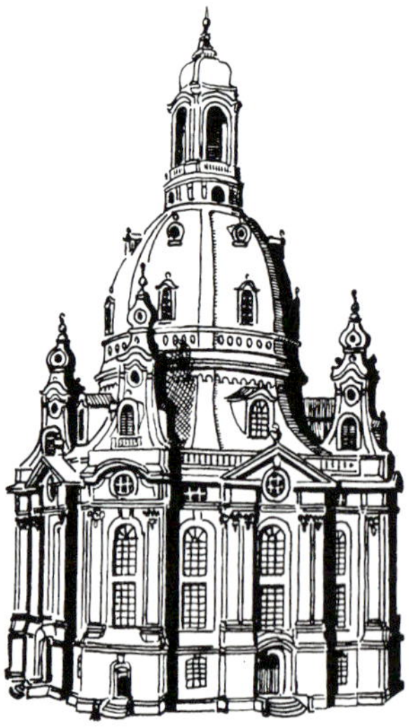

Bauepoche:

Beispiele:

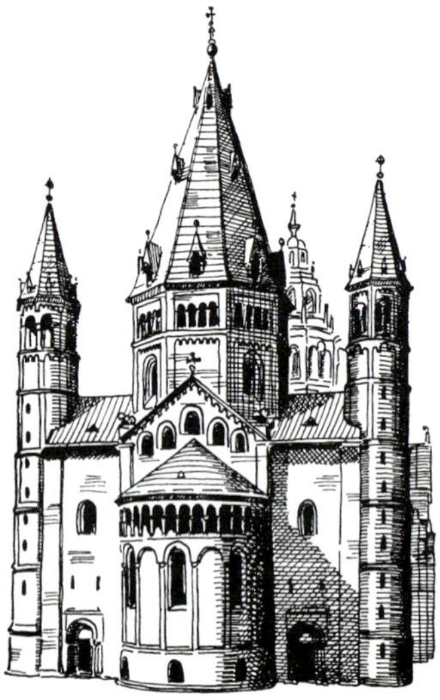

Bauepoche:

Beispiele:

2 Tiefbau

Zum Tiefbau gehören Bauarbeiten zu ebener Erde oder unter der Erdoberfläche, wie zum Beispiel Straßenbau, Rohrleitungs- und Kanalbau, Erd- und Grundbau, Tunnelbau und so weiter.

Auch für einen **Hochbau** wie das Haus im Garten der Großmutter sind Tiefbauarbeiten zu verrichten.

Es müssen **Gräben** für Leitungen, Kanäle und Fundamente ausgehoben werden.

Soll ein Haus einen Keller erhalten, ist hierfür eine **Baugrube** auszuheben.

Die **Entwässerungsrohre** müssen verlegt werden.

Fundamente müssen eingebracht werden.
Nach Fertigstellen des Gebäudes müssen **Zufahrten** und **Gehwege** angelegt werden.
Kenntnisse über diese Arbeiten sind also auch für Sofie und Nico von Bedeutung.

Aufgabe

Ordnen Sie die folgenden Bauvorhaben den Bereichen Hochbau oder Tiefbau zu:
Wohnhaus, Straße, Tunnel, Damm, Fabrikgebäude, Schulhaus, Abwasserkanal.

Hochbau	Tiefbau

2.1 Die Böden

Bei dem geplanten Haus im Garten der Großmutter müssen Gräben für Leitungen und Fundamente ausgehoben werden. Dabei treffen wir in der Regel **Böden** wie z. B. Lehm oder Kies an, da Festgestein in unserem Klima durch Einfluss von Temperaturwechseln, Wasser und Pflanzen rasch zu Böden verwittert. Die Erdoberfläche ist deshalb fast immer von einer mehr oder weniger dicken Bodenschicht überzogen.

Die verschiedenen Bodenarten haben ganz unterschiedliche Eigenschaften als **Baugrund** und erfordern unterschiedlichen Aufwand beim Aushub. Viele Bodenarten sind aber auch als **Baustoffe** (Kies, Sand, Herstellung von Ziegeln usw.) von großer Bedeutung.

Der Baugrund besteht in der Regel aus Böden. Deren Eigenschaften müssen berücksichtigt werden, um Schäden zu vermeiden.

2.1.1 Bodenarten

Die für die Errichtung von Bauwerken wichtigsten Eigenschaften der Böden sind:

- die **Tragfähigkeit**,
- das **Setzungsverhalten** und
- das **Frostverhalten**.

Diese Eigenschaften der Böden sind maßgeblich von der **Korngröße** abhängig.
Deshalb werden die Bodenarten zunächst nach der Korngröße eingeteilt.

Einzelkörner über 63 mm Durchmesser, also etwa über Hühnereigröße, werden als **Steine** und **Blöcke** bezeichnet.

Böden mit Korngrößen von 63 bis 2 mm, also etwa von Hühnereigröße bis Stecknadelkopfgröße, werden als **Kies** bezeichnet.

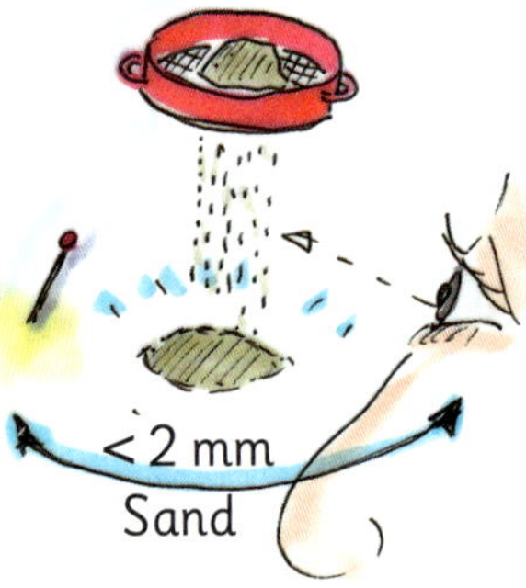

Böden mit Korngrößen unter Stecknadelkopfgröße, bei denen die Einzelkörner aber mit dem bloßen Auge noch erkennbar sind, werden als **Sand** bezeichnet.

Noch feinkörnigere Bodenarten, bei denen die einzelnen Körner mit dem bloßen Auge nicht mehr unterschieden werden können, sind **Schluff** und **Ton**.

In den natürlich vorkommenden Böden sind meist verschiedene Korngrößen enthalten, so ist z. B. **Kiessand** ein Gemenge von Kies und Sand, **Lehm** ist ein Gemenge aus Ton und Sand.

Neben diesen Bezeichnungen nach der Korngröße sind auch noch einige andere Bezeichnungen gebräuchlich:

Mergel ist ein Gemenge von Ton und Kalk.

Organische Bodenarten wie Faulschlamm und Torf entstehen in stehenden Gewässern (Sauerstoff mangel!) aus den Resten abgestorbener Pflanzen und Tiere.

Da wichtige Eigenschaften der Böden von der Korngröße abhängen, werden die Böden zunächst nach der Korngröße eingeteilt.

Bindige und nichtbindige Böden

Böden, die plastische Eigenschaften haben, also formbar sind und einen inneren Zusammenhalt besitzen (z. B. Lehm, Schluff, Ton), werden als **bindige Böden** bezeichnet.

Böden ohne inneren Zusammenhalt (z. B. Sand, Kies) werden als **nichtbindige Böden** bezeichnet.

Auch der innere Zusammenhalt ist von der Korngröße abhängig. Je mehr Feinteile ein Boden enthält, desto bindiger ist er. Für die wesentlichen bautechnischen Beanspruchungen ist diese Unterscheidung von ausschlaggebender Bedeutung.

Plastische Böden mit innerem Zusammenhalt werden als **bindig**,
Böden ohne inneren Zusammenhalt als **nichtbindig** bezeichnet.

Machen Sie folgenden **Versuch**:
Geben Sie zu etwa gleich großen Proben eines bindigen Bodens unterschiedliche Wassermengen und kneten Sie dann die Proben mit dem Wasser gut durch.

Ergebnis:
Die Zustandsform bindiger Böden ändert sich mit dem Wassergehalt. Ein bindiger Boden kann je nach Wassergehalt breiig, weich, steif oder fest sein.

Aufgaben

1. Welche der genannten Bodenarten sind bindige bzw. nichtbindige Bodenarten: Ton, Kies, Schluff, Mergel, Sand, Steine?

Bindige Bodenarten	Nichtbindige Bodenarten

2. Worin unterscheiden sich bindige von nichtbindigen Bodenarten?

3. Warum kann die Korngrößenverteilung bei bindigen Bodenarten nicht durch Sieben ermittelt werden?

2.1.2 Eigenschaften der Böden

Tragfähigkeit

Machen Sie folgenden **Versuch:**
Drei bindige Bodenproben werden mit geringem, mittlerem und hohem Wassergehalt durch einen Betonstein belastet.

Beobachtung:
Je höher der Wassergehalt des Bodens, desto tiefer sinkt der Betonstein ein.

Ergebnis:
Mit zunehmendem Wassergehalt nimmt die Tragfähigkeit bindiger Böden ab.

Diese Erfahrung kann auch auf unbefestigten Wegen bei trockener und nasser Witterung gemacht werden.
Wird der Belastungsversuch mit nichtbindigen Bodenproben verschiedener Wassergehalte durchgeführt, so ergibt sich keine Abhängigkeit vom Wassergehalt.
Bindige Bodenarten müssen deshalb als Baugrund vor Durchnässung geschützt werden. Auf durchnässtem und aufgeweichtem bindigem Boden darf keinesfalls gegründet werden.
Zu nasser und damit unbrauchbarer bindiger Boden muss gegebenenfalls gegen nichtbindigen Boden ausgetauscht werden.

Die Tragfähigkeit bindiger Bodenarten ist vom Wassergehalt abhängig.
Die Tragfähigkeit nichtbindiger Bodenarten wird vom Wassergehalt nicht beeinträchtigt.

Setzungsverhalten

Wie beim Belastungsversuch zu beobachten war, drückt sich der Belastungskörper umso mehr ein, desto mehr Wasser der Boden enthält. Das unter dem Belastungskörper im Boden befindliche Wasser wird dabei ausgepresst. Dies geht wegen der geringen Durchlässigkeit feinkörniger Böden langsam vor sich. Da andererseits viel Wasser ausgepresst werden kann, setzen sich bindige Böden **langsam** und **stark**.

Bei nichtbindigen Bodenarten sind nur geringe Setzungen zu erwarten, die überdies sofort eintreten.

Setzungen unter Bauwerken sollten durch Wahl einer geeigneten Gründungsart gering gehalten werden (siehe Abschnitt 2.4).

Bindige Böden setzen sich **langsam** und **stark**.
Nichtbindige Böden setzen sich **rasch** und **wenig**.

Frostverhalten

Machen Sie folgenden **Versuch**:

Ein Kalksandstein wird in eine Wanne mit etwas Wasser gestellt. Kies wird in einen unten offenen Glaszylinder geschüttet, der im Wasser steht.

Beobachtung:

Nach einiger Zeit steigt im Kalksandstein Feuchtigkeit über den Wasserspiegel hoch, im Kies dagegen nicht.

Ergebnis:

In feinporigen Materialien wie z. B. bindigen Böden steigt Wasser auf, sie sind **kapillar**. Nichtbindige Bodenarten sind nicht kapillar.

Dieser Unterschied ist für das Verhalten von Böden bei Frost von ausschlaggebender Bedeutung.

In nichtbindigen Bodenarten gefriert bei Frost nur das oberhalb der Frostgrenze im Boden befindliche Wasser. Die Ausdehnung dieses Wassers beim Gefrieren um 10 Volumenprozente wird weitgehend vom Porenraum aufgenommen. Es tritt keine merkbare Hebung des Bodens ein.

In bindigen Böden steigt ständig Wasser aus dem nicht gefrorenen Untergrund kapillar hoch und gefriert an der jeweiligen Frostgrenze.

Durch den ständigen Nachschub an Wasser bilden sich Eislinsen, die bis zu mehreren Zentimetern dick werden können.

Durch die Eislinsen hebt sich der Boden stellenweise.

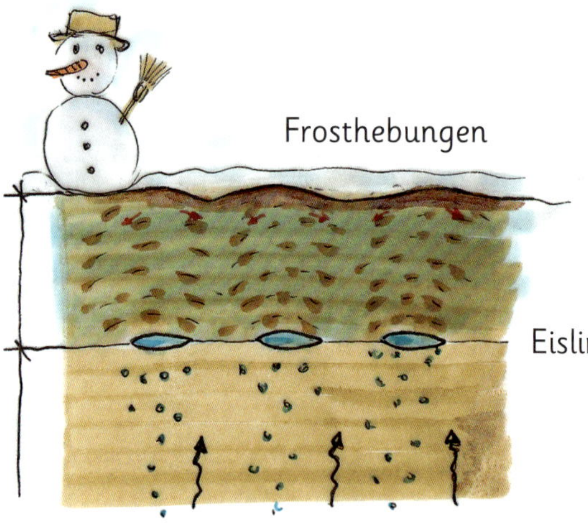

In bindigen Bodenarten muss deshalb entweder in **frostsicherer Tiefe** (80 … 120 cm) gegründet werden oder es muss eine Frostschutzschicht aus sauberem nichtbindigem Material eingebracht werden, die den kapillaren Aufstieg von Wasser verhindert.

Bindige Bodenarten sind stets **frostgefährdet**.
Saubere nichtbindige Bodenarten sind **frostsicher**.

Aufgaben

1. Vergleichen Sie bindige Bodenarten und nichtbindige Bodenarten im Hinblick auf die genannten Eigenschaften.

Bodenart	Tragfähigkeit	Setzungen	Frostgefahr
bindige Bodenart			
nichtbindige Bodenart			

2. Welche Maßnahmen können Frostschäden auch bei bindigem Baugrund verhindern?

2.1.3 Bearbeiten von Böden

Sind bei einem Bauvorhaben Erdbewegungen durchzuführen, so interessieren weniger die bautechnischen Eigenschaften als der dazu erforderliche **Arbeitsaufwand**.

Dieser ist bei verschiedenen Bodenarten verschieden groß; so lässt sich z. B. Sand in der Regel leichter bearbeiten als Lehm. Ein hoher Anteil an großen Steinen erfordert dagegen erhöhten Aufwand.

Für die Ausschreibung und Abrechnung von Bauvorhaben müssen die Boden- und Felsarten deshalb nach dem beim Lösen erforderlichen Arbeitsaufwand eingeteilt werden. Hierzu werden **Homogenbereiche** unterschieden. Zu einem Homogenbereich werden Boden- und Felsarten zusammengefasst, die beim Bearbeiten etwa gleichen Arbeitsaufwand erfordern.

Der **Oberboden** (Mutterboden) ist die oberste Schicht des Bodens, die Humus und Bodenlebewesen enthält.

Fließende Bodenarten sind von flüssiger bis breiiger Beschaffenheit.

Die anderen **bindigen** und die **nichtbindigen Bodenarten** erfordern durch unterschiedliche Festigkeit und unterschiedlichen Steinanteil verschieden großen Aufwand beim Bearbeiten.

Fels hat eine hohe Gefügefestigkeit und erfordert deshalb hohen Aufwand.

Nach dem zum Lösen erforderlichen Arbeitsaufwand werden die Boden- und Felsarten in Homogenbereiche eingeteilt.

Aufgabe

Nach welchen Gesichtspunkten werden die Bodenarten eingeteilt?

2.2 Die Erdarbeiten

Um die Geländeoberfläche der Form des Bauwerks anzupassen und um Ver- und Entsorgungsleitungen zu verlegen, sind Erdarbeiten erforderlich.

2.2.1 Vorarbeiten

Zur **Vorbereitung des Baugeländes** muss vorhandener Bewuchs eventuell gerodet werden.

Die Versorgung der Baustelle mit Strom und Wasser muss sichergestellt sein.

Eventuell müssen vorhandene Bauwerke abgebrochen werden. Bei kleineren Objekten wird der **Abbruch** mit Baggern oder Planierraupen durchgeführt. Abbrucharbeiten sind besonders unfallträchtig und unterliegen deshalb verschärften Sicherheitsbestimmungen. Der anfallende **Bauschutt** muss getrennt und soweit möglich wieder aufbereitet (recycelt) werden.

Der belebte **Oberboden** (Mutterboden) ist vor Beginn des Aushubs mit der Planierraupe abzuschieben und getrennt von anderen Bodenarten bis zur Wiederverwendung zu lagern.

Oft sind im Aushubbereich bereits Leitungen verlegt. Diese dürfen nicht beschädigt werden. Oftmals ist oberhalb der eigentlichen Leitung ein farbiges Kunststoffband verlegt, welches das Auffinden erleichtert bzw. als Warnung dient. Bei **Schäden an Leitungen** muss sofort der Leitungsbetreiber verständigt werden, damit er die erforderlichen Maßnahmen ergreift.

Vor den eigentlichen Erdarbeiten ist eine Reihe von Vorarbeiten erforderlich.

Aufgabe

Wie viele m^3 Oberboden sind beim Bau des Hauses im Garten der Großmutter abzutragen und zu lagern, wenn auf jeder Seite des Gebäudegrundrisses 2,50 m zugegeben werden und der Oberboden im Mittel 30 cm dick ist?

2.2.2 Baugruben und Gräben

Arbeiten in Baugruben und Gräben gehören zu den **unfallträchtigsten** Tätigkeiten am Bau.

Dies wird verständlich, wenn man sich überlegt, **dass ein einziger Kubikmeter Boden nahezu zwei Tonnen wiegt**!

Vorübergehend standfeste Böden können durch oft nicht vorher erkennbare Einflüsse plötzlich ihre Standfestigkeit verlieren.

Baugruben bzw. Gräben dürfen deshalb nur **bis zu einer Tiefe von 1,25 m** (also etwa Brusthöhe) ohne besondere Wandsicherung erstellt werden.

Bei einer **Tiefe von 1,25 ... 1,75 m** muss der über 1,25 m überstehende Teil gesichert werden.

Bei einer **Tiefe über 1,75 m** müssen die Wände in ihrer gesamten Höhe gesichert sein.
Zur Sicherung der Wände gibt es zwei Möglichkeiten: **Abböschen und Verbauen.**
Wird durch Abböschen gesichert, dürfen folgende **Böschungswinkel** nicht überschritten werden:

- **45°** bei nichtbindigen oder weichen bindigen Böden,
- **60°** bei mindestens steifen bindigen Böden,
- **80°** bei Fels.

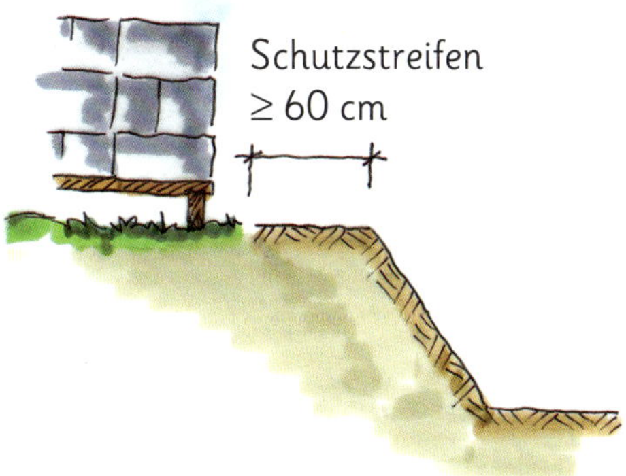

Oberhalb der Böschungen sind 60 cm breite **Schutzstreifen** freizuhalten, um die Böschungen nicht zu sehr zu belasten und das Abrollen von Steinen und Erdbrocken in die Baugrube zu verhindern.

Wo nicht viel Platz zur Verfügung steht oder bei besonders tiefen Gräben und Gruben, werden diese verbaut. Für große Baugruben gibt es hier spezielle Verbauverfahren, die meist von Spezialfirmen erstellt werden.

Gräben können durch waagerecht oder senkrecht eingebrachte Bohlen gesichert werden, die zwischen senkrechten Brusthölzern oder waagerechten Gurthölzern ausgesteift werden.

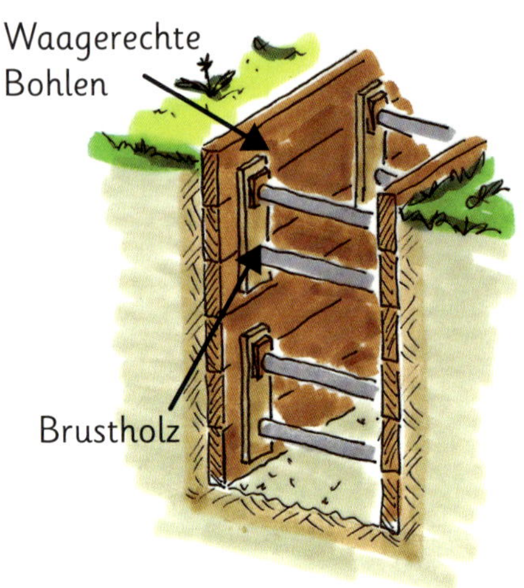

Häufiger ist heute allerdings die Sicherung mit **Verbaugeräten**, die mit dem Bagger in die Gräben eingestellt und durch Spindeln gegen die Wände gedrückt werden.

Der Graben darf erst betreten werden, wenn er gesichert ist.

Die Wände von Baugruben und Gräben mit 1,25 … 1,75 m Tiefe müssen im oberen Teil, die Wände von tieferen Baugruben und Gräben in ihrer ganzen Höhe gesichert sein.

Die **Mindestbreite** der Gräben ist in Abhängigkeit von den Rohrdurchmessern, von der Art der Grabensicherung und der Tiefe des Grabens vorgeschrieben.

Die Größe einer **Baugrube** richtet sich nach dem Grundriss des Gebäudes zuzüglich einem Arbeitsraum von mindestens 50 cm Breite bei abgeböschten und mindestens 60 cm Breite bei verbauten Baugruben.

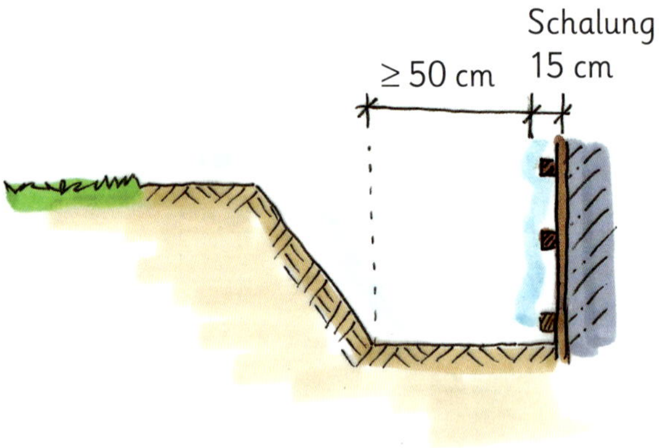

Als Breite des Arbeitsraumes gilt bei abgeböschten Baugruben der Raum zwischen Böschungsfuß und Mauerwerk bzw. Außenseite der Schalung.

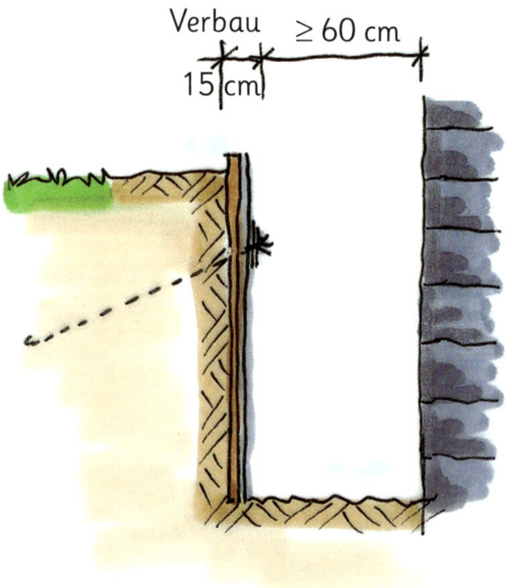

Bei Baugruben mit Verbau ist der Raum zwischen der Innenseite des Verbaus und der Außenseite des Mauerwerks bzw. der Schalung maßgebend.

Für die Breite von Schalung und Verbau können jeweils pauschal 15 cm angenommen werden.

Der **Aushub** von Baugruben und Gräben wird heute fast ausschließlich maschinell ausgeführt.

Welches Gerät jeweils zum Einsatz kommt, richtet sich nach

- Lage,
- Tiefe und
- Befahrbarkeit der Baugrube,
- der Bodenart,
- der Menge des Aushubs,
- Transportart und
- Transportweite.

Tieflöffelbagger

Gräben und **kleine Baugruben** werden meist mit **Tieflöffelbaggern** oder **Greiferbaggern** ausgehoben, da diese von außerhalb der Grube arbeiten können.

Greiferbagger

Nicht benötigte Bodenmassen sind möglichst sofort abzutransportieren. Der für die Verfüllung wieder benötigte Boden ist zwischenzulagern.

Ist die **Baugrubensohle** hergestellt, muss sie vor Durchnässung und Auflockerung geschützt werden, da beides später zu verstärkten Setzungen führen kann. Bestehen irgendwelche Zweifel an der Tragfähigkeit oder entspricht die angetroffene Bodenart nicht den Erwartungen, ist in jedem Fall der Verantwortliche (Bauleiter, Architekt) zu benachrichtigen. Dasselbe gilt, wenn Wasser in die Baugrube eindringt.

Die Abmessungen für Baugruben und Gräben sind vorgeschrieben. Der Aushub erfolgt meist maschinell mit geeigneten Geräten.

Aufgaben

1. Bei Sofies und Nicos Haus muss die Abwasserleitung in einem etwa 2 m tiefen Graben zum Straßenkanal geführt werden. Beim Baugrund handelt es sich um steifen bindigen Boden.

a) Welche Sicherungsmaßnahmen würden Sie ergreifen?

____

____

b) Begründen Sie Ihren Vorschlag.

____

____

2. Die Baugrube eines Wohnhauses soll durch Abböschen gesichert werden. Die Kelleraußenwände werden betoniert. Welches Maß ist von der Kellerwand bis zum Böschungsfuß anzunehmen?

____

2.2.3 Verfüllen

Der nicht durch das Bauwerk bzw. die Rohrleitungen eingenommene Teil des Aushubbereichs muss nach Abschluss der Arbeiten wieder verfüllt werden.

Bei der Wiederverfüllung wird häufig zu nachlässig gearbeitet, weil die dadurch entstehenden Schäden unterschätzt werden.

Beispiele für solche Schäden sind die öfters auftretenden Setzungen im Bereich von Terrassen, Zugängen, Zufahrten und Abstellplätzen über dem Arbeitsraum bzw. über Gräben.

Vor dem Verfüllen sind der Arbeitsraum bzw. die Gräben von groben Abfällen zu säubern, die ein späteres Nachsacken des Bodens verursachen könnten. Die Verfüllung muss **lagenweise** und unter **sorgfältiger Verdichtung** erfolgen.

Geeignete Verdichtungsgeräte für **bindigen Boden** sind **Grabenwalzen** (handgeführt) und **Stampfer**.

Geeignete Verdichtungsgeräte für **nichtbindigen Boden** sind **Vibrationsplatten** und **Vibrationswalzen** (handgeführt).

Grabenwalze

Stampfer

Vibrationsplatte

Walzen und Vibrationsplatten eignen sich auch zur Verdichtung größerer Flächen. Im Umfeld z. B. von Krankenhäusern und Schulen sollten geräuscharme und abgasfreie Maschinen mit elektrischem Antrieb eingesetzt werden. Alle Geräte müssen nach Gebrauch gereinigt und den Herstellerangaben entsprechend gewartet werden.

Arbeitsräume und Gräben müssen lagenweise sorgfältig wieder verfüllt und mit geeignetem Gerät verdichtet werden.

Aufgabe

Welche Folgen kann eine ungenügende Verdichtung bei der Wiederverfüllung von Gräben und Arbeitsräumen haben?

2.3 Die Entwässerung

Noch im Mittelalter wurden Krankheiten und Seuchen vielfach durch verunreinigtes Trinkwasser und durch Abwässer übertragen. Heute wird jedes Haus nicht nur mit einwandfreiem Trinkwasser versorgt, auch die Abwässer werden für den Menschen unschädlich entsorgt und in der Regel wieder gereinigt. Dies gilt auch für Sofies und Nicos Haus im Garten der Großmutter.

Wasserversorgung

Damit im ganzen Haus, auch in den oberen Geschossen, Wasser aus dem Wasserhahn fließt, muss es unter Druck stehen. Dieser Druck wird gewöhnlich dadurch erzeugt, dass das Wasser in einen **Hochbehälter** gepumpt wird.

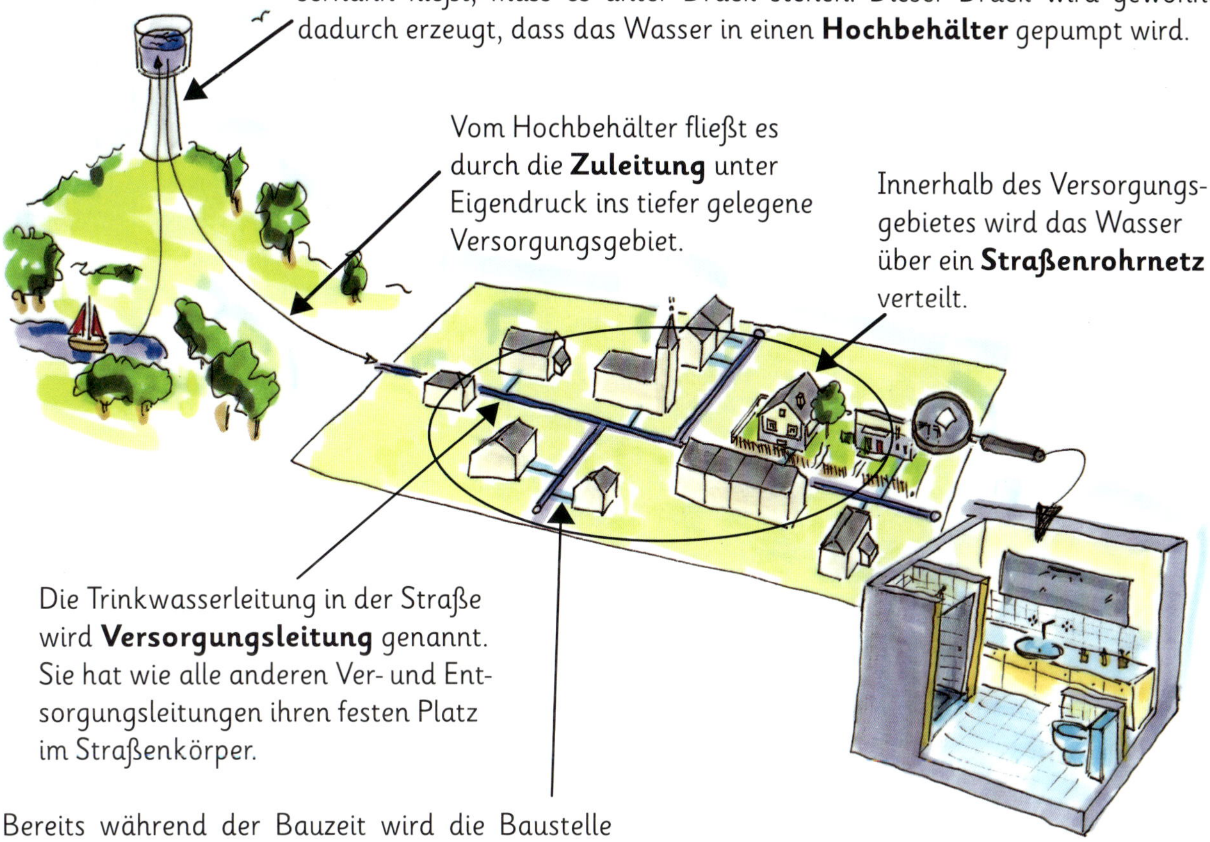

Vom Hochbehälter fließt es durch die **Zuleitung** unter Eigendruck ins tiefer gelegene Versorgungsgebiet.

Innerhalb des Versorgungsgebietes wird das Wasser über ein **Straßenrohrnetz** verteilt.

Die Trinkwasserleitung in der Straße wird **Versorgungsleitung** genannt. Sie hat wie alle anderen Ver- und Entsorgungsleitungen ihren festen Platz im Straßenkörper.

Bereits während der Bauzeit wird die Baustelle durch provisorische Anschlüsse an die Versorgungsleitungen in der Straße mit Wasser und Elektrizität versorgt. Nach Abschluss der Bauarbeiten wird dann die endgültige **Anschlussleitung** zum Gebäude verlegt.

Die Ausführung der **Installationen** ist Sache der entsprechenden Installateure. Doch auch der Bauhandwerker sollte grundsätzliche Kenntnisse auf diesem Gebiet haben, da er Schlitze und Aussparungen für Installationen berücksichtigen muss.

Die Wasserversorgung erfolgt über Zuleitung, Versorgungsleitung und Anschlussleitung. Der Bauhandwerker muss die Installation durch geeignete Maßnahmen vorbereiten.

Aufgabe

Erklären Sie, weshalb auch im 2. Stock eines Wohnhauses Wasser aus dem Wasserhahn fließt.

2.3.1 Entwässerung im Haus

Das ins Gebäude geleitete Wasser wird dort zum Waschen, Duschen, Geschirrspülen usw. genutzt. Es wird dabei verschmutzt und somit zu **Abwasser**, das beseitigt werden muss. Außerdem fällt auf dem Dach und auf befestigten Flächen Regenwasser an, das ebenfalls abgeleitet werden muss.

Zur Ableitung müssen die an verschiedenen Stellen anfallenden Wässer gesammelt werden.

Das Regenwasser wird über **Regenrinnen** und **Fallleitungen** nach unten geführt.

Das Schmutzwasser wird vom jeweiligen Entwässerungsgegenstand, wie z. B. Waschbecken, WC oder Waschmaschine, über **Anschlussleitungen** in senkrechte Rohre geführt.

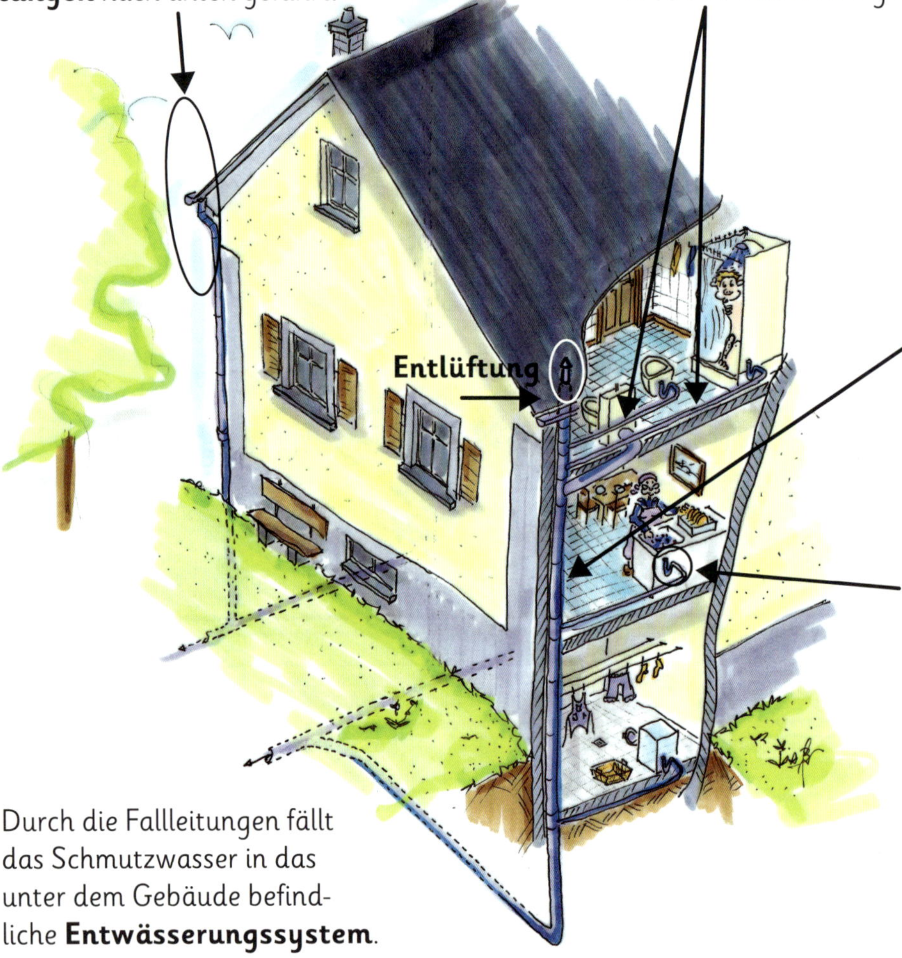

Diese senkrecht durch das Gebäude geführten Leitungen werden als **Fallleitungen** bezeichnet. Für die Ausführung der Fallleitungen ist der Klempner bzw. der Installateur zuständig, der auch die Wasserleitungen installiert.

Um Geruchsbelästigungen zu vermeiden, müssen alle Anschlussstellen im Haus durch **Siphons**, in denen das Wasser steht, verschlossen werden.

Damit beim Abfließen des Wassers keine Sogwirkung entsteht, durch die die Siphons entleert würden, werden die Fallleitungen nach oben entlüftet (siehe Dach).

Durch die Fallleitungen fällt das Schmutzwasser in das unter dem Gebäude befindliche **Entwässerungssystem**.

Fallleitungen führen Schmutz- und Regenwasser in das unter dem Gebäude gelegene Leitungssystem.

Aufgabe

Wo fällt in einem Wohnhaus Abwasser an, das entsorgt werden muss?

2.3.2 Ableitung des Abwassers

Unter dem Gebäude werden die Abwässer von einem mit leichtem Gefälle verlegten Rohrsystem, der **Grundleitung**, gesammelt und in die **Ortsentwässerung** abgeführt. Zur Ortsentwässerung sind zwei Verfahren gebräuchlich.

Beim **Mischsystem** werden Schmutz- und Regenwasser in einem Kanalstrang abgeleitet.

Beim **Trennsystem** (wie in der Darstellung) werden Schmutz- und Regenwasser in verschiedenen Kanalsträngen abgeführt. Das ist zwar vom Bau her aufwendiger, das Regenwasser kann dann aber ungeklärt in Bäche oder Flüsse eingeleitet werden und belastet die Kläranlage nicht.

Das Verlegen der Grundleitung und einer eventuellen Dränung, das Herstellen des Schachtes und der Anschluss an die Ortsentwässerung sind Sache des Bauhandwerkers. Die erforderlichen Erdarbeiten sind in Abschnitt 2.2 behandelt.

Das durch die Grundleitung gesammelte Wasser wird über Schacht und Anschlusskanal in die Ortsentwässerung abgeleitet.

Aufgabe

Nennen Sie die Vorteile der Entwässerungssysteme.

Mischsystem:	Trennsystem:

2.3.3 Rohre für Abwasserleitungen

Die gebräuchlichsten Rohrmaterialien für Abwasserrohre sind **Steinzeug**, **Kunststoffe** (meist PVC) und **Beton**.

Steinzeugrohre werden aus Ton und Schamotte gebrannt und glasiert. Sie sind chemisch sehr beständig, auch gegen aggressives Abwasser. Sie werden durch vorgefertigte Steckmuffen verschiedener Ausführungen verbunden. Ein großes Zubehörangebot und eine Vielzahl von Formstücken passen das Abwassersystem nahezu jeder Anforderung an.

Kunststoffrohre aus PVC sind leicht, beständig und gut zu bearbeiten. Die Rohre sind meist ebenfalls mit Muffen versehen und werden mit separatem Dichtring gedichtet. Das Angebot an **Formstücken** wie Bögen, Abzweigungen, Übergangsrohren, Reinigungsstücken usw. ist ebenfalls groß und erleichtert den Einsatz.

Kunststoffrohre aus PVC und Steinzeugrohre werden meist für **Grundleitungen** verwendet.

Betonrohre und vor allem Stahlbetonrohre sind hoch belastbar und wenig bruchempfindlich. Sie sind allerdings nur mäßig beständig gegen aggressive Wässer und müssen gegebenenfalls durch Überzüge geschützt werden. Verbunden werden sie ebenfalls meist durch Muffen.

Beton- und Stahlbetonrohre werden vor allem für den Straßenkanal verwendet.

Abwasserrohre aus Steinzeug, PVC und Beton unterscheiden sich hinsichtlich Eigenschaften, Verarbeitbarkeit, Rohrverbindungen und Anwendungsbereich.

Aufgabe

Welche Vorteile haben Abwasserrohre aus den genannten Materialien und wo werden sie vorwiegend verwendet?

Material	Vorteile	Verwendung
Steinzeug		
Kunststoff PVC		
Beton		

2.3.4 Verlegen der Rohre

Abwasserleitungen müssen dicht sein, damit das Grundwasser nicht verunreinigt wird und keine Wurzeln in die Leitungen eindringen und sie verstopfen.

Damit das Wasser abfließt und sich keine Schmutzteile absetzen, muss die Leitung in einem **Gefälle** verlegt werden. Meist werden **1...2 Prozent** gewählt.

Beispiel:
Eine 11,50 m lange Grundleitung soll ein Gefälle von 1,5 % erhalten. Wie groß muss der Höhenunterschied *h* zwischen Anfangs- und Endpunkt sein?

Lösung:

$$\text{Höhe } h = \frac{11{,}50\ \text{m} \cdot 1{,}5\%}{100\%}$$

$$h = 0{,}17\ \text{m}$$

$$h = \underline{17\ \text{cm}}$$

Bei Richtungsänderungen werden Formstücke verwendet oder Schächte angelegt.

In Grund- und Sammelleitungen dürfen nur Abzweige mit höchstens 45° eingebaut werden.

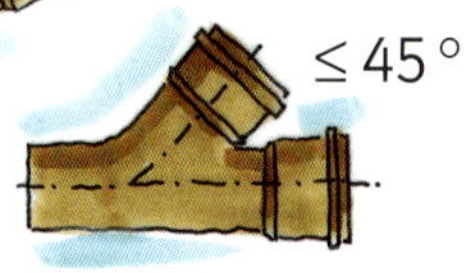

Die Einführung eines Rohres in ein anderes mit kleinerem Querschnitt ist nicht zulässig, weil sich das Abwasser aufstauen könnte.

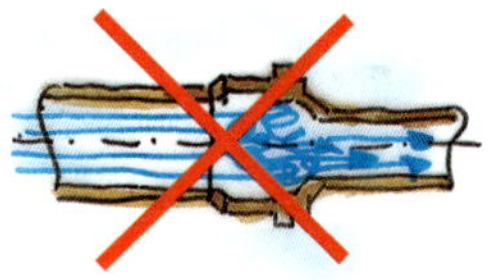

Weiterhin ist der Einbau von Reinigungsstücken vorgeschrieben, um spätere Störungen beheben zu können.

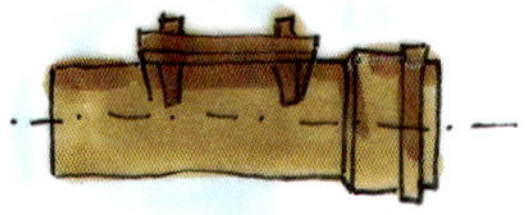

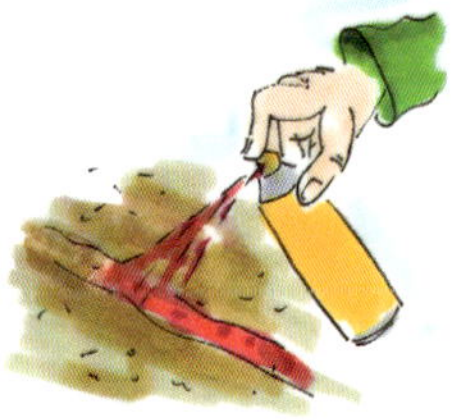

Die **Herstellung der Grundleitung** beginnt mit der Übertragung der im Entwässerungsplan vorgegebenen Maße auf die Baugrubensohle. Der Leitungsverlauf kann mit Sprühfarbe oder Ähnlichem markiert und die Anfangs- und Endhöhen durch Höhenmessung festgelegt werden.

Das im Entwässerungsplan vorgeschriebene Gefälle darf keinesfalls unterschritten werden.

Gefälle und Richtung der Leitung können z. B. durch Spannen einer Schnur festgelegt werden, das Gefälle auch mit der Wasserwaage.
Eine weitere Methode zur Ausrichtung der Rohre bietet die Lasertechnik. Mit einem Kanalbaulaser wird ein fein gebündelter Lichtstrahl erzeugt, der sich auf das einzuhaltende Gefälle einstellen lässt.

Die Rohrgräben werden maschinell ausgehoben. Dabei muss eine **Bettung** aus Sand, Kies oder Splitt mitberücksichtigt werden.

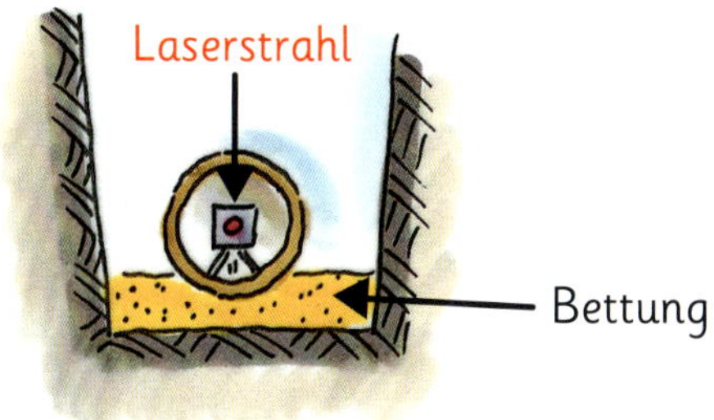

Die Rohre müssen satt in das Auflager eingebettet und die seitlichen Zwickel (Raum zwischen Rohr und Bettung) unterstopft werden.

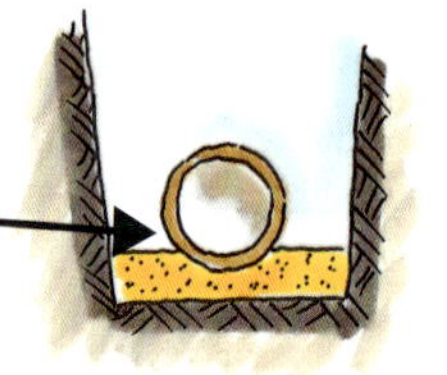

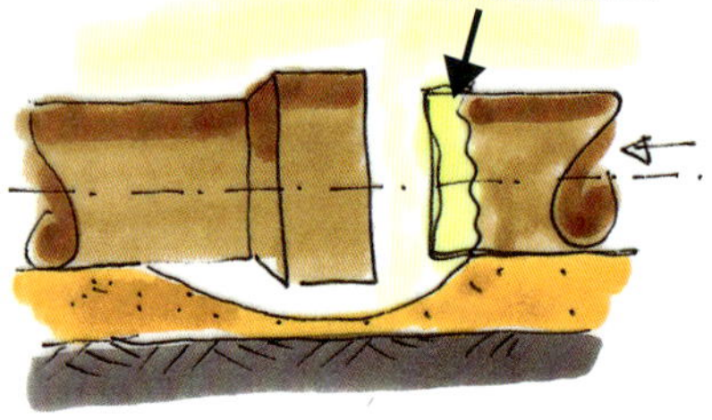

Die Rohre werden mit der Muffe gegen die Fließrichtung verlegt.

Vor dem Zusammenschieben werden Rohrende und Muffe mit einem vom Rohrhersteller zugelassenen Gleitmittel eingestrichen.

An der fertig verlegten Leitung werden vor Überdeckung nochmals Richtung und Gefälle geprüft. Sämtliche Öffnungen (Anschlüsse usw.) müssen verschlossen werden, damit kein Schmutz oder andere Abflusshindernisse in die Rohre geraten können. Anschließend wird die gesamte Grundleitung einer Dichtheitsprüfung unterzogen.

Grundleitungen müssen mit größter Sorgfalt und unter genauester Einhaltung von Richtung und Gefälle dem Entwässerungsplan entsprechend hergestellt werden.

Aufgaben

1. Fügen Sie die drei richtigen Begriffe in den Text ein:

Gefälle, gutes Aussehen, Muffen, Dichtheit, Beständigkeit

Die Grundleitung muss im richtigen ....verlegt werden.

Die ....werden entgegen der Fließrichtung verlegt.

Die fertige Leitung muss auf .... geprüft werden.

2. Eine Grundleitung unter dem geplanten Wohnhaus soll 10,20 m lang werden und ein Gefälle von 1,5 % erhalten.

Berechnen Sie den Höhenunterschied zwischen Anfangspunkt A und Endpunkt E.

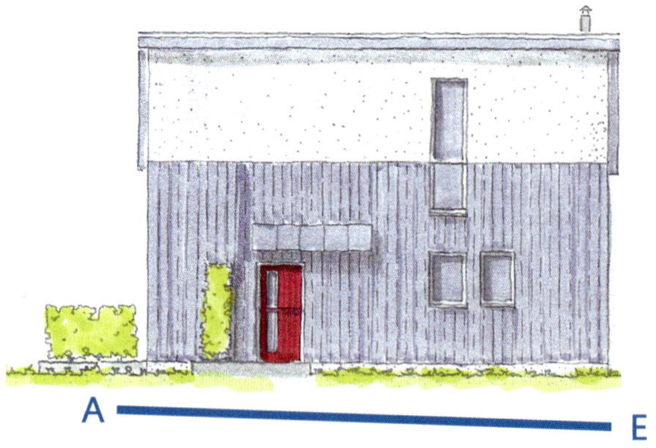

2.3.5 Dränung

Zeitweise auftretendes Sickerwasser und Schichtwasser kann sich an den Außenwänden eines Gebäudes aufstauen. Es sollte deshalb abgeleitet werden. Dies geschieht mittels **Dränung**.

Die Dränung besteht aus der im Boden befindlichen **Dränleitung**, die von außen Wasser aufnehmen und ableiten kann, und einer Dränschicht aus durchlässigem Material. Das Gefälle der Dränleitung muss zwischen 0,5 % und 2 % betragen; üblich ist **1 % Gefälle**.

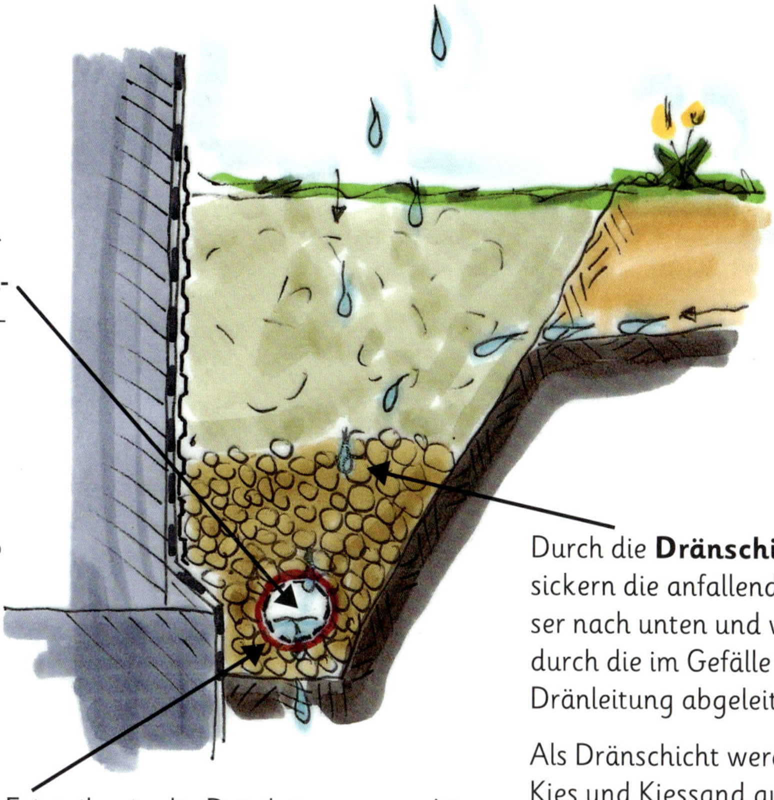

Durch die **Dränschicht** sickern die anfallenden Wässer nach unten und werden durch die im Gefälle verlegte Dränleitung abgeleitet.

Als Dränschicht werden außer Kies und Kiessand auch **Dränelemente** wie Dränsteine, Dränplatten aus Hartschaum und Dränmatten verwendet.

Um das Einschwemmen von Feinteilen in die Dränleitung zu verhindern, sollte sie von einem **bodenstabilen Filter** (z. B. Vlies, in der Skizze rot) umgeben sein, der das Wasser, aber nicht die Feinteile durchlässt.

Das Wasser versickert in einer Sickergrube oder es wird zusammen mit dem Regenwasser in die **Ortsentwässerung** abgeleitet.

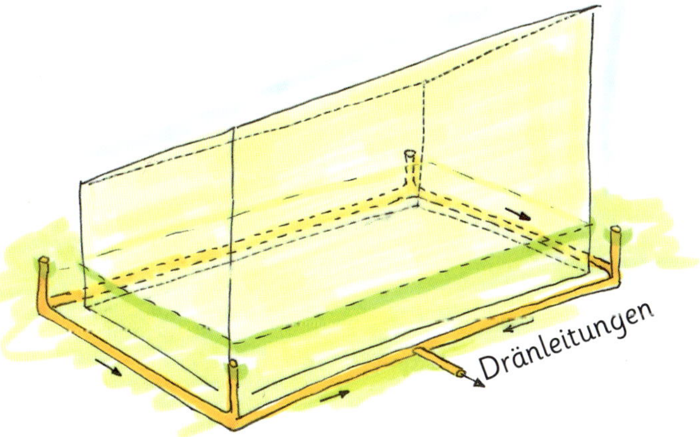

Dränrohre werden in den verschiedensten Materialien angeboten. Am gebräuchlichsten sind gelochte oder geschlitzte Kunststoffrohre.

Die Dränung nimmt über eine Dränschicht aus Kiessand oder Dränelementen versickerndes Wasser auf und leitet es über die Dränleitung ab.

2.4 Die Gründungen

Wenn Menschen sich auf weichen Untergrund, wie z. B. Schnee, begeben, vergrößern sie ihre Aufstandsfläche z. B. durch Schneeschuhe und sinken dadurch weniger ein.

Auf der Baustelle werden auf weichen Untergrund Bohlen gelegt, um weniger einzusinken.

Auch Gebäude wie unser Wohnhaus im Garten der Großmutter sollen sicher stehen und möglichst wenig einsinken. Dies wird durch entsprechende Gründungsmaßnahmen erreicht.

2.4.1 Gründungsarten

Bei gutem, tragfähigem Baugrund genügt es, unter Stützen bzw. Wänden verbreiterte Fundamente anzubringen.

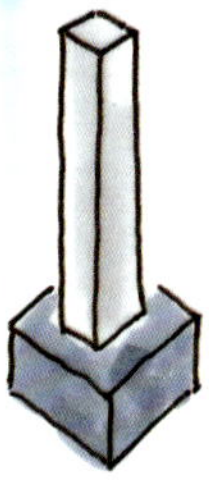

Fundamente unter einzelnen Stützen werden als **Einzelfundamente** bezeichnet.

Durchgehende Fundamente unter Wänden werden als **Streifenfundamente** bezeichnet. Im Wohnungsbau sind dies die üblichen Gründungsarten.

Würden Einzel- oder Streifenfundamente zu stark einsinken oder sich ungleichmäßig setzen, kann die Belastung des Baugrundes durch **Plattenfundamente**, die unter dem ganzen Bauwerk durchgehen, verringert werden.

Einzel-, Streifen- und Plattenfundamente werden gemeinsam als **Flachgründungen** bezeichnet.

Reicht die Tragfähigkeit des Baugrundes auch für Plattengründungen nicht aus, müssen **Tiefgründungen** angewendet werden. Die häufigste Art der Tiefgründung ist die **Pfahlgründung**, bei der das Gebäude auf Pfähle gestellt wird.

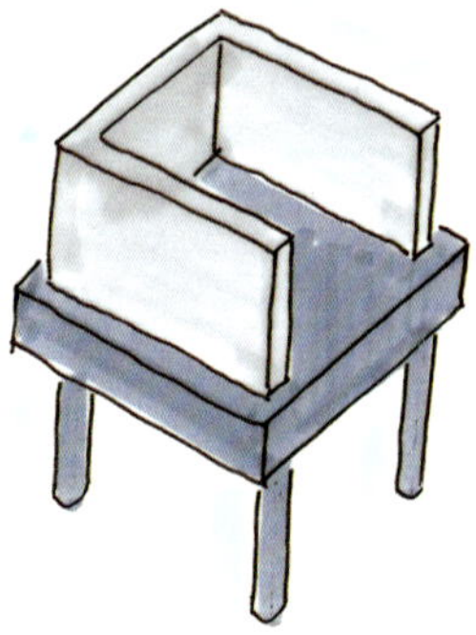

> Sollen die Bauwerkslasten schadenfrei auf den Baugrund übertragen werden, muss eine für den Baugrund und das Gebäude geeignete Gründungsart gewählt werden.

Aufgaben

1. Welche Aufgaben haben Fundamente?

2. Welche Lasten müssen bei unserem geplanten Wohnhaus durch die Fundamente auf den Baugrund übertragen werden?

3. Weshalb muss die Fundamentsohle mindestens 80 … 120 cm unter der Geländeoberfläche liegen?

2.4.2 Herstellen von Fundamenten

Das geplante Wohnhaus wird auf betonierten Streifenfundamenten gegründet.

Die Formgebung der Fundamente erfolgt **bei standfestem Boden** direkt durch die Wände der Fundamentgräben.

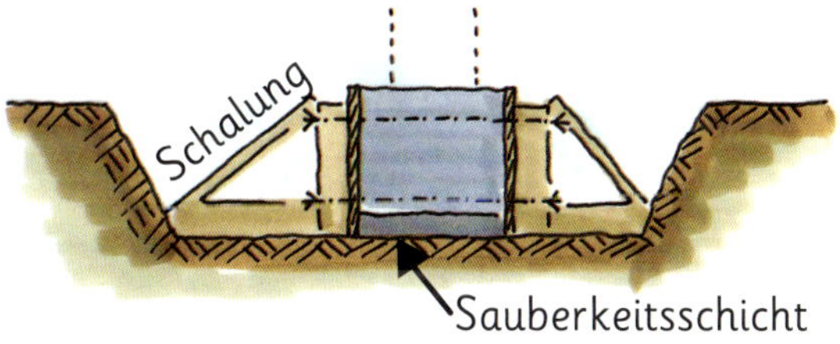

Nur **bei nicht standfestem Boden** oder aufgesetzten Fundamenten wird eine Schalung erstellt.

Die Abmessungen der Fundamentgräben werden aus dem Fundamentplan entnommen und z. B. mit Sprühfarbe auf der Baugrubensohle angezeichnet.

Der Aushub erfolgt maschinell mit Kleinbaggern. Eventuell muss von Hand nachgearbeitet werden, da die Fundamentsohle waagerecht und eben sein muss und der Grabenquerschnitt sich nach unten nicht verjüngen darf.

Bei bewehrten Fundamenten, wie sie unter Stahlbetonwänden üblich sind, muss zunächst eine **Sauberkeitsschicht** aus Beton eingebracht werden, um die Bewehrung vor Verschmutzung zu schützen. Bei unbewehrten Fundamenten wird direkt gegen Grund betoniert. Ist die Sohle der Fundamentgräben aufgeweicht, so muss das durchnässte Material vor dem Betonieren entfernt und gegebenenfalls ersetzt werden.

Das Einbringen des Betons kann je nach Situation mit Schubkarren, mit dem Krankübel, direkt vom Transportmischer oder mit der Betonpumpe erfolgen.

Verdichtet wird er je nach Konsistenz des Betons durch Rütteln oder seltener durch Stampfen (siehe Abschnitt 4.4.2). Nach dem Verdichten wird die Oberfläche geebnet und aufgeraut.

Nach Erhärten des Fundamentbetons wird die Bodenplatte eingebracht. Sie wird fast immer durchgehend betoniert. Dies ergibt einen sauberen Arbeitsplatz zum Aufmauern der Wände und Stellen der Schalung.

Die Fundamentsohle muss waagerecht, eben und in frostsicherer Tiefe sein.
Die Fundamentgräben müssen maßgerecht ausgehoben werden.
Der Fundamentbeton muss sorgfältig verdichtet und eben abgezogen werden.

Aufgaben

1. Nennen Sie die Arbeitsschritte zur Herstellung der Streifenfundamente unter dem geplanten Haus.

1.	**4.**
2.	**5.**
3.	**6.**

2. a) Wie viele m^3 Boden müssen für die Fundamente des Hauses ausgehoben werden?

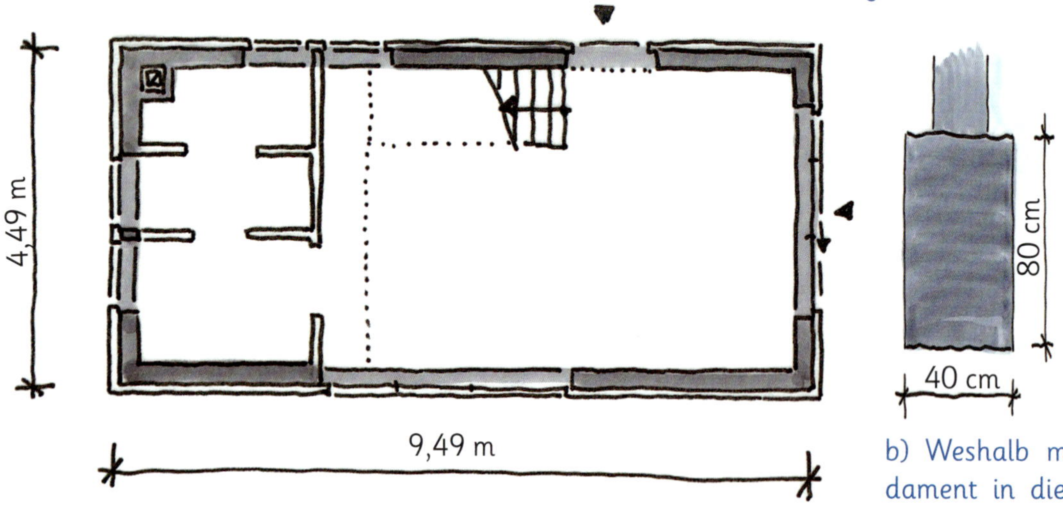

b) Weshalb muss das Fundament in diesem Fall eine Tiefe von 80 cm aufweisen?

3. Wie viele m^3 müssen abgefahren werden, wenn der Boden beim Aushub um 20 % aufgelockert wird?

2.5 Ein Fußweg entsteht

Wenn ein Gebäude erstellt ist, müssen noch die **Verkehrsflächen**, wie z. B. die Zufahrt zur Garage und der Zugang zur Haustür, hergestellt werden. Auch hierzu brauchen Sofie und Nico einige bautechnische Grundkenntnisse.

2.5.1 Verkehrsflächen

Verkehrsflächen müssen verschiedenen **Anforderungen** genügen:

- Sie müssen tragfähig sein und dürfen unter Belastung nicht nachgeben und sich nicht setzen.
- Sie müssen oberflächlich eben sein, damit sie gefahrlos begangen und befahren werden können.
- Das anfallende Oberflächenwasser muss schadlos abgeleitet werden.
- Sie müssen frostbeständig sein.

Um diese Eigenschaften zu gewährleisten, sind ein entsprechender Aufbau, geeignete Beläge und eine sorgfältige Ausführung erforderlich.

Die Tragfähigkeit hängt vom **Oberbau** und vom **Untergrund** bzw. Unterbau ab.

Der **Oberbau** besteht aus dem **Belag** und der **Tragschicht**.

Der **Pflaster- oder Plattenbelag** wird meist in ein Bett aus Sand oder Splitt verlegt. Die Oberfläche muss ein Gefälle aufweisen, damit das anfallende Wasser ablaufen kann. Die **Entwässerung** erfolgt über Einläufe oder Einlaufrinnen, die an die Grundstücksentwässerung angeschlossen sind.

Die **Tragschicht** besteht bei Wegen und Zufahrten meist aus ungebundenem Kies oder Schotter. Die Tragschicht dient oft gleichzeitig als Frostschutzschicht. Ihre Dicke kann je nach örtlichen Verhältnissen und Belastungen 15 … 50 cm betragen. Die Oberfläche der Tragschicht stellt die Unterlage für den Belag dar.

Unter **Untergrund** wird der gewachsene Boden verstanden, bei künstlichen Aufschüttungen spricht man von Unterbau.

Die bearbeitete Oberfläche des Untergrundes wird als **Planum** (plan = eben) bezeichnet. Das Planum soll glatt sein und ein Gefälle haben, damit das Oberflächenwasser abfließen kann.

Pflasterbeläge werden aus Natursteinpflaster, häufiger aber aus Betonpflastersteinen hergestellt.

Bei letzteren sind neben quadratischen und rechteckigen Steinen vor allem auch **Betonverbundsteine** gebräuchlich. Bei Betonverbundsteinen ist die Form der einzelnen Steine so gewählt, dass die Steine untereinander verzahnen.

Begrünte Fugen

Um der zunehmenden Versiegelung unserer Umwelt entgegenzuwirken, werden **versickerungsfähige Pflasterbeläge** angelegt. Dies kann durch aufgeweitete oder begrünte Fugen, durch Pflaster mit Sickeröffnungen oder durch poröse Betonpflaster erreicht werden („Ökopflaster“).

Klinkerpflastersteine

Vor allem im norddeutschen Raum werden auch **Klinkerpflastersteine** verwendet.

Auch für **Plattenbeläge** werden neben Natursteinplatten häufig Gehwegplatten aus Beton verwendet. Für mit Fahrzeugen befahrene Flächen sind Plattenbeläge weniger geeignet.

Verkehrsflächen müssen tragfähig, eben, entwässert und frostbeständig sein.
Pflaster ist für viele Zwecke geeignet und kann auch umweltfreundlich gestaltet werden.
Plattenbeläge sind für Flächen geeignet, die nicht von Kraftfahrzeugen befahren werden.

Aufgaben

1. Skizzieren Sie den Aufbau einer Verkehrsfläche mit Pflasterbelag und beschriften Sie ihre Skizze.
2. Welches Belagsmaterial würden Sie Sofie und Nico für den Weg zum Hauseingang empfehlen? Begründen Sie Ihre Antwort.

2.5.2 Herstellen eines Fußweges

Bei dem geplanten Wohnhaus muss ein Fußweg zum Hauseingang erstellt werden. Dazu ist eine Reihe von **Arbeitsschritten** notwendig.

- Der Weg muss **eingemessen** und erforderlichenfalls abgesteckt werden.

- Dann wird das **Rohplanum** hergestellt. Dies erfolgt bei bindigen Böden meist mit einem Bagger oder einer kleinen Planierraupe.

- Anschließend wird der Boden mit Vibrationsplatten, Walzen oder Stampfern verdichtet, um Setzungen möglichst auszuschließen.

- Im nächsten Arbeitsschritt werden **Randeinfassungen** (Bordsteine, Einfassungssteine) in Unterbeton versetzt und entlang einer gespannten Schnur nach Höhe und Richtung ausgerichtet.

- Zwischen die Randeinfassungen wird nach Erhärten des Unterbetons die **Tragschicht** aus Kiessand, Splitt oder Schotter eingebracht.

- Die Tragschicht muss mit einer Vibrationsplatte vollständig **verdichtet** werden. Hier ist bereits auf ein eventuelles Quergefälle zu achten, da sonst die Bettung unterschiedlich dick wird.

- Die **Pflaster- bzw. Plattenbettung** besteht aus einer im verdichteten Zustand 3… 5 cm dicken Sand- oder Splittschicht. Vor dem Versetzen des Belags ist die Bettung eben und im richtigen Gefälle abzuziehen. Die Bettung darf danach nicht mehr betreten werden, um eine unterschiedliche Verdichtung zu vermeiden. Die Bettung wird wegen der späteren Verdichtung etwas überhöht hergestellt.

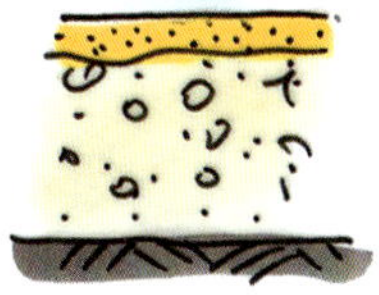

- Der **Belag** (Betonpflastersteine oder Platten) wird vom fertigen Belag aus, also „vorwärts“ verlegt. Die Fugen zu den bereits verlegten Steinen oder Platten sind möglichst gleichmäßig zu halten.

- Wenn ein Stück des Belages verlegt ist, wird Sand oder Splitt in die Fugen eingekehrt und eingeschlämmt. Dadurch wird die Standfestigkeit des Belages erhöht.

- Der Belag wird anschließend von den Rändern zur Mitte hin mit der Vibrationsplatte abgerüttelt. Danach werden die Fugen soweit erforderlich erneut gefüllt.

Pflaster- und Plattenbeläge sind sorgfältig und unter Beachtung der Einbauregeln herzustellen, um spätere Schäden zu vermeiden.

Aufgaben

1. Nennen Sie die notwendigen Arbeitsschritte zur Herstellung eines Gehweges.

1.	6.
2.	7.
3.	...
4.	
5.	

2. Weshalb wird die Bettung mit Überhöhung eingebaut?

3. In einem vor kurzer Zeit verlegten Belag aus Betonpflaster bilden sich Mulden. Welche Fehler könnten gemacht worden sein?

3 Mauerwerksbau

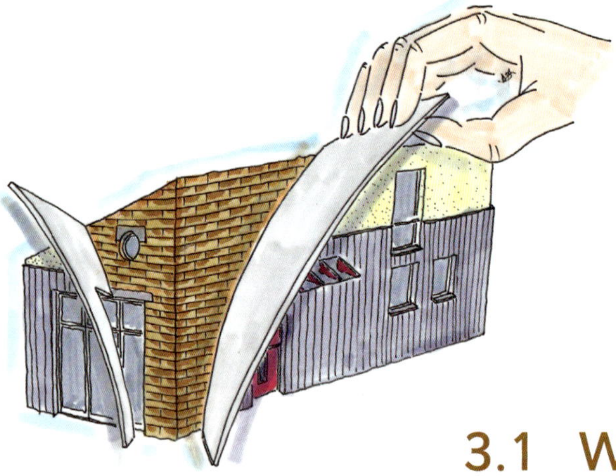

Die Wände des Projekthauses bestehen aus Mauerwerk.

In diesem Kapitel geht es darum, dass Sofie und Nico sich Kenntnisse über Mauerwerk aneignen.

3.1 Was ist Mauerwerk?

Unter Mauerwerk versteht man:
„Nach Regeln in Mörtel versetzte natürliche oder künstliche Mauersteine.“

Es werden hauptsächlich **Wände** in Mauerwerk hergestellt.

Sehr kurze gemauerte Wände werden als **Mauerpfeiler** (kurz: Pfeiler) bezeichnet.

Gemauerte Wände können **einschalig** oder **mehrschalig** sein.

Einschalige Wände bestehen aus einer durchgehenden einheitlichen Schale aus Mauerwerk.

Mehrschalige gemauerte Wände bestehen in der Regel aus zwei Schalen Mauerwerk, die durch eine Dämmschicht (meist zur Wärmedämmung, seltener zur Schalldämmung) von einander getrennt sind.

3.2 Der Mauermörtel

Der Mauermörtel verkittet (verklebt) die Steine des Mauerwerks.

Mauermörtel besteht aus einer Gesteinskörnung, z. B. Quarz- oder Brechsand und einem oder zwei Bindemitteln.

Die Bindemittel sind **Zement** und bzw. oder **Kalk**.

Vorgefertigte Mischungen aus Zement und anorganischen Stoffen wie z. B. Gesteinsmehl werden als **Putz- und Mauerbinder** (kurz: PM-Binder) bezeichnet.

Die Mörtel werden nach den verwendeten Bindemitteln bezeichnet. Man unterscheidet:

- **Kalkmörtel**
- **Kalkzementmörtel**
- **Zementmörtel**

Für nur gering beanspruchtes Mauerwerk reicht Kalkmörtel aus.

Normal beanspruchtes Mauerwerk wird in der Regel aus Kalkzementmörtel hergestellt.

Für sehr hoch beanspruchtes Mauerwerk findet Zementmörtel Verwendung.

3.2.1 Mörtelmischungen

Sofie und Nico wollen einen Mauermörtel mischen. Was benötigen sie?

Außerdem benötigen sie noch Schaufeln und einen Mörtelkübel (Mörtelkasten).

Sofie und Nico mischen die noch trockene Gesteinskörnung mit dem Bindemittel, bis die Mischung eine einheitliche Farbe hat.

Danach geben sie das Anmachwasser hinzu, mischen weiter, bis eine breiige Masse entsteht, die sich gut verarbeiten lässt.

Beim Mischen muss das richtige Mischungsverhältnis (MV) eingehalten werden.
Ein Mischungsverhältnis ist das Verhältnis in Raumteilen (Volumenteilen)

- von Kalk zur Gesteinskörnung (bei Kalkmörtel),
- von Zement zu Kalk zur Gesteinskörnung (bei Kalkzementmörtel) oder
- von Zement zur Gesteinskörnung (bei Zementmörtel).

Die Mischungsverhältnisse sind zum Beispiel:

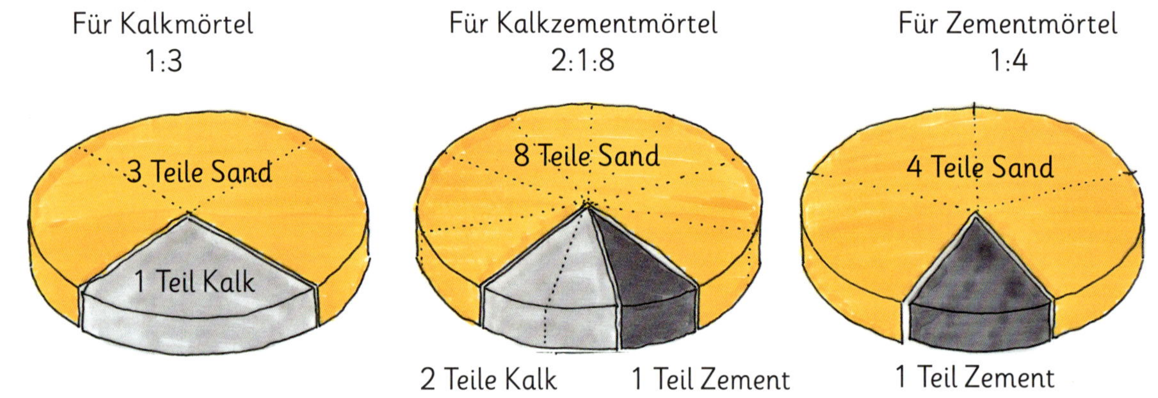

Mörtelfaktor

Machen Sie folgenden **Versuch**:

- 3 Liter trockener Sand werden mit 1 Liter Zement gemischt.
- Die trockene Mischung wird mit Anmachwasser zu Mörtel angemacht.
- Das nun entstandene Mörtelvolumen wird gemessen.

Beobachtung:

Das Ausgangsvolumen (3 Liter Sand + 1 Liter Zement + 1 Liter Anmachwasser) ist deutlich größer als das Mörtelvolumen (2,5 Liter Mörtelmischung).

Ergebnis:

Das Ausgangsvolumen ist um das 1,4- bis 1,6-fache größer als das Mörtelvolumen. **Dieser Wert wird als Mörtelfaktor bezeichnet.**

Beispiel:

Sofies und Nicos Mauermörtel soll ein Kalkmörtel mit einem Mörtelvolumen von 50 Liter und einem Mischungsverhältnis von 1:3 sein.

Berechnen Sie das erforderliche Sand- und Kalkvolumen. Der Mörtelfaktor beträgt 1,6.

Lösung:

Ausgangsvolumen = Mörtelvolumen · Mörtelfaktor
= 50 l · 1,6
= 80 l

Berechnung des Volumens eines Teiles:
4 Teile = 80 l
1 Teil = 80 l : 4
= 20 l → (Kalkvolumen = 20 l)
3 Teile = 20 l · 3
= 60 l → (Sandvolumen = 60 l)

Ergebnis:

Zur Herstellung von 50 l Kalkmörtel sind bei einem Mischungsverhältnis von 1:3 und einem Mörtelfaktor von 1,6 somit 20 l Kalk und 60 l Sand erforderlich.

Aufgaben

1. Rätsel: Folgende Buchstabengruppen ergeben die Lösungswörter.

MÖR MÖR SAND PM- KALK QUARZ MENT TEL TEL DER ZE BIN

Eine Gesteinskörnung für Mauermörtel:

Mauermörtel für stark beanspruchtes Mauerwerk:

Kurzbezeichnung für vorgemischtes Bindemittel aus Zement und Gesteinsmehl:

Mauermörtel für gering beanspruchtes Mauerwerk:

2. Wie groß ist der Mörtelfaktor einer Mörtelmischung, wenn bei 420 Liter Sand und 105 Liter Zement 350 Liter fertiger Mörtel entstehen?

3. Für 120 Liter fertigen Zementmörtel (MV 1:4) soll das Volumen an Sand und Zement berechnet werden. Der Mörtelfaktor beträgt 1,4.

4. Die Umfassungswände des Projekthauses sollen mit Kalkzementmörtel gemauert werden. Dafür sind 2 m^3 fertiger Mörtel erforderlich.

Das Mischungsverhältnis soll Kalk : Zement : Sand = 2 : 1 : 8 betragen.
Berechnen Sie das erforderliche Volumen an Kalk, Zement und Sand bei einem Mörtelfaktor von 1,6.

5. Wie viele Liter fertigen Zementmörtel können aus einem Sack Zement (= 25 kg) hergestellt werden, wenn der Mörtelfaktor 1,4 beträgt und genügend Sand zur Verfügung steht?
Zement hat eine Dichte von 1200 kg/m^3.

Volumen (in m^3) = Masse (in kg) : Dichte (kg/m^3)

3.3 Die Maßordnung

Um einen möglichst geringen Steinverhau (Verschnitt) beim Mauern zu haben, werden für das Mauerwerk immer solche Maße gewählt, die mit ganzen, halben, dreiviertel oder viertel Steinen herzustellen sind. Mauermaße sind immer Vielfache von 12,5 cm. Dies entspricht einem Achtelmeter (am).

Gegebenenfalls muss 1 cm für eine fehlende oder eine hinzukommende Stoßfuge abgezogen oder zugezählt werden.

Es wird unterschieden zwischen:

- **Anbaumaß**
  ***n* · 12,5 cm**

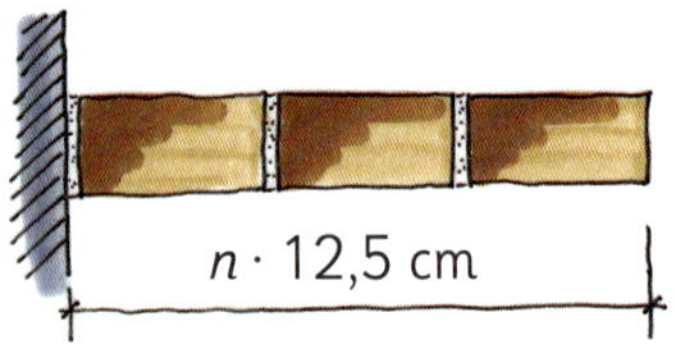

- **Innenmaß**
  ***n* · 12,5 cm + 1 cm**

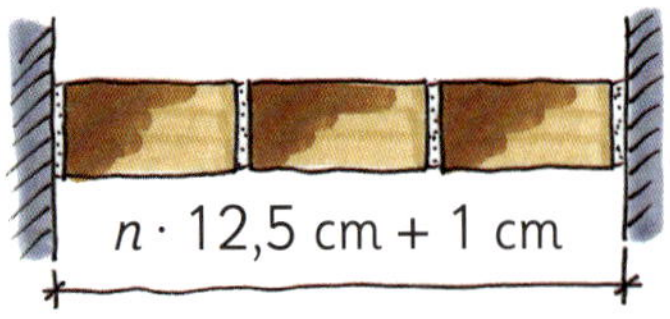

- **Außenmaß**
  ***n* · 12,5 cm – 1 cm**

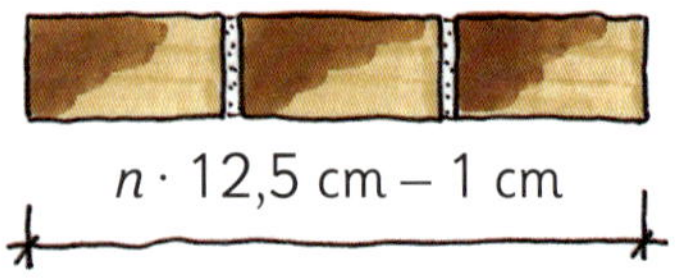

- **Aufbaumaß**
  ***n* · 12,5 cm**

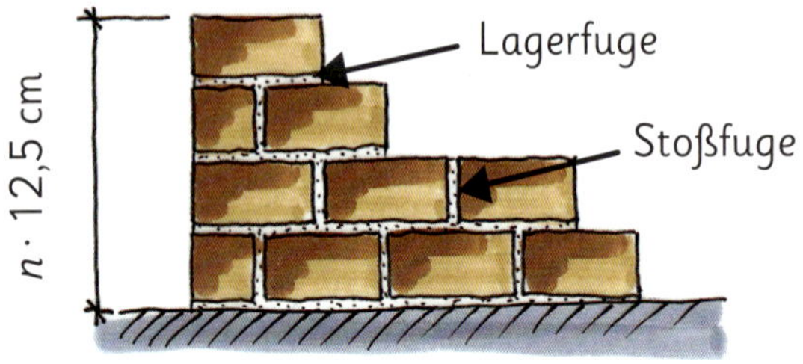

(***n*** ist ein beliebiges ganzzahliges Vielfaches.)

Mauermaße sind immer **Vielfache von 12,5 cm**. Gegebenenfalls muss 1 cm für eine fehlende oder eine hinzukommende Stoßfuge abgezogen oder zugezählt werden.

Es wird unterschieden zwischen Anbau-/Aufbaumaßen, Innenmaßen und Außenmaßen.

Aufgaben

1. Ordnen Sie folgende Maße nach Anbau-/Aufbaumaßen, Innenmaßen und Außenmaßen:

9,99 m; 37,5 cm; 2,01 m; 88,5 cm; 3,49 m; 5,75 m; 2,385 m; 11,5 cm; 12,51 m; 50 cm

Anbau-/Aufbaumaße	Innenmaße	Außenmaße

2. Welche der Maße am Projekthaus sind Anbau-/Aufbaumaße, Innenmaße und Außenmaße?

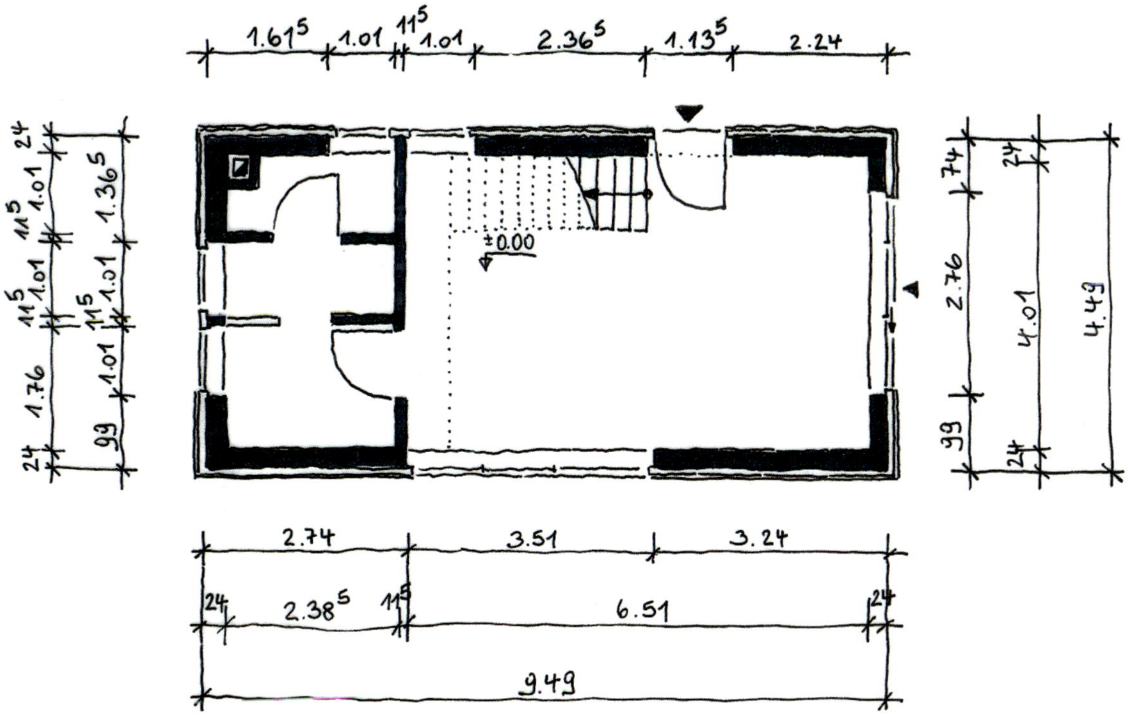

Anbau-/Aufbaumaße	Innenmaße	Außenmaße

3.4 Die Mauersteine

Bei den Mauersteinen wird zwischen **natürlichen** und **künstlichen** Steinen unterschieden.

Die natürlichen Mauersteine (Natursteine) findet man häufig an älteren Gebäuden. Bei neuen Gebäuden sind Natursteine meist nur als Platten den Wänden vorgestellt (=Verblendung).

Natursteinmauerwerk wird hauptsächlich für Stützmauern oder Gartenmauern verwendet.

3.4.1 Künstliche Mauersteine

Sofie und Nico entscheiden sich bei den Wänden ihres Projekthauses für künstliche Mauersteine.

Die künstlichen Mauersteine können unterteilt werden, in

- **gebrannte Mauersteine** aus tonigen Rohstoffen (z. B. Mauerziegel) und
- **ungebrannte Mauersteine** aus Bindemitteln und Gesteinskörnungen (z. B. Kalksandsteine, Beton- bzw. Leichtbetonsteine, Porenbetonsteine).

Die künstlichen Mauersteine werden nach bautechnischen Eigenschaften beurteilt. Diese sind z. B.

- die Dichte
- die Druckfestigkeit
- die Wärmedämmfähigkeit
- die Witterungsbeständigkeit
- ....

Dichte $= \frac{\text{Masse}}{\text{Volumen}}$

$(\varrho = \frac{m}{V})$

Druckfestigkeit $= \frac{\text{Druckkraft}}{\text{Fläche}}$

$(\sigma = \frac{F}{A})$

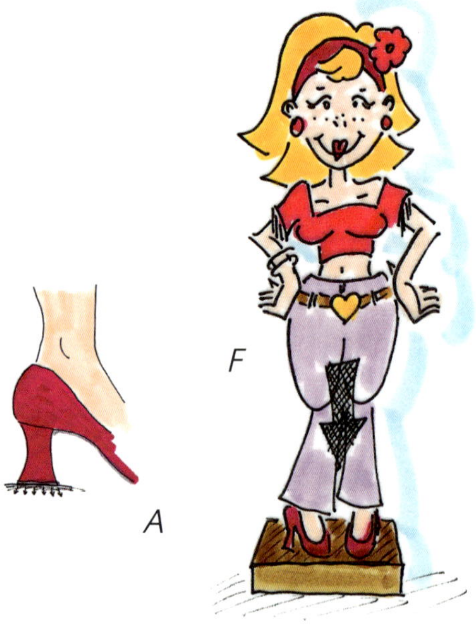

Wärmedämmfähigkeit

Porenbeton

Dichter Mauerstein
mit Wärmedämmung

Beton

Witterungsbeständigkeit

Schallschutz

Porenbeton

Dichter Mauerstein

Beton, zweischalig mit
Mineralfaserdämmung

Mauersteine mit hoher Dichte besitzen meist auch eine hohe Druckfestigkeit und Mauersteine mit geringer Dichte besitzen in der Regel eine hohe Wärmedämmfähigkeit.

Hoch belastetes Mauerwerk erfordert Mauersteine mit hoher Druckfestigkeit.

Außenwände erfordern Mauersteine mit hoher Wärmedämmfähigkeit.

Außenwände in Sichtmauerwerk (= unverputztes Mauerwerk) werden mit witterungsbeständigen Mauersteinen gemauert.

Mauersteine mit geringer Dichte besitzen meist auch eine geringe Schalldämmung und Mauersteine mit hoher Dichte besitzen in der Regel eine hohe Schalldämmfähigkeit.

3.4.2 Steinformate

Grundformate für die Mauersteine sind

das Dünnformat (**DF**) und das Normalformat (**NF**).

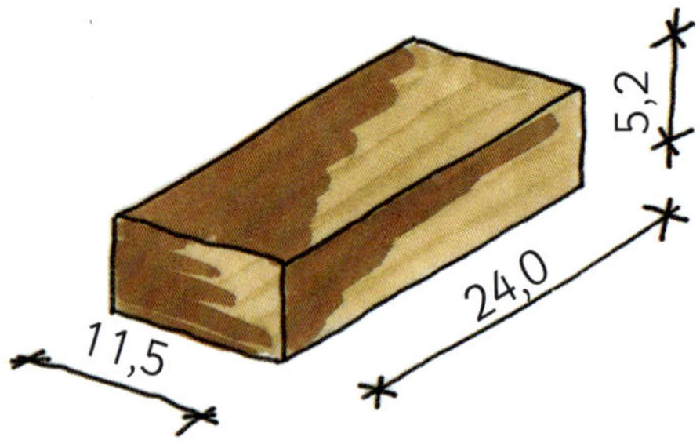

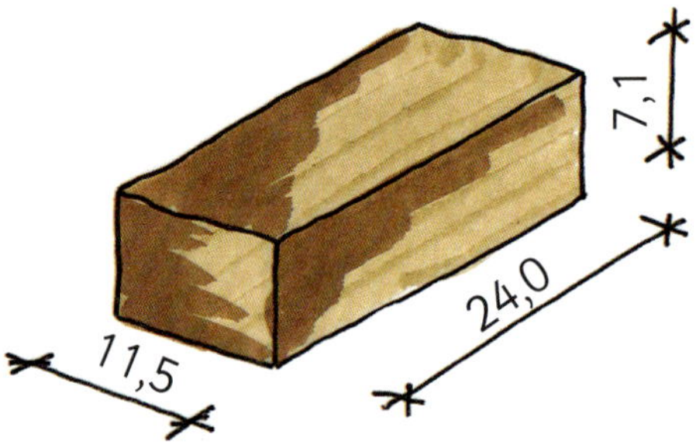

Alle weiteren Steinformate werden als das Vielfache des Dünnformats angegeben, z. B. 2 DF, 3 DF.

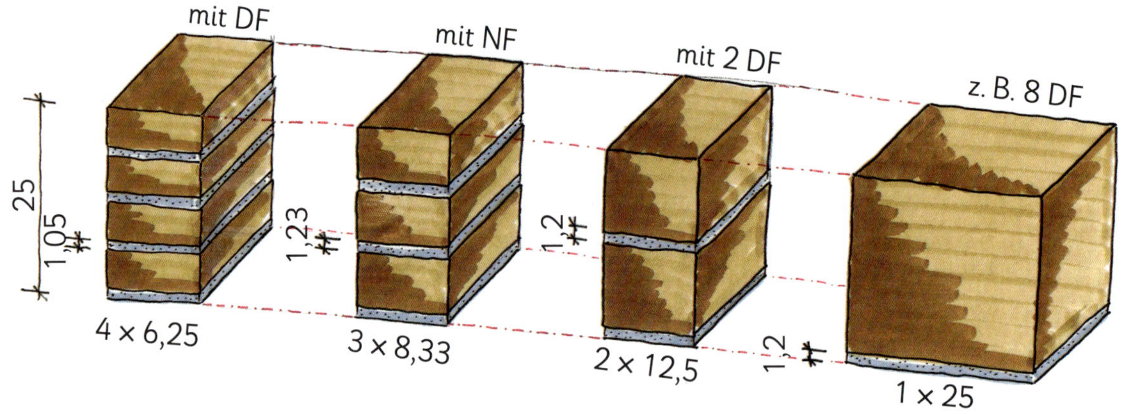

Kurz-Bezeichnung	Maße in cm			Gruppen	
	Länge *l*	Breite *b*	Höhe *h*		
DF (Dünnformat)	24	11,5	5,2	Klein-formate	Ein-hand-steine 
NF (Normalformat)	24	11,5	7,1		
2 DF	24	11,5	11,3		
3 DF	24	17,5	11,3	Mittel-formate	
4 DF	24	24	11,3		
5 DF	30	24	11,3		
6 DF	36,5	24	11,3		
8 DF	24	24	23,8	Groß-formate	Zwei-hand-steine 
10 DF	30	24	23,8		
12 DF	36,5	24	23,8		
16 DF	49	24	23,8		
20 DF	49	30	23,8		

3.4.3 Herstellung künstlicher Mauersteine

Mauerziegel

Mauerziegel werden aus Lehm geformt und anschließend gebrannt.

Lehm besteht aus Ton und Sand.

Stationen der Mauerziegelherstellung:

• Rohstoffabbau:	In Lehm- bzw. Tongruben wird der Rohstoff abgebaut und zum Ziegelwerk transportiert.
• Rohstoffaufbereitung:	Der Rohstoff Lehm bzw. Ton wird zerkleinert, in das richtige Ton-/Sand-Mischungsverhältnis gebracht, von unerwünschten Bestandteilen getrennt und durch Wasserzugabe in die gewünschte Formbarkeit gebracht.
• Formen:	Die Formgebung erfolgt durch eine Strangpresse. Es entsteht der Rohling.
• Trocknen:	Die Rohlinge werden bei einer Temperatur bis ca. 100 °C in Trockenkammern getrocknet.
• Brennen:	Das Brennen erfolgt im Tunnelofen bei Temperaturen von 900 °C bis 1200 °C. Je höher die Temperatur, umso größer die Dichte und Festigkeit des Mauerziegels und umso geringer die Wasseraufnahmefähigkeit.

Mauerziegel bestehen aus einem Ton-/Sand-Gemisch (Lehm). Daraus werden Rohlinge geformt, die nach dem Trocknen gebrannt werden.

Kalksandsteine

Kalksandsteine sind ungebrannte, künstliche Mauersteine, die aus einer Gesteinskörnung (z. B. Quarzsand) und dem Bindemittel Kalk bestehen.

Stationen der Kalksandsteinherstellung:

Die Ausgangsstoffe werden mit Wasser **gemischt**, in Pressen **geformt** und unter Dampfdruck **gehärtet**.

Kalksandsteine haben eine hohe Dichte und zeichnen sich deshalb durch gute Werte für Wärme**speicher**fähigkeit und Luftschallschutz aus.

Kalksandsteine sind ungebrannte Mauersteine aus Kalk und Sand. Aufgrund ihrer großen Dichte besitzen sie eine hohe Druckfestigkeit, gute Wärme**speicher**fähigkeit und sind luftschalldämmend.

Kalksandvollstein
(**NF**)

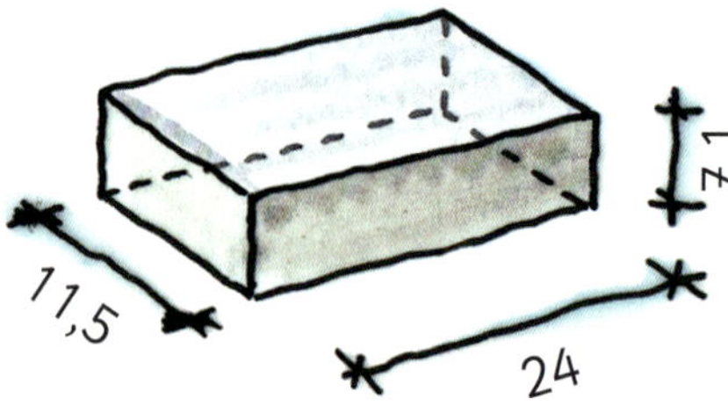

Kalksandvollstein
(**2 DF**)

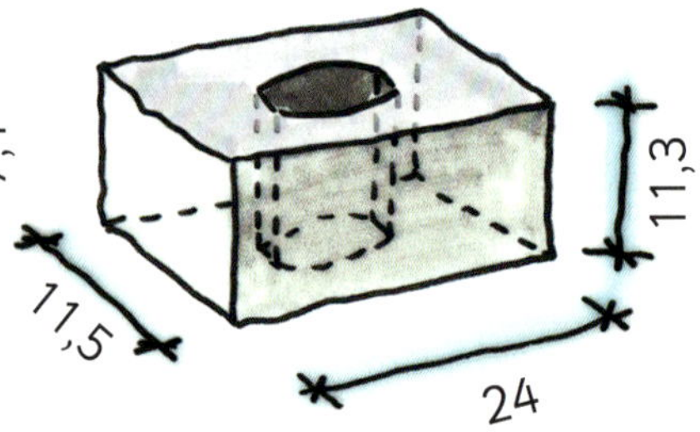

Lochung ≤ 15 %
der Steinfläche

Kalksandlochstein
(**3 DF**)

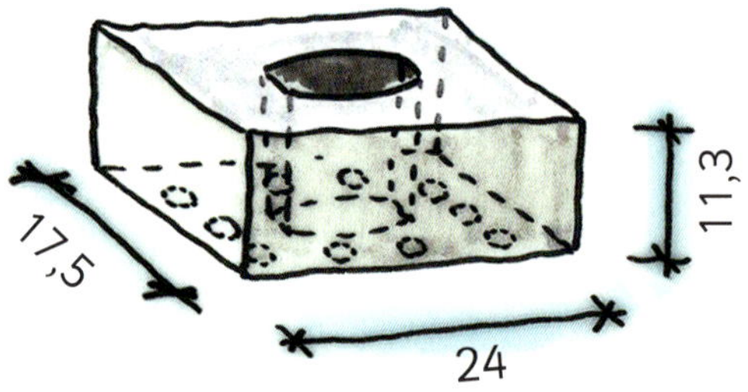

Lochung > 15 %
der Steinfläche

Kalksandhohlblockstein
(**12 DF**)

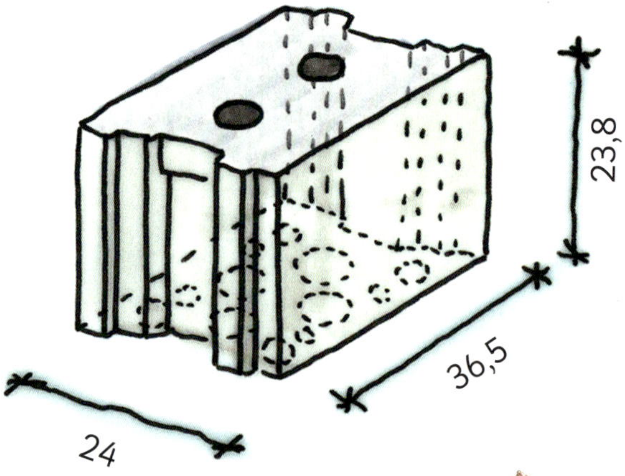

Beton- und Leichtbetonsteine

Beton- und Leichtbetonsteine sind ungebrannte, künstliche Mauersteine, die aus einer Gesteinskörnung und dem Bindemittel Zement (und/oder anderen hydraulischen Bindemitteln, z. B. hochhydraulischem Kalk) bestehen.

Die Gesteinskörnungen der Betonsteine haben ein dichtes Gefüge durch gemischte Körnung (z. B. Sand, Kies, Splitt). Leichtbetonsteine bestehen aus porigen Gesteinskörnungen geringer Dichte wie z. B. Naturbims oder Blähton.

Leichtbeton Vollblock,
geschlitzt

Stationen der Beton- und Leichtbetonsteinherstellung:

Bei der Herstellung der Beton- und Leichtbetonsteine wird die Gesteinskörnung mit dem Bindemittel **gemischt**, es wird Anmachwasser hinzugegeben, der Mauerstein wird **geformt**, **verdichtet** und er **erhärtet**.

Beton- und Leichtbetonsteine sind ungebrannte Mauersteine, bestehend aus einer Gesteinskörnung und dem Bindemittel Zement.

Vollstein

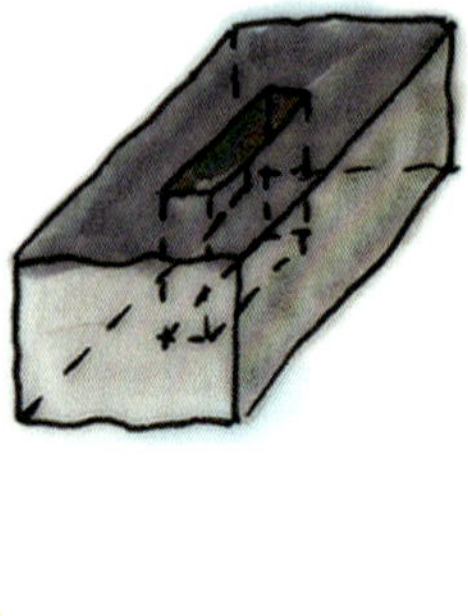

Vollblock, geschlitzt VblS

1- und 3-Kammerhohlblockstein

1-K-Hbl

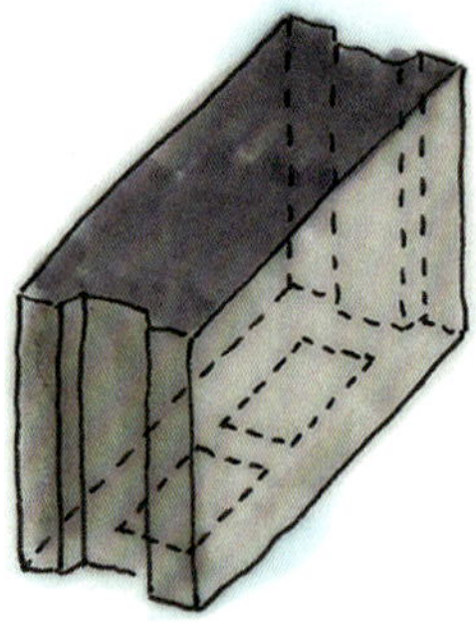

3-K-Hbl

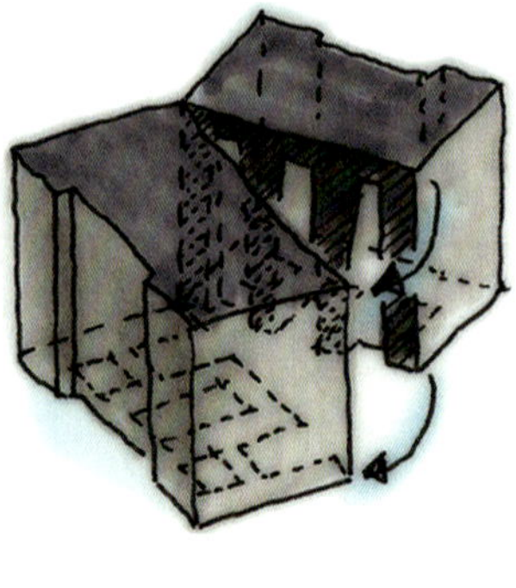

Porenbetonsteine

Porenbetonsteine sind ungebrannte, künstliche Mauersteine. Porenbeton ist ein unter Dampfdruck gehärteter, feinporiger Beton. Er besteht aus fein gemahlenem Quarzsand, den Bindemitteln Zement und Kalk sowie Poren bildenden Zusätzen (z. B. Aluminiumpulver).

Stationen der Porenbetonsteinherstellung:

Bei der Herstellung werden die Ausgangsstoffe mit Wasser **gemischt** und in Formen **gegossen**. Dabei entsteht ein Treibgas (Wasserstoff), das den Beton „aufbläht". Die Rohblöcke werden **zugeschnitten** und danach unter Dampfdruck **gehärtet**.

Porenbetonsteine haben eine geringe Dichte und demzufolge eine hohe Wärmedämmfähigkeit. Auf grund der vielen Poren muss das Mauerwerk immer vor eindringender Feuchtigkeit geschützt werden. Auch auf der Baustelle sind Porenbetonsteine vor Durchnässung zu schützen.

Porenbetonsteine werden aus unter Dampfdruck gehärtetem, feinporigem Beton hergestellt. Sie besitzen eine hohe Wärmedämmfähigkeit.

Aufgaben

1. Tragen Sie die fehlenden Begriffe bezüglich der Herstellung ein.

Künstliche Mauersteine

______	______
Beispiele:	Beispiele:
______	______
______	______
______	______

2. Folgendes Schema zeigt die **Herstellung von Mauerziegeln**. Tragen Sie in die Kästchen links die fehlenden Begriffe ein.

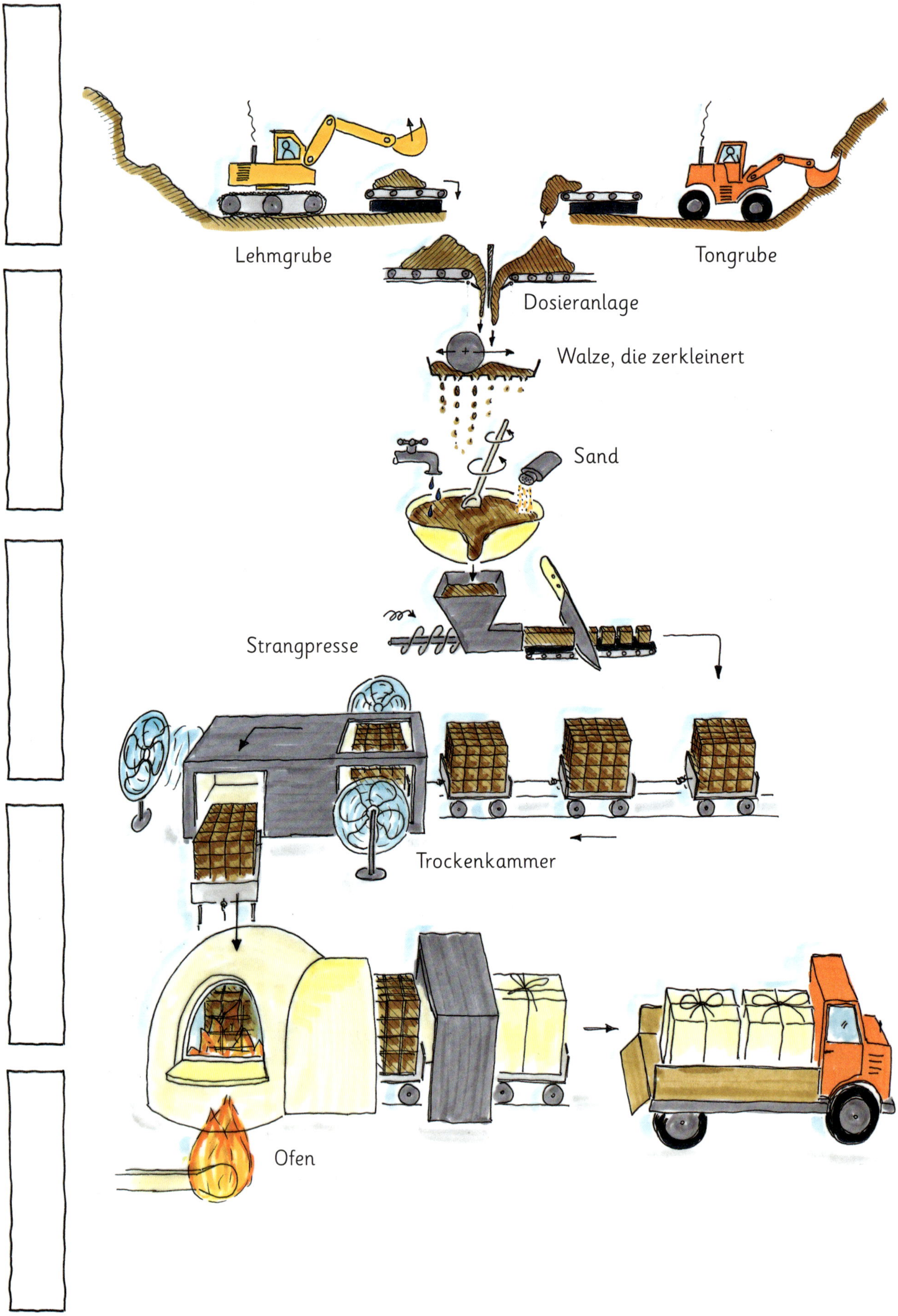

3. Dieses Schema zeigt die **Herstellung von Kalksandsteinen**. Tragen Sie auch hier in die Kästchen rechts die einzelnen Arbeitsschritte ein.

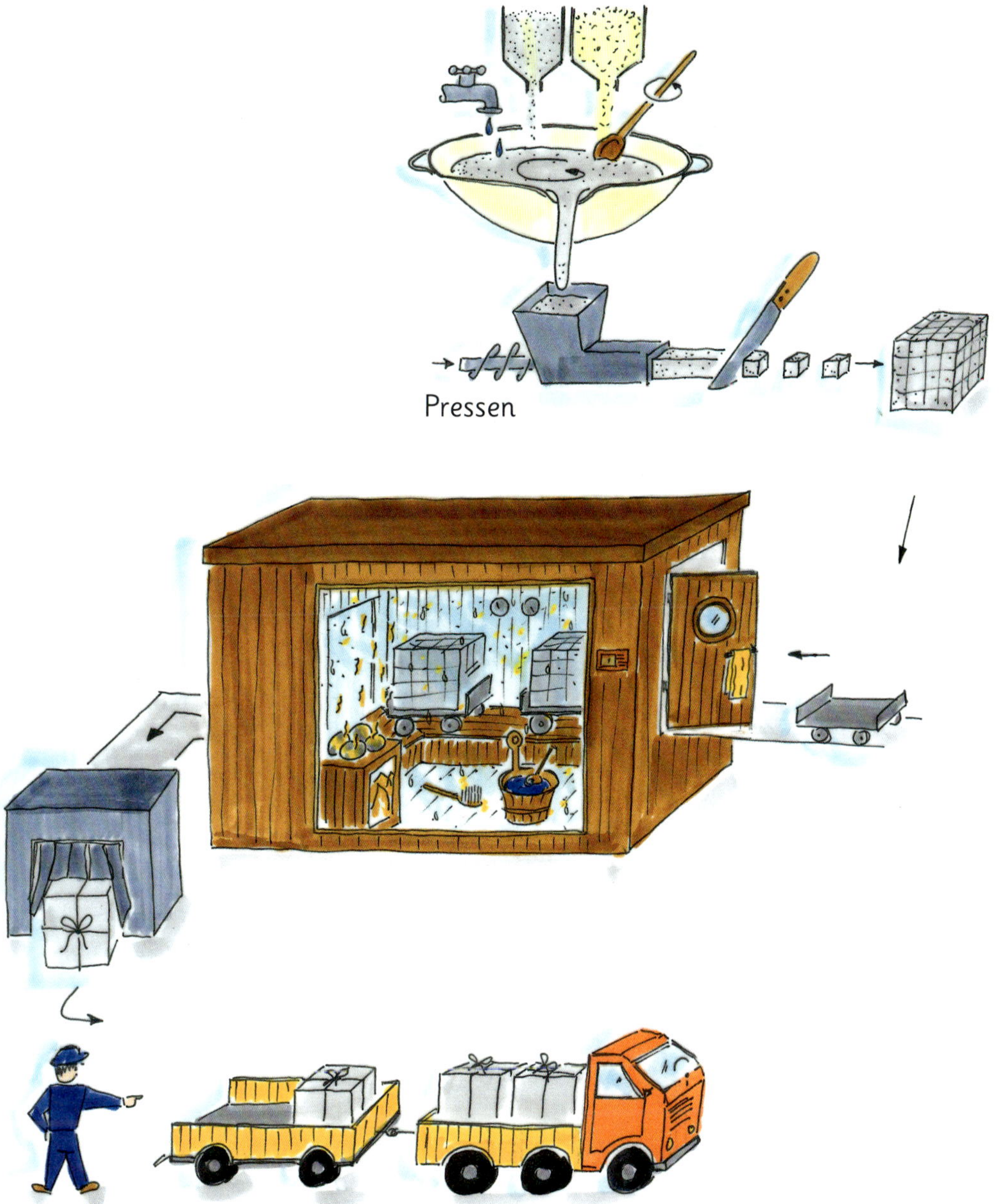

4. Bringen Sie die Aussagen zur Mauerziegelherstellung in die richtige Reihenfolge.

○→ Die Formgebung erfolgt durch eine Strangpresse. Es entsteht der Rohling.

○→ In Lehm- bzw. Tongruben wird der Rohstoff abgebaut und zum Ziegelwerk transportiert.

○→ Das Brennen erfolgt im Tunnelofen bei Temperaturen von 900 … 1200 °C. Je höher die Temperatur, umso größer die Dichte und Festigkeit des Mauerziegels und umso geringer die Wasseraufnahmefähigkeit.

○→ Der Rohstoff Lehm bzw. Ton wird zerkleinert, in das richtige Ton-/Sand-Mischungsverhältnis gebracht, von unerwünschten Bestandteilen getrennt und durch Wasserzugabe in die gewünschte Plastizität gebracht.

○→ Die Rohlinge werden bei einer Temperatur bis etwa 100 °C in Trockenkammern getrocknet.

5. Lösen Sie das folgende Kreuzworträtsel. (ä = ae; ß = ss)

1. Welche Eigenschaft muss ein Mauerstein besitzen, wenn er für Außenwände verwendet wird und das Haus im Winter schön warm halten soll?
2. Für welche Bauteile werden witterungsbeständige Mauersteine verwendet?
3. Welche Eigenschaft müssen Mauersteine für hoch belastete Wände besitzen?
4. Welche Eigenschaft müssen Mauersteine für unverputzte Außenwände besitzen?
5. Zwei Mauersteine haben die gleichen Abmessungen. Beim Wiegen der Steine wird festgestellt, dass sie unterschiedliche Massen besitzen. In welcher Eigenschaft unterscheiden sich die beiden Steine?

Das Lösungswort ist das Produkt aus Dichte und Volumen.

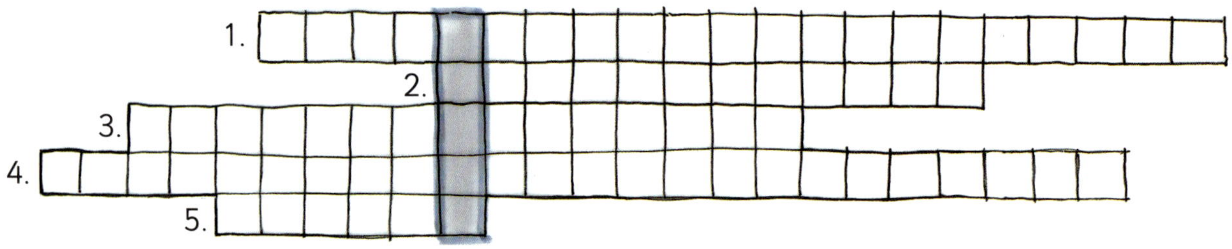

6. Sofie und Nico müssen sich für einen Mauerstein für die Außenwände (Umfassungswände) und einen Mauerstein für die Innenwände entscheiden.

Entscheidungskriterien (Kriterien = Gesichtspunkte) können z. B. sein:

- Steineigenschaften wie:
  - Festigkeit
  - Wärmedämmfähigkeit
  - Frostbeständigkeit
  - Schalldämmfähigkeit
  - ...
- Bearbeitbarkeit
- Transportweg (vom Hersteller zur Baustelle)
- Preis

- Umweltverträglichkeit: Diesbezüglich müssen Sofie und Nico Antworten auf folgende Fragen suchen:
  - Sind die Rohstoffe für die Herstellung des Mauersteins reichlich vorhanden und leicht abbaubar?
  - Wie hoch ist der Energieverbrauch zur Herstellung eines m³ der Mauersteine?
  - Welche Schadstoffe entstehen bei der Herstellung des Mauersteins (z. B. Abwasser, Emissionen bei der Verbrennung von Öl und Erdgas usw.)?
  - Enthält der Mauerstein toxische (giftige) Stoffe?
  - Ist der Mauerstein recycelbar?

  …
- …

Helfen Sie Sofie und Nico bei der Entscheidung.

Fertigen Sie zwei Listen nach folgendem Vorbild an:

Wahl des Mauersteins **für die Außenwände**												
Entscheidungs-kriterien:	Mauerziegel			Kalksandstein			Leichtbetonstein			Porenbetonstein		
	🙂	😐	🙁	🙂	😐	🙁	🙂	😐	🙁	🙂	😐	🙁
Wärmedämmfähigkeit												
Bearbeitbarkeit												
Festigkeit												
usw.												

Wahl des Mauersteins **für die Innenwände**												
Entscheidungs-kriterien:	Mauerziegel			Kalksandstein			Leichtbetonstein			Porenbetonstein		
	🙂	😐	🙁	🙂	😐	🙁	🙂	😐	🙁	🙂	😐	🙁
Schalldämmung												
Bearbeitbarkeit												
Preis												
usw.												

🙂 besonders gut geeignet

😐 geeignet

🙁 weniger geeignet

3.5 Herstellen von Mauerwerk

Beim Herstellen von Mauerwerk, also dem Mauern, ist vor allem auf **Arbeitssicherheit** zu achten. Mauern ist eine sehr schöne Tätigkeit. Es birgt aber auch Gefahren in sich. Nur bei Berücksichtigung der Arbeitssicherheit kann dieser Beruf mit Freude und ohne gesundheitliche Schäden bis zum Eintritt in das Rentenalter ausgeübt werden.

3.5.1 Die Arbeitssicherheit

Die Arbeitssicherheit muss bei der **persönlichen Schutzausrüstung** beginnen.

Die persönliche Schutzausrüstung besteht aus:

Es darf keine Baustelle betreten werden, ohne Schutzausrüstung wie Schutzhelm, zweckmäßige Arbeitskleidung, Sicherheitsschuhe, Schutzhandschuhe usw.

Mauersteine mit einem Verarbeitungsgewicht **über 25 kg** dürfen **nicht ohne mechanische Hilfe** (Versetzgeräte) verarbeitet werden, auch dann nicht, wenn zwei Personen dabei beteiligt sind. Diese Vorschrift ist sehr sinnvoll, denn das Anheben von Lasten über 25 kg kann langfristig zu Schäden an der Wirbelsäule und den Gelenken führen.

unter 25 kg:

über 25 kg:

Mauersteine mit einem Verarbeitungsgewicht über 25 kg müssen mit einem Versetzgerät verarbeitet werden.

Gerüste tragen wesentlich zur Arbeitssicherheit bei und haben außerdem einen großen Einfluss auf die Arbeitsleistung und auf die Gesundheit.

Mit einem **Bockgerüst** von ca. 1,25 m Höhe kann bei den üblichen Geschosshöhen im Wohnungsbau durch einmaliges Rüsten die Wand erstellt werden.

Kurbelböcke oder Ausziehböcke ermöglichen ein Arbeiten in der jeweils günstigsten Höhe.

Ermüdung und Gesundheitsgefährdung sind am geringsten, wenn beim Mauern Maßnahmen gegen unnötiges Bücken getroffen werden. Deshalb gibt es stufenlos höhenverstellbare **Mauergerüste, die zwei verschiedene Ebenen besitzen**. Die Ebenen haben eine Höhendifferenz von etwa 50 cm, wobei auf der unteren Ebene der Maurer steht und auf der oberen Mauersteine und Mörtel gelagert werden.

Mauergerüste mit zwei Ebenen ermöglichen ein gesundheitsschonendes Arbeiten.

Gerüste, deren Belag mehr als 2 m über dem Boden liegt, müssen an der Außenseite einen **Seitenschutz** erhalten. Bei Gerüsten, die mehr als 30 cm vom Gebäude entfernt sind, ist auch an der Innenseite ein Seitenschutz erforderlich. Außerdem ist ein Seitenschutz an den Enden eines Gerüstbelags, z. B. an den Stirnseiten von Gerüsten, anzuordnen.

Der Seitenschutz besteht aus drei Teilen:

Geländerholm, Zwischenholm und Bordbrett

Alle Gerüste, deren Gerüstbelag mehr als 2 m über dem Boden liegt, müssen einen Seitenschutz erhalten.

Die **Berufsgenossenschaften der Bauwirtschaft** erlassen **Unfallverhütungsvorschriften**, die unbedingt eingehalten werden müssen.

Aufgabe

Informieren Sie sich bei den Bauberufsgenossenschaften (www.bgbau.de) und fertigen Sie in Gruppenarbeit eine Wandzeitung zur Arbeitssicherheit beim Mauern an.

3.5.2 Die Werkzeuge zum Mauern

Die Werkzeuge zum Mauern sind die **Kelle**, der **Mauerhammer**, die **Wasserwaage**, der **Meterstab** (Gliedermaßstab), die **Schnur** (Mauer- oder Fluchtschnur) und der **Bleistift**.

Dreieckige und viereckige Kelle

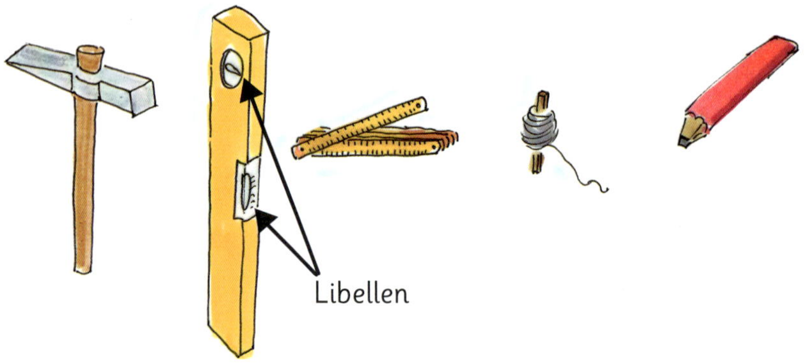

Das Werkzeug muss gepflegt werden, denn nicht gepflegtes Werkzeug erschwert genaues und schnelles Arbeiten. Kelle, Hammer und Wasserwaage müssen nach der Arbeit abgewaschen und trocken abgerieben werden.

Die Werkzeuge dürfen nur zweckdienlich gebraucht werden, z. B. die Kelle nicht zum Behauen der Steine.

Die Wasserwaage ist ein sehr empfindliches Werkzeug, es sollte deshalb sehr behutsam mit ihr umgegangen werden.

Werkzeuge zum Mauern sind Kelle, Mauerhammer, Wasserwaage, Meterstab, Schnur und Bleistift. Die Werkzeuge müssen gepflegt werden und sie dürfen nur zweckdienlich gebraucht werden.

3.5.3 Das Mauern

Unter einem Mauerwerk versteht man „nach Regeln in Mörtel versetzte Mauersteine". Im Folgenden geht es um diese Regeln.

Wichtige Begriffe aus dem Mauerwerksbau

Lagerfuge → waagerechte (horizontale) Fuge zwischen den einzelnen Steinschichten

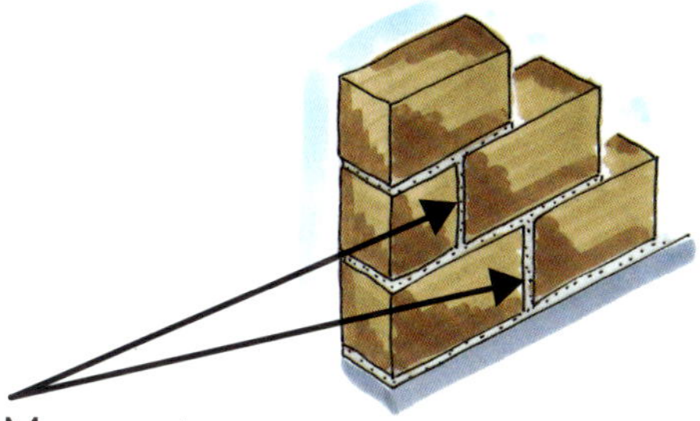

Stoßfuge → senkrechte (vertikale) Fuge zwischen den einzelnen Mauersteinen

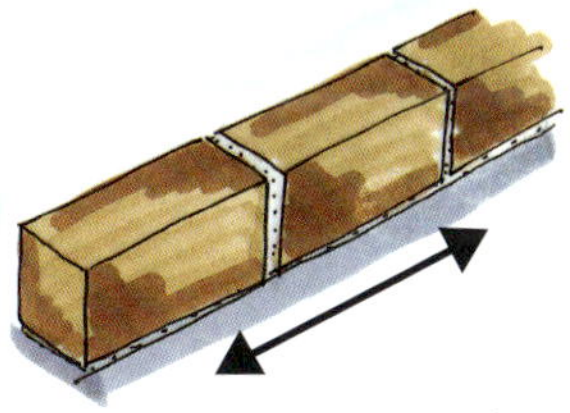

Läufer → Mauerstein, der seiner Länge nach vermauert ist

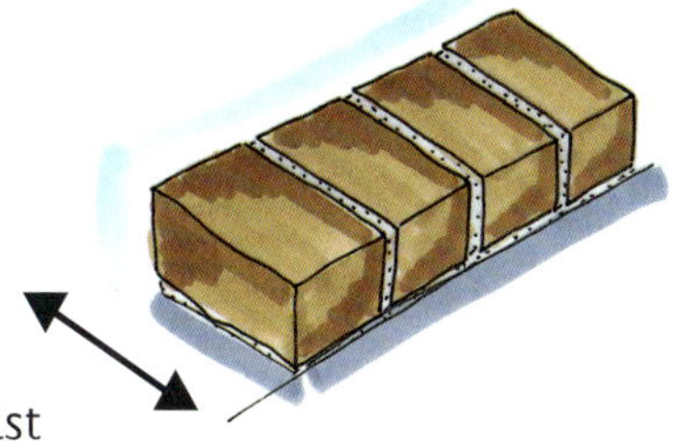

Binder → Mauerstein, der seiner Breite nach vermauert ist

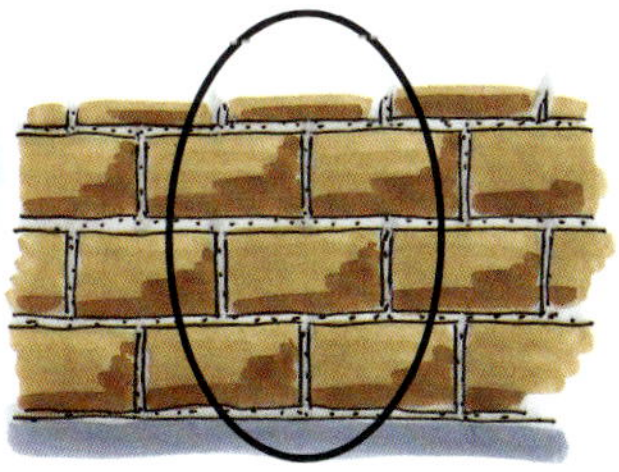

Verband → Anordnung der Mauersteine, sodass die Stoßfugen versetzt sind

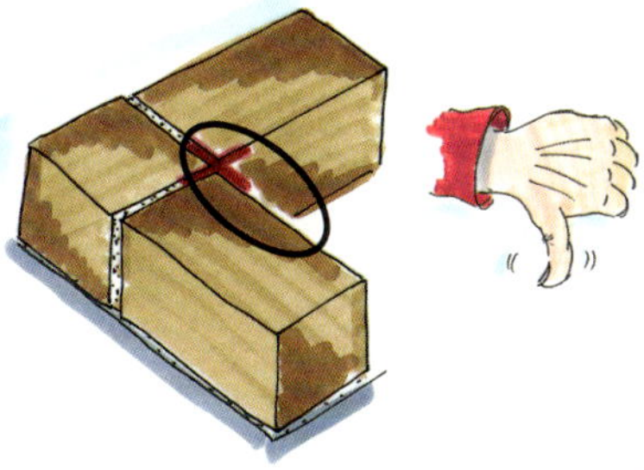

Kreuzfuge → das Fugenbild ergibt ein Kreuz (muss stets vermieden werden)

Grundregeln für das Mauern

Der Mauerverband ist so anzulegen, dass möglichst viele ganze Steine zur Verwendung kommen → dadurch kommt es zu weniger Steinverhau. Außerdem ist bei ganzen Steinen der Fugenanteil am geringsten (Fugen sind die Schwachstellen im Mauerwerk).

Die Schichten einer Mauer müssen waagerecht sein. → nur über waagerechte Lagerfugen können die Wandlasten sicher abgetragen werden.

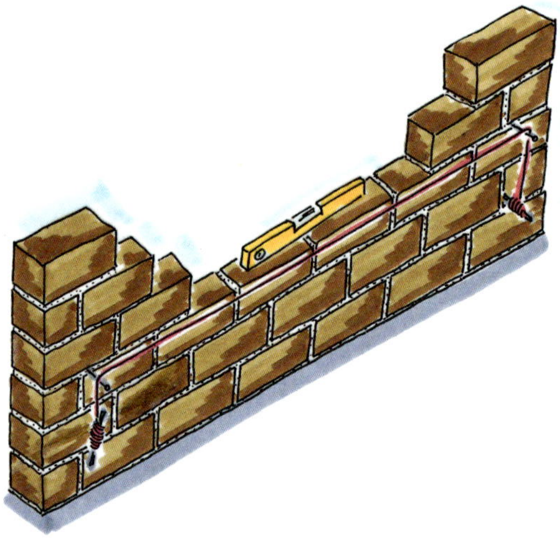

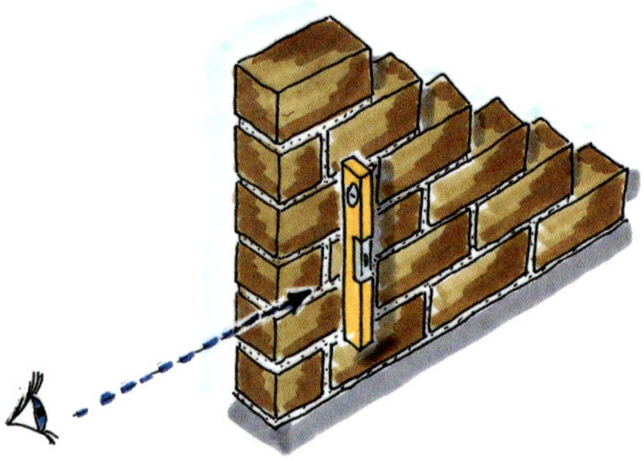

Mauerflächen müssen senkrecht und fluchtrecht sein → nur senkrechtes Mauerwerk besitzt die erforderliche Standfähigkeit. Kleine Unebenheiten können zwar durch den Wandputz ausgeglichen werden, dazu muss aber das Mauerwerk fluchtrecht sein.

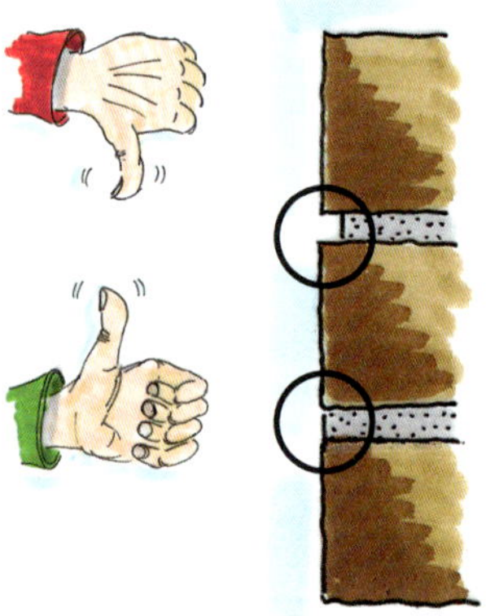

Es ist vollfugig zu mauern → nur vollfugiges Mauerwerk ist in der Lage, alle Lasten sicher abzutragen.

Die Stoßfugen müssen um mindestens ¼-Stein versetzt sein. → nur dadurch entsteht die erforderliche Verzahnung im Mauerwerk, ohne die leicht Risse entstehen würden.

Im Verband dürfen keine Kreuzfugen auftreten. → Kreuzfugen führen dazu, dass in der darüberliegenden Schicht Fuge auf Fuge liegt.

Die Stoßfugen müssen aber mindestens ¼-Stein überdeckt sein.

Aufgabe

Die Abbildungen zeigen nicht fachmännisch hergestelltes Mauerwerk.

Benennen Sie die Regel, die missachtet wurde und geben Sie Gründe für die entsprechende Regel an.

Nicht fachmännisch hergestelltes Mauerwerk	Verletzte Regel	Begründung

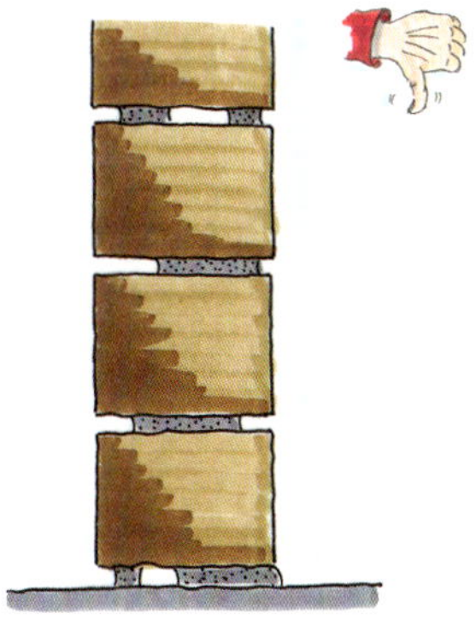		

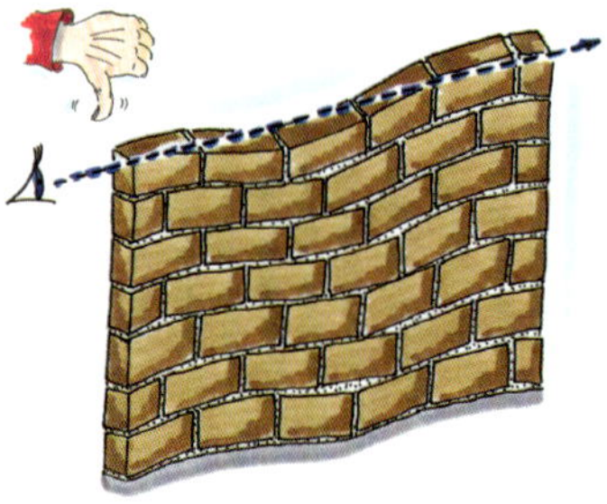

Mauerverbände

Die einzelnen Mauersteine werden durch Symbole in Zeichnungen dargestellt:

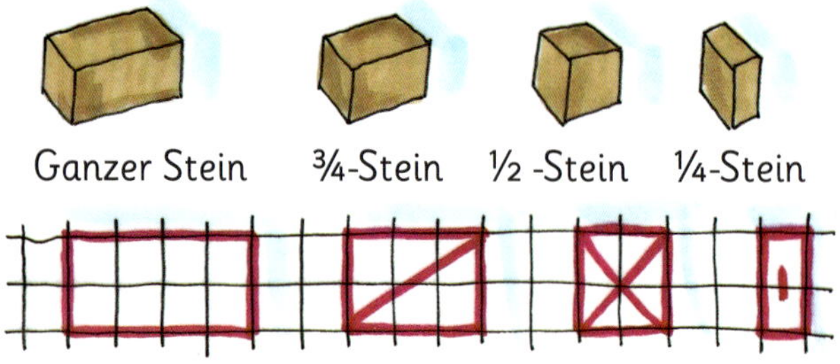

- Zeichnerische Darstellung eines Läuferverbandes

Ansicht

Draufsichten

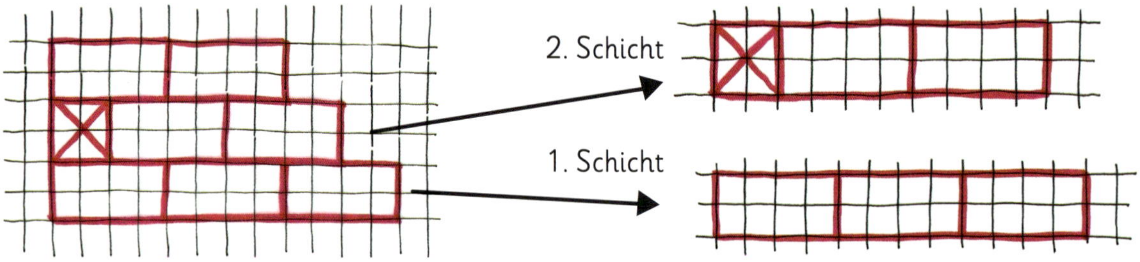

- Zeichnerische Darstellung eines Binderverbandes

Ansicht

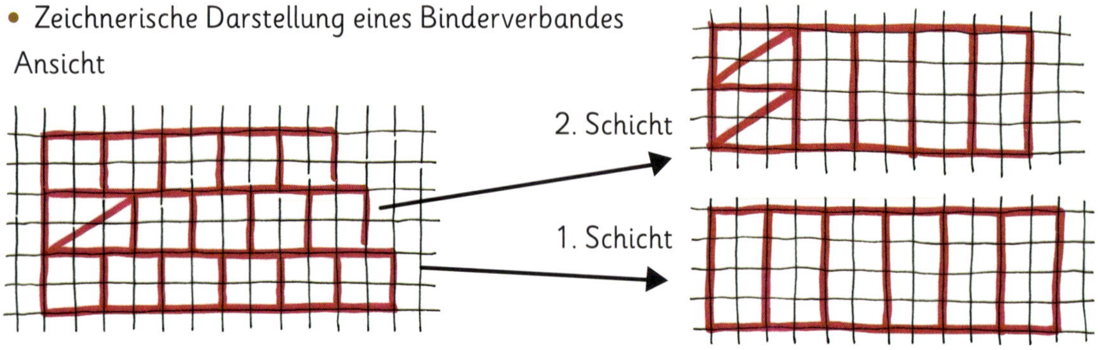

- Zeichnerische Darstellung einer Mauerecke

Draufsichten

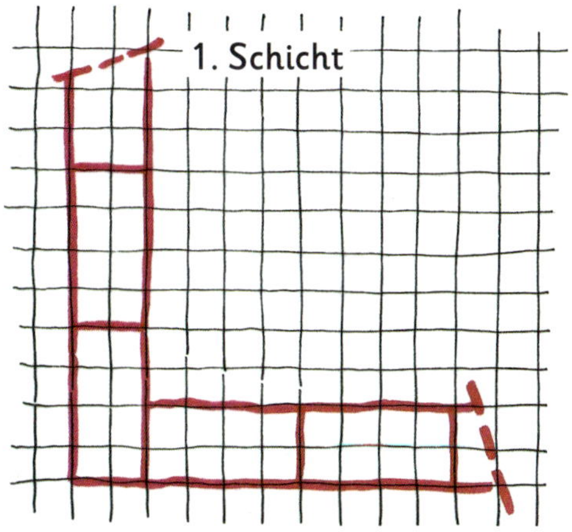

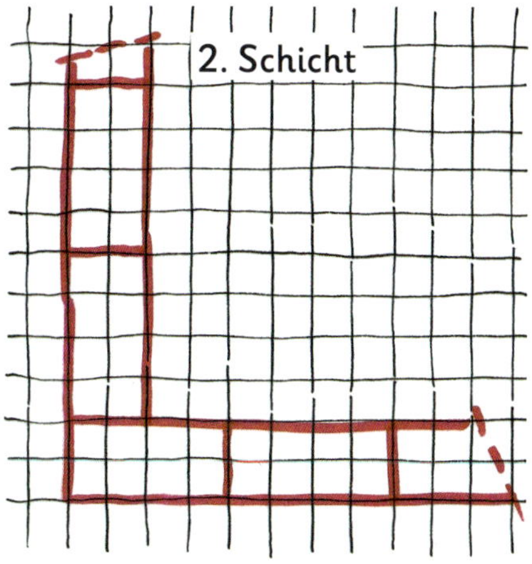

- Zeichnerische Darstellung einer Mauerkreuzung

Draufsichten

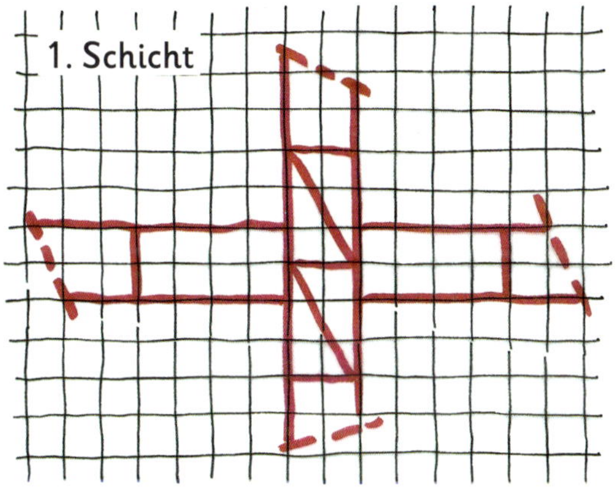

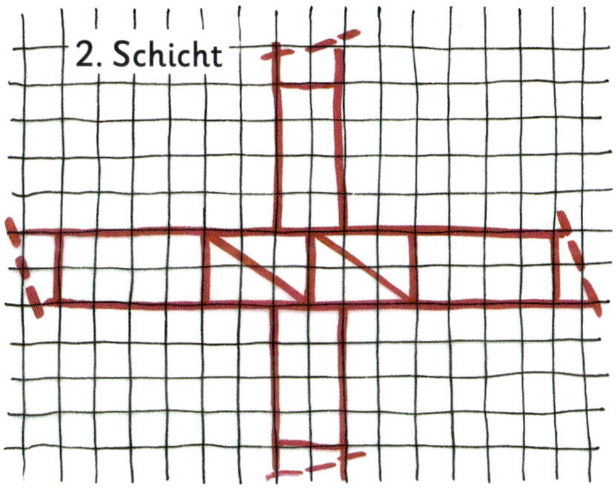

Aufgaben

1. Besorgen Sie sich eine Holzleiste mit quadratischem Querschnitt. Ein günstiger Querschnitt wäre z. B. 2 cm/2 cm.

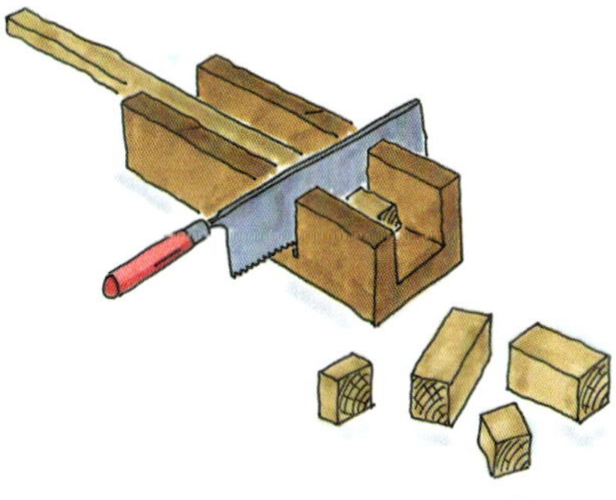

Sägen Sie von der Leiste Klötzchen ab, in der Länge von

- der 2-fachen Querschnittsseite (dies sind die ganzen Steine, davon benötigen Sie die meisten),
- der 1 ½-fachen Querschnittsseite (dies sind die ¾ -Steine),
- der Querschnittsseite (dies sind die halben Steine),
- der halben Querschnittsseite (dies sind die ¼ -Steine).

Mit diesen Klötzchen legen Sie den Läufer- und Binderverband sowie die Mauerecke und -kreuzung an.

2. a) Legen Sie die Verbände für die gekennzeichnete Mauerecke und den gekennzeichneten Maueranschluss des Hauses von Sofie und Nico mit Ihren Holzklötzchen an.

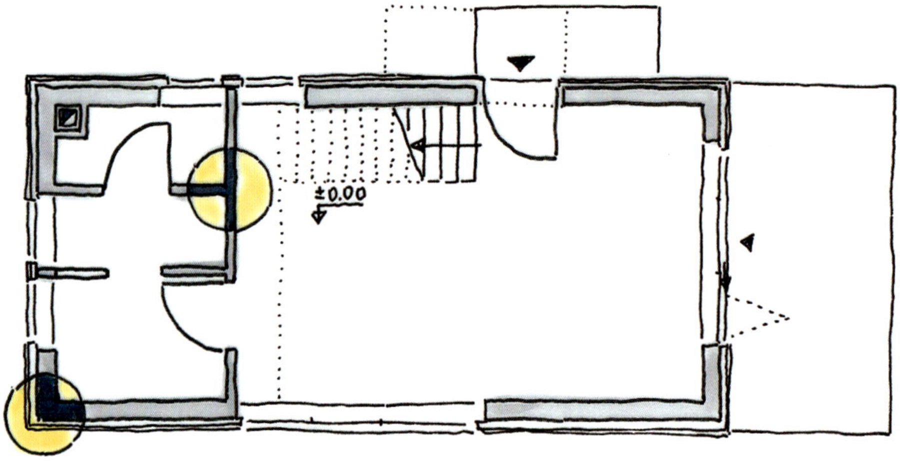

b) Zeichnen Sie anschließend die Verbände in der 1. und 2. Schicht.

Eine Mauersteinlänge entspricht vier Kästchen, eine Mauersteinbreite zwei Kästchen.

Mauerecke
Draufsichten

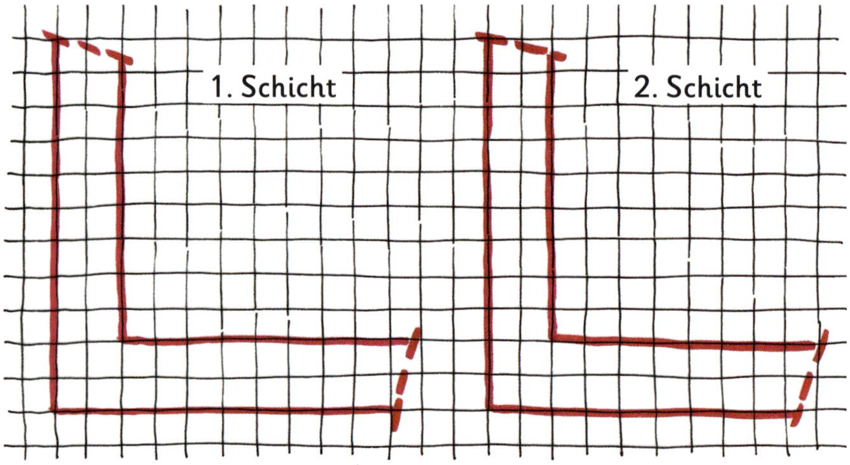

Maueranschluss
Draufsichten

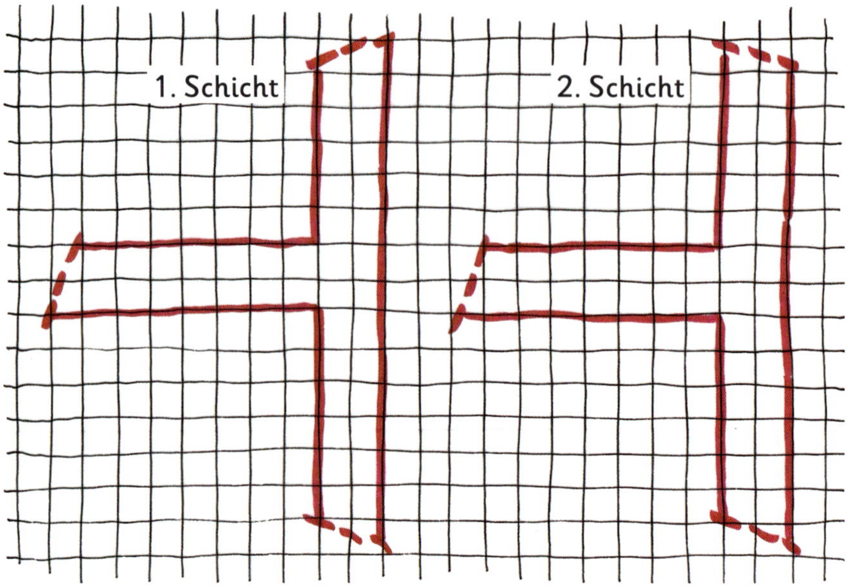

4 Betonbau

Beim geplanten Haus im Garten der Großmutter gibt es eine Vielzahl von Bauteilen, die aus **Beton** hergestellt werden.

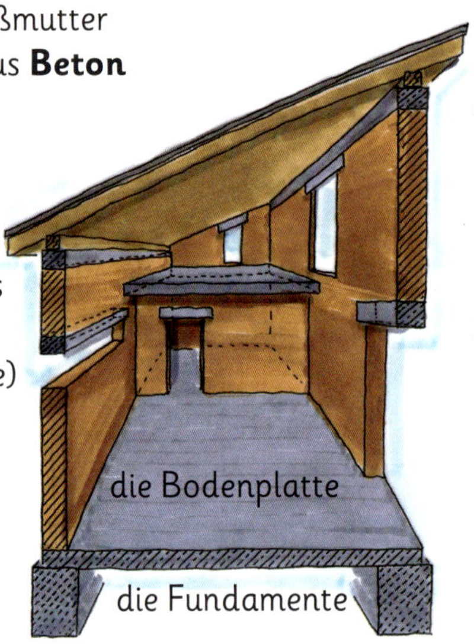

Da Beton ein dauerhafter und hoch beanspruchter Baustoff ist, muss er sorgfältig hergestellt und ausgeführt werden. Kenntnisse über die Zusammensetzung und die Verarbeitung des Betons, über das Zusammenwirken von Stahl und Beton und über den Schalungsaufbau sind deshalb für Sofie und Nico unerlässlich.

4.1 Der Beton

4.1.1 Was ist Beton?

Beton ist ein künstlich hergestellter Baustoff,

dessen Bestandteile **Zement**, **Gesteinskörnungen** und **Wasser** sind.

Beton kann nach verschiedenen Gesichtspunkten bezeichnet werden:

- Nach der **Trockenrohdichte** (= trockene Betonmasse : Volumen) wird Leichtbeton, Normalbeton und Schwerbeton unterschieden.
  Wenn keine Verwechslung mit Leicht- und Schwerbeton möglich ist, wird Normalbeton als „Beton" bezeichnet.
  Die Trockenrohdichte wird weitgehend durch die Dichte der Gesteinskörnungen bestimmt.
- Nach der Ausführung wird **bewehrter Beton** (= **Stahlbeton**) und **unbewehrter Beton** (= Beton ohne Stahleinlagen) unterschieden.
- Nach dem Zustand des Erstarrens bzw. Erhärtens wird Beton in **Frischbeton** (= Beton, solange er verarbeitbar ist) und **Festbeton** (= erhärteter Beton) unterteilt.

Heute wird fast ausschließlich **Transportbeton** verarbeitet. Darunter versteht man Beton, der im Werk hergestellt und auf die Baustelle transportiert wird.

Beton ist ein künstlicher Baustoff, der aus Zement, Gesteinskörnungen und Wasser besteht.

Aufgaben

1. Welche Aussagen treffen zu?
Beton besteht aus:

- ☐ Gips
- ☐ Zement
- ☐ Aluminium
- ☐ Holz
- ☐ Wasser
- ☐ Erde
- ☐ Gesteinskörnung
- ☐ Kupfer
- ☐ Stahl

2. Sofie und Nico arbeiten beim Betonieren der Decke über dem Erdgeschoss.
Wie wird der Beton genannt, ...

a) ... solange er verarbeitbar ist? ______

b) ... wenn er erhärtet ist? ______

c) ... wenn er auf die Baustelle geliefert wird? ______

3. Wie wird bewehrter Beton bezeichnet? ______

4.1.2 Der Zement

Zement (Abkürzung CEM, engl.: „**cem**ent") ist ein mehlartiges, sehr feines Pulver von grau-blauer Farbe.

Zement wird aus Kalkstein und tonhaltigen Gesteinen hergestellt. Die Rohstoffe werden bei 1450 °C gebrannt. Es entsteht Portlandzementklinker. In Drehrohrmühlen werden die Zementklinker allein oder in Verbindung mit anderen Stoffen fein gemahlen.

Zementerhärtung

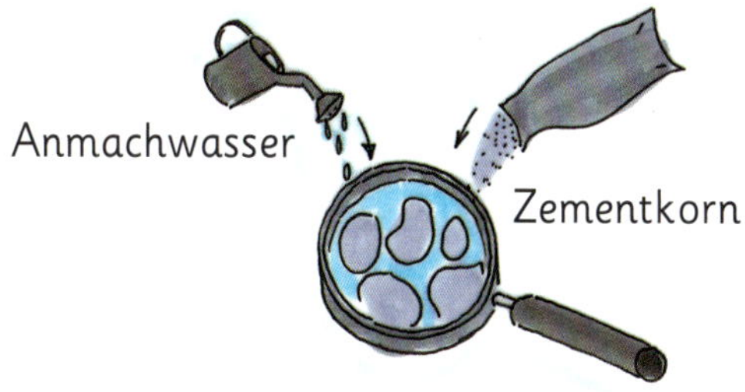

Wird dem Zement Wasser zugegeben, so entsteht ein weicher bis flüssiger Brei. Er muss im Beton die Gesteinskörnungen, z. B. Kies und Sand, miteinander **verkleben** und **verkitten**. Er wird deshalb als **Zementleim** bezeichnet.

Nach dem Mischen mit Wasser wachsen aus den Zementkörnern kristallartige Fasern. Der Zementleim beginnt zu **erstarren**. Es entsteht **Zementgel**.

Nach einiger Zeit beginnt der Zement zu **erhärten,** die Fasern wachsen zu einem festen Gefüge, dem **Zementstein**, zusammen. Dabei entsteht Wärme.

Es gibt Zemente mit **niedriger Anfangsfestigkeit**, sie erhalten den **Zusatz L** (L = **l**ow = niedrig).

Es gibt Zemente mit einer **üblichen Anfangsfestigkeit**, sie erhalten den **Zusatz N** (N = **n**ormal).

Es gibt Zemente mit einer **hohen Anfangsfestigkeit**, sie erhalten den **Zusatz R** (R = **r**apid = schnell).

Zementfestigkeit

Alle Zemente müssen nach 28 Tagen eine **Mindestdruckfestigkeit** haben. Die Druckfestigkeit ist der Widerstand gegen Belastung. Die Druckfestigkeit wird in N/mm² angegeben.

Nach der Mindestdruckfestigkeit wird der Zement in **drei Festigkeitsklassen** eingeteilt:

32,5; 42,5 und 52,5.

Was bedeutet eine Druckfestigkeit von 32,5 N/mm²?

- 10 N (Newton) entsprechen etwa einer Masse von 1 kg;
  32,5 N entsprechen also etwa 3,25 kg.
- 1 mm² hat etwa die Größe eines Stecknadelkopfes.

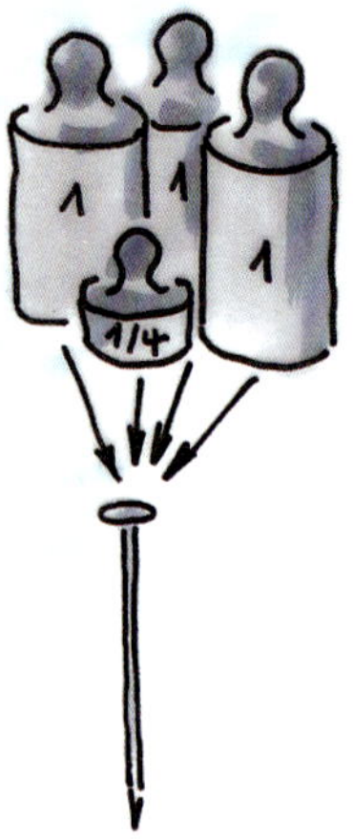

32,5 N/mm² besagt, dass auf ein Zementteilchen in der Größe eines Stecknadelkopfes eine Belastung von 3,25 kg gestellt werden kann, ohne dass eine Beschädigung eintritt.

Die auf der Baustelle gebräuchlichsten Zemente werden als **Normalzemente** bezeichnet. Normalzemente werden in folgende Hauptzementarten eingeteilt:

Portlandzement	CEM I
Portlandkompositzement	CEM II
Hochofenzement	CEM III
Puzzolanzement	CEM IV
Kompositzement	CEM V

Beim Erhärten nimmt Zement einen Teil des Wassers auf. Dabei bilden sich nadelförmige Kristalle, die zu einem festen Gefüge zusammenwachsen.

Zemente können schnell und langsam erhärten und werden in drei Druckfestigkeitsklassen 32,5, 42,5 und 52,5 eingeteilt.

Aufgaben

1. Folgendes Schema zeigt die Herstellung von Zement. Tragen Sie in die Kästchen die folgenden Begriffe ein:

Mahlen, Mahlen, Verpacken, Abtransportieren, Kalkstein, Brennen, Ton

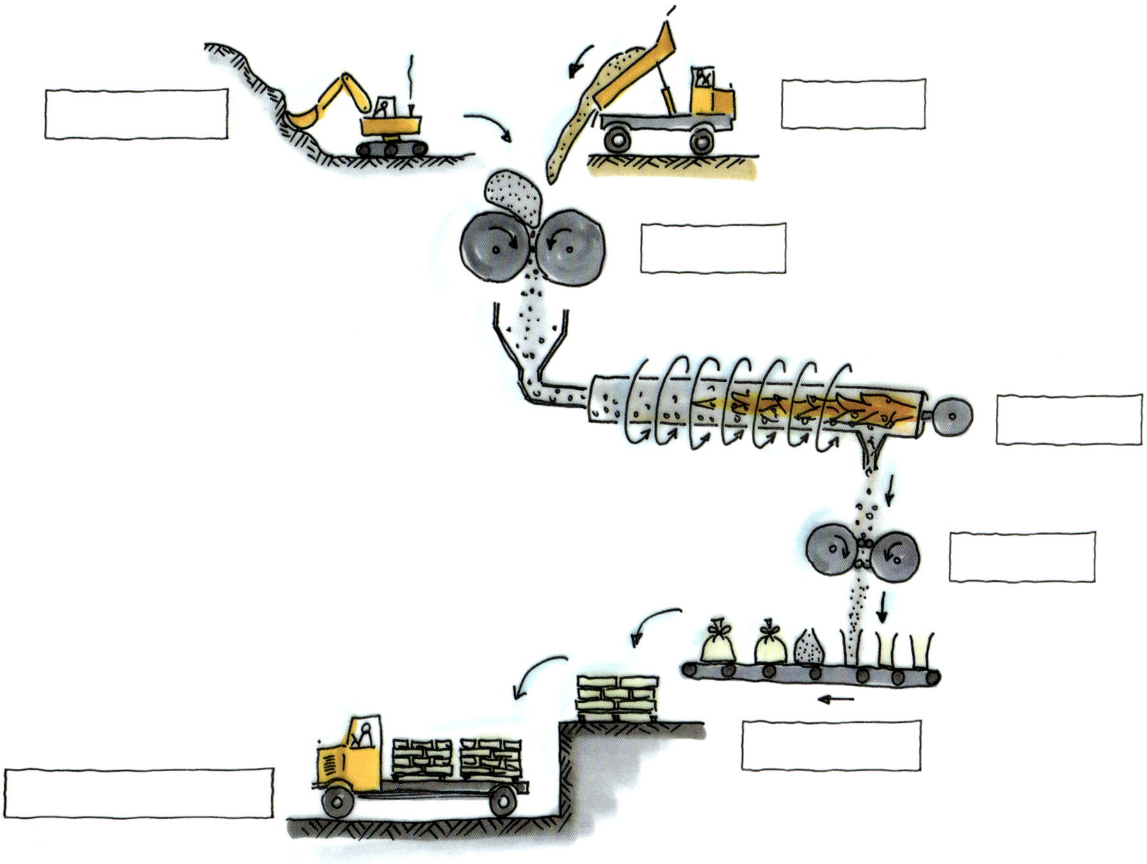

2. Welche Aufgaben übernimmt der Zementleim im Beton?

____

3. Vervollständigen Sie folgende Sätze:

Zement wird mit .... angemacht. Das Gemisch aus Zement und Wasser wird als .... bezeichnet. Wenn der Zementleim erstarrt, entsteht .... Wenn der Zement erhärtet, wachsen die Fasern zu einem festen Gefüge zusammen, das als .... bezeichnet wird.

4. Welche Aussagen sind richtig?

Die Mindestdruckfestigkeiten der Zemente betragen:

- ☐ 16,5 N/mm²
- ☐ 32,5 N/mm²
- ☐ 36,5 N/mm²
- ☐ 42,5 N/mm²
- ☐ 52,5 N/mm²
- ☐ 62,5 N/mm²

5. Wie werden Portlandzemente abgekürzt? ______________________

4.1.3 Die Gesteinskörnung

Sofie und Nico betrachten die Bruchflächen eines Betonwürfels und stellen fest, dass Beton aus unterschiedlich großen Gesteinskörnungen besteht.

Die Gesteinskörnung bildet das **feste Gerüst** des Betons. Sie stellt den größten Mengenanteil im Beton dar.

Der Beton für das Projekthaus wird aus natürlichen Gesteinskörnungen hergestellt. Sie werden entweder ohne zusätzliche Bearbeitung verwendet (= ungebrochen) oder maschinell weiter bearbeitet (= gebrochen).

Natürliche ungebrochene Gesteinskörnungen sind Sand, Kies und Grobkies aus Gruben, Flüssen und Seen. Sand und Kies werden vorwiegend für Betonarbeiten eingesetzt.

Natürliche gebrochene Gesteinskörnungen sind Brechsand, Splitt und Schotter.

Natürliche Gesteinskörnungen unterscheiden sich durch ihre **Korngröße**:

Korngröße	Bezeichnung für ungebrochene natürliche Gesteinskörnungen	Bezeichnung für gebrochene natürliche Gesteinskörnungen
0/4 (= 0…4 mm)	Sand	Brechsand
4/32 (= 4…32 mm)	Kies	Splitt
32/63 (= 32…63 mm)	Grobkies	Schotter

Kornzusammensetzung

Sofie und Nico prüfen verschiedene Kornzusammensetzungen und stellen die Nachteile bzw. Vorteile heraus. Fügen Sie die Begriffe in den Text ein:

Verarbeitbarkeit, Hohlräume, Druckfestigkeit, Schwindrisse, gemischt körnig, Bindemittel

Nur Kies

- Die Kornzusammensetzung erfordert viel ...., um die .... auszufüllen.
- Die Kornzusammensetzung begünstigt .... durch hohen Bindemittelanteil.
- Die Kornzusammensetzung führt zu schlechter ....
- Die Kornzusammensetzung weist eine geringe .... auf.
- Die Kornzusammensetzung ist ☐ schlecht ☐ gut

Nur Sand

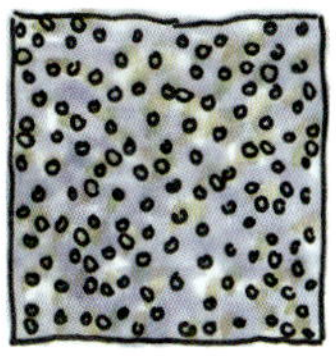

- Die Kornzusammensetzung erfordert viel ...., um die vielen kleinen Körner zu umhüllen und die Hohlräume auszufüllen.
- Die Kornzusammensetzung begünstigt .... durch hohen Bindemittelanteil.
- Die Kornzusammensetzung weist geringe .... auf.
- Die Kornzusammensetzung ist ☐ schlecht ☐ gut

Sand + Kies gemischt

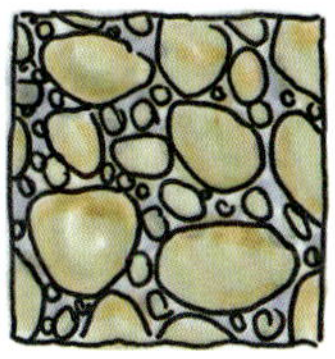

- Die Kornzusammensetzung erfordert weniger ....
- Die Kornzusammensetzung vermindert .... durch geringen Bindemittelanteil.
- Die Kornzusammensetzung führt zu guter ....
- Die Kornzusammensetzung bringt hohe ....
- Die Kornzusammensetzung ist ☐ schlecht ☐ gut

Die Gesteinskörnung für Beton soll immer ein Gemisch verschiedener Korngrößen sein. Die Kornzusammensetzung für Beton muss also gemischtkörnig sein.

Aufgaben

1. Welche Gesteinskörnungen werden vorwiegend für Normalbeton verwendet?

____

2. Natürliche gebrochene Gesteinskörnungen haben im Gegensatz zu ungebrochenen Gesteinskörnungen eine raue Oberfläche.

a) Wie ist das zu erklären? ______________________________

____

b) Welchen Vorteil hat eine raue Oberfläche gegenüber einer glatten?

____

3. Die beiden abgebildeten Gesteinskörner besitzen das gleiche Volumen bei unterschiedlicher Form.
Welche Form wäre für die Verarbeitung von Beton geeigneter?
Begründen Sie Ihre Wahl.

____

4. Das Schnittbild eines Betons zeigt ein ungünstiges Korngemisch. Welche der genannten Eigenschaften treffen zu:

hoch, gering, groß, stark, wenig, viele

- Druckfestigkeit ______________
- Zementverbrauch ______________
- Schwinden ______________
- Hohlräume, Poren ______________

4.1.4 Das Wasser

Ohne Wasser entsteht kein Beton. Sauberes Wasser ist für das Erhärten des Betons notwendig. Der Gesamtwassergehalt setzt sich zusammen aus

- dem Zugabewasser, am besten geeignet ist Trinkwasser und
- der Oberflächenfeuchte der Gesteinskörnung.

Beispiel:

Das geplante Haus soll auf Streifenfundamenten gründen. Hierfür werden je 1 m³ Beton 250 kg Zement, 1290 kg Gesteinskörnung und ein Gesamtwassergehalt von 130 l benötigt. Die Oberflächenfeuchte der Gesteinskörnung beträgt 3,5 %.

Wie viel Wasser muss der Mischung noch zugegeben werden?

Lösung:

$$\text{Oberflächenfeuchte} = \frac{1290\ \text{kg} \cdot 3{,}5\%}{100\%} = 45\ \text{kg} = \underline{45\ \text{l}}$$

$$\text{Zugabewasser} = 130\ \text{l} - 45\ \text{l} = \underline{85\ \text{l}}$$

Wasserzementwert

Zement bindet bei seiner Erhärtung eine Wassermenge von etwa 40 % seiner Masse. Beispielsweise benötigen 100 kg Zement zum Erhärten 40 l bzw. 40 kg Wasser.

Das Verhältnis von Wasser zu Zement wird als **Wasserzementwert** bezeichnet und mit ***w/z*** abgekürzt.

w/z = Wasser/Zement

w/z =

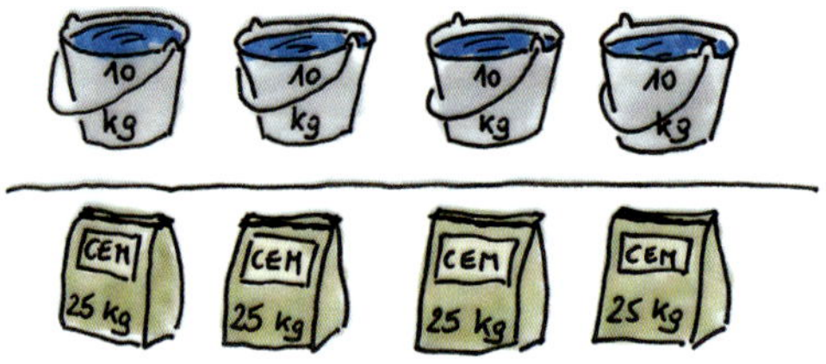

w/z = 40 kg/100 kg

w/z = $\underline{0{,}4}$

Zur Erhärtung ist also ein Wasserzementwert von 0,4 erforderlich.

Zum Verarbeiten eines Betons ist ein *w/z*-Wert von 0,4 allerdings nicht geeignet. Ein solcher Beton lässt sich schlecht mischen, erschwert das Einbringen und verhindert eine gute Verdichtung.

Bei einem zu hohen *w/z*-Wert wird jedoch nicht alles Wasser vom Zement gebunden. Dieses Überschusswasser verdunstet dann und hinterlässt im Zementstein feine Hohlräume (Poren), die miteinander in Verbindung stehen.

Der *w/z*-Wert sollte deshalb zwischen 0,4 und 0,6 liegen.

Beispiel:	**Lösung**:
Wie groß ist der Wasserzementwert, wenn für die Bodenplatte von Sofies und Nicos Haus je m³ Beton 352 kg Zement und 160 l Wasser erforderlich sind?	$\text{Wasserzementwert} = \frac{\text{Wasser}}{\text{Zement}}$ $w/z = 160\ \text{kg}/352\ \text{kg}$ $w/z = \underline{0{,}45}$

Warum ist der Wasserzementwert so wichtig?

Ein steigender *w/z*-Wert verschlechtert wesentliche Betoneigenschaften:

- Er verringert die Druckfestigkeit.
- Er begünstigt die Wasserdurchlässigkeit.
- Er erhöht das Schwinden und somit die Rissebildung.
- Er verstärkt das „Bluten" des Betons, d. h., der Zementleim sondert an der Oberfläche Wasser ab.
- Er mindert den Rostschutz der Bewehrung.

Die folgende Gegenüberstellung vergleicht einen kleinen *w/z*-Wert mit einem großen *w/z*-Wert:

	***w/z* = 0,4**	***w/z* = 0,6**
	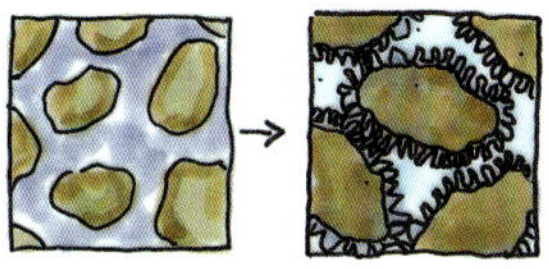 Zementleim Zementstein	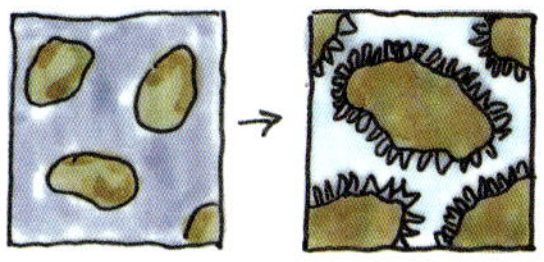 Zementleim Zementstein
Druckfestigkeit	hoch 	 niedrig
Kapillarität	wenig 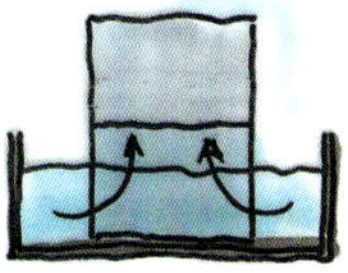	 viel
Schwinden	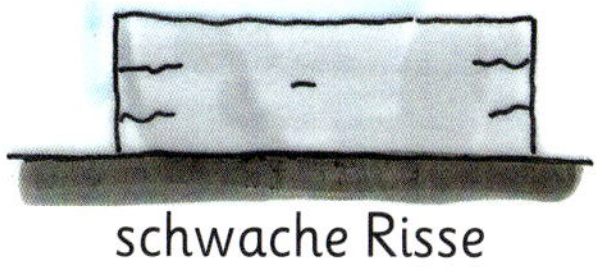 schwache Risse	 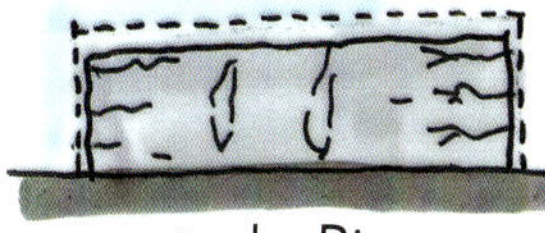 starke Risse
Bluten	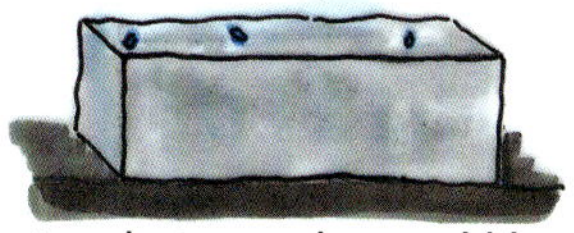 wenig abgesondertes Wasser	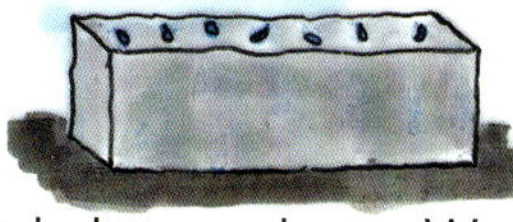 viel abgesondertes Wasser

Für die Qualität des Betons ist vor allem der Wasserzementwert maßgebend. Er drückt das Masseverhältnis des Wassergehaltes zum Zementgehalt aus.

Aufgaben

1. Wofür steht die Abkürzung *w/z*-Wert? ______________________________

2. Vervollständigen Sie folgenden Satz:
Je .... der *w/z*-Wert, desto .... ist die Festigkeit des hergestellten Betons.

3. Auf einer Baustelle lagern 30 Säcke Zement.
Berechnen Sie die Menge Wasser, die zugegeben werden muss, um einen geeigneten *w/z*-Wert von 0,5 zu erhalten.
Die Eigenfeuchte der Gesteinskörnung kann vernachlässigt werden.

4. Folgende Buchstabengruppen ergeben die Lösungswörter.

DRU SER CK ZU GA FES NIG TIG KEIT GE MI SCHT KÖR WAS BE

a) Ein Ausgangsstoff zur Herstellung des Betons

b) Eine Eigenschaft des Festbetons

c) Die Bezeichnung für eine Kornzusammensetzung

4.1.5 Die Eigenschaften des Betons

Die Eigenschaften des Frischbetons

Sofie und Nico wissen nun, dass der Beton ein Gemisch aus Gesteinskörnungen, Zement und Wasser ist.

Um die Eigenschaften des Betons kennenzulernen, führen sie Versuche durch.

Dazu brauchen sie:

Sie mischen zuerst Kiessand und Zement trocken durch und geben dann Wasser dazu.

Versuch 1:

Gemischt werden 10 kg Kiessand mit 1,5 kg Zement.

Dazugegeben werden 0,6 l Wasser.

Versuch 2:

Gemischt werden 10 kg Kiessand mit 1,7 kg Zement.

Dazugegeben wird 1 l Wasser.

Versuch 3:

Gemischt werden 10 kg Kiessand mit 1,9 kg Zement.

Dazugegeben werden 1,5 l Wasser.

Beobachtung:

Der angemachte Beton wird anschließend auf einer Unterlage ausgebreitet. Sofie und Nico erkennen mit dem Auge, dass der Frischbeton unterschiedliche Steifigkeiten aufweist. Die Steifigkeit wird auch als **Konsistenz** bezeichnet.

Ergebnis 1:

Der Frischbeton ist beim Schütten lose. Die großen Körner kullern an den Rand. Die Konsistenz wird als **steif** bezeichnet.

Ergebnis 2:

Der Frischbeton ist beim Schütten noch zusammenhängend. Kleine Teilchen lösen sich. Die Konsistenz wird als **plastisch** (gut formbar) bezeichnet.

Ergebnis 3:

Der Frischbeton ist beim Schütten fließend. Die Konsistenz wird als **weich** bzw. **fließend** bezeichnet.

Auf der Baustelle wird ein Frischbeton benötigt, der sich gut fördern, einbauen und verdichten lässt. Zur Beurteilung der Konsistenz sind Prüfverfahren vorgesehen.

Die Konsistenz bestimmt die Verarbeitbarkeit des Frischbetons.

Aufgaben

1. Erklären Sie den Begriff „Konsistenz“. ______________________

____

2. Wodurch wird die Konsistenz bestimmt? Kreuzen Sie die richtigen Antworten an.

☐ Wasser ☐ Zement
☐ Luft ☐ Erhärtungszeit
☐ Gesteinskörnung ☐ ______

3. Beim Einbringen des Frischbetons in die Schalung lösen sich die groben Gesteinskörnungen von den feinen. Welche Konsistenz hat der Frischbeton?

____

Die Eigenschaften des Festbetons

Beton ist ein sehr fester Baustoff, d. h., er besitzt eine sehr **hohe Druckfestigkeit**. Darunter versteht man den Widerstand, den der erhärtete Beton seiner Verformung und Zerstörung durch äußere Kräfte entgegensetzt.

Die Druckfestigkeit des Betons ist abhängig von:

- der Zementart,
- der Zementmenge,
- der Zementfestigkeitsklasse,
- der Kornzusammensetzung,
- dem *w/z*-Wert und
- der Betonverarbeitung.

Die hohe Druckkraft, die Beton aufnehmen kann, wird bei bestimmten Bauteilen von Sofies und Nicos Wunschhaus, wie bei den Fundamenten, der Bodenplatte, aber auch bei Betonsteinen und Betonpflastersteinen ausgenützt.

Die Druckfestigkeit des Betons wird an Probekörpern ermittelt. Sie werden solange in der Druckpresse belastet, bis der Bruch eintritt. Verwendet werden hierfür Betonzylinder und Betonwürfel.

Versuch:

Ein Betonwürfel wird in einer Druckpresse belastet und geprüft.

Beobachtung:

Der Betonwürfel wird erst bei sehr hoher Druckbelastung zerstört.

Ergebnis:

Beton besitzt eine hohe Druckfestigkeit.

Anhand der Druckfestigkeitsprüfung wird der Beton in entsprechende **Druckfestigkeitsklassen** eingeteilt.

Für Normal- und Schwerbeton gibt es 16 Druckfestigkeitsklassen.

Bei jeder Druckfestigkeitsklasse werden die Festigkeitswerte der Würfel und der Zylinder in N/mm^2 angegeben.

	Druckfestigkeitsklasse 	**Mindestdruckfestigkeit von Zylindern** in N/mm^2 	**Mindestdruckfestigkeit von Würfeln** in N/mm^2 
	C8/10	8	10
	C12/15	12	15
	C16/20	16	20
	C20/25	20	25
Normal- und Schwerbeton	C25/30	25	30
	C30/37	30	37
	C35/45	35	45
	C40/50	40	50
	C45/55	45	55
	C50/60	50	60
	C55/67	55	67
	C60/75	60	85
Hochfester Beton	C70/85	70	75
	C80/95	80	95
	C90/105	90	105
	C100/115	100	115

Beispiel:

Was bedeutet C20/25 ?

Lösung:

C = Kurzzeichen für Beton (engl.: „**c**oncrete“)
20 = Mindestdruckfestigkeit von Zylindern (20 N/mm^2)
25 = Mindestdruckfestigkeit von Würfeln (25 N/mm^2)

Festbeton besitzt eine hohe Druckfestigkeit. Diese ist die wichtigste Betoneigenschaft und muss durch Druckversuche geprüft werden.

Aufgaben

1. Welches ist die wichtigste Eigenschaft des Festbetons? ______________________

2. Begründen Sie, warum ein zu hoher *w/z*-Wert die Druckfestigkeit des Betons mindert.

____

____

3. Erklären Sie die Bezeichnung C35/45. ______________________

____

____

4. Was führt zu einer höheren Betondruckfestigkeit?

- [ ] Sand als Gesteinskörnung
- [ ] Niedriger w/z-Wert
- [ ] Sand-Kies-Gemisch
- [ ] Viel Zement
- [ ] Hohe Zementfestigkeitsklasse
- [ ] Konsistenz

4.2 Das Zusammenwirken von Stahl und Beton

Sofies und Nicos Wunschhaus wird so geplant, dass vom Wohnzimmer aus ein direkter Zugang auf die Gartenterrasse möglich ist.

Die Wandöffnung hat eine Breite von 2,76 m.

Die Belastung der darüber stehenden Wand muss über einen **Stahlbetonbalken** (Sturz, Träger) aufgenommen werden, der die Kräfte sicher in das Mauerwerk weiterleitet.

Wir wollen das Tragverhalten dieses Balkens untersuchen.

4.2.1 Das Tragverhalten des Stahlbetonbalkens

Versuch 1:

Sofie und Nico belasten ein über zwei Auf lagern liegendes Schnittbalkenmodell.

Beobachtung:

Wenn die Last in der Mitte aufgebracht wird, verengen sich die oberen Einschnitte des Balkens, d. h., sie werden **zusammengedrückt**. Die unteren Einschnitte werden dabei gedehnt, d. h., sie werden **auseinandergezogen**.

Ergebnis:

Der Balken wird im oberen Bereich gedrückt, es entsteht **Biegedruck**;

Im unteren Bereich wird der Balken gezogen, es entsteht **Biegezug**.

Versuch 2:

Sofie und Nico belasten durch Aufschichten von Mauerziegeln ein Betonprisma, das auf zwei Auflagern liegt.

Beobachtung:

Das Betonprisma bricht durch.

Ergebnis:

Ein Betonbalken kann nicht auf Biegung beansprucht werden.

Die Teilchen werden unten auseinander„gezogen". Dieses Ziehen macht der Beton nicht mit, d. h., die Zugkräfte werden so groß, dass sie vom Beton nicht mehr aufgenommen werden können.

Im oberen Bereich des Balkens werden die Teilchen „zusammengedrückt". Hier wirken Druckkräfte, die der Beton aufnehmen kann.

1865 machte der französische Gärtner Monier eine revolutionäre Entdeckung:

Für seine Blumen stellte er betonierte Kübel her. Er füllte sie randvoll mit feuchter Blumenerde und jedes Mal brachen die Blumenkübel auseinander. Er kam dann auf die geniale Idee, Maschendraht in den Beton seiner Blumenkübel zu legen. Die so „bewehrten" Blumenkübel hielten der Belastung stand.

Wenn wir diese Erkenntnis auf unseren Betonbalken übertragen, fragen wir uns zunächst, wo denn die Stähle liegen müssen. Ein Versuch soll das verdeutlichen.

Versuch 3:

Ein Balken, dessen Bewehrung genau in der Mitte der Balkenhöhe liegt, und ein Balken, dessen Bewehrung im unteren Balkenbereich zu liegen kommt, werden belastet.

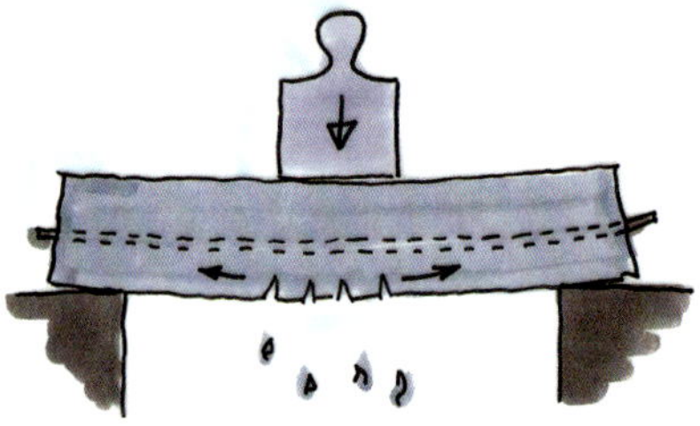

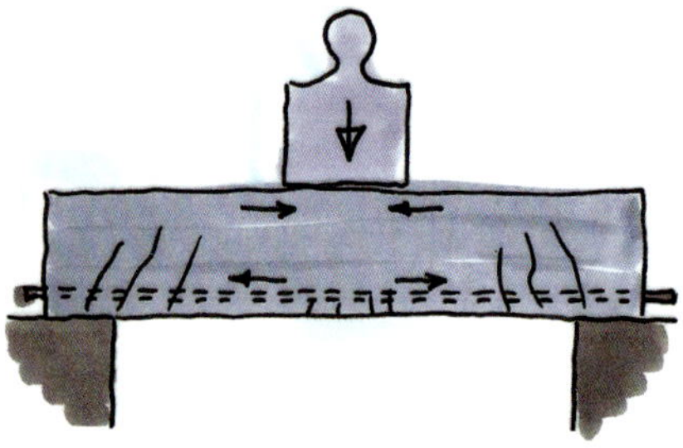

Beobachtung:

Der Balken mit der mittig angeordneten Bewehrung bricht durch.

Der Balken mit der unten angeordneten Bewehrung hält stand.

Ergebnis:

In der Mitte des Balkens werden die eingelegten Stähle nicht beansprucht, es entstehen durch die Belastung keine Zugspannungen.

Die Zugkräfte entstehen im unteren Bereich des Balkens. Dieser Bereich wird als **Zugzone** bezeichnet.

Druckkräfte entstehen im oberen Bereich des Balkens. Dieser Bereich wird als **Druckzone** bezeichnet.

Wir erkennen:

- Der Betonbalken ohne Stahleinlagen bricht, weil der Beton die Zugkräfte nicht aufnehmen kann.
- Der Betonbalken mit unten eingelegten Stahleinlagen bricht nicht, weil der Stahl die Zugkräfte und der Beton die Druckkräfte aufnehmen kann.
- Der Betonbalken, bei dem die Stahleinlagen in der Balkenmitte eingebaut sind, bricht. Die Zugkräfte treten nicht in der Mitte, sondern am unteren Rand in der Zugzone auf.

Zur Aufnahme der Zugspannungen müssen Stahlbetonbauteile in der Zugzone eine Zugbewehrung erhalten. Diese Stähle werden **Tragstäbe** genannt.

Neben der Durchbiegung kommt es in einem Balken auch noch zu Verschiebungen in Längsrichtung.

Versuch 4:

Mehrere Holzleisten, die übereinander angeordnet und mit Strichen gekennzeichnet sind, werden über zwei Auflagern in der Mitte belastet.

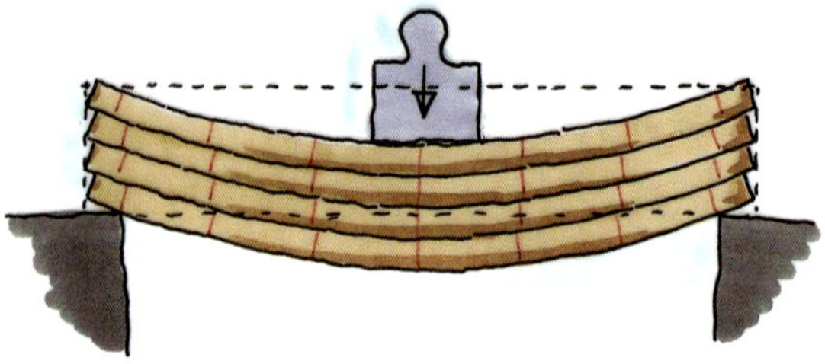

Beobachtung:

Die Markierungen verschieben sich, wobei das Maß der Verschiebung von der Mitte (gleich null) zum Auflagerbereich hin zunimmt.

Ergebnis:

In einem belasteten Stahlbetonbalken kommt es zu Längsverschiebungen, die im Auflagerbereich am größten sind. Die durch sie hervorgerufenen Spannungen werden als **Schubspannungen** bezeichnet.

Der Beton kann diese Schubspannungen, die die gleiche Wirkung haben wie Zugspannungen, nicht aufnehmen. Zur Aufnahme der Schubspannungen müssen deshalb Stahlbetonteile eine Schubbewehrung erhalten. Die Schubbewehrung besteht in der Regel aus **Bügeln**. Durch Bügel werden Stahlbetonbalken so miteinander „verschnürt", dass es zu keinen Längsverschiebungen kommt.

Zur Befestigung und Anordnung der Bügel werden in der Druckzone **Montagestäbe** eingebaut.

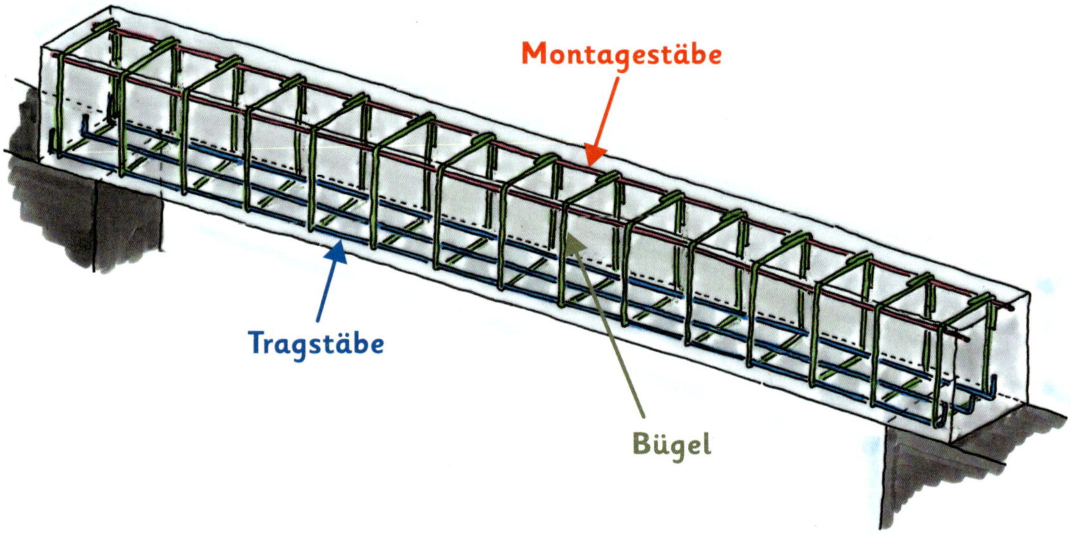

Bewehrter Beton findet praktisch in allen Bereichen Anwendung. Bauteile aus Stahlbeton können Stützen, Wände, Decken, Treppen, Träger, Fundamente und Bodenplatten sein.

Stahlbetonbauteile sind Bauteile aus Beton mit Stahleinlagen. Diese Stahleinlagen werden als Bewehrung bezeichnet.

Der Stahl muss Zugkräfte aufnehmen. Er heißt daher Zugbewehrung. Sie muss immer dort eingebaut werden, wo Zugkräfte im Beton auftreten.

Die Schubkräfte werden durch Bügel aufgenommen.

Aufgabe

Malen Sie im Querschnitt rechts die Montagestäbe rot, die Bügel grün und die Tragstäbe blau an.

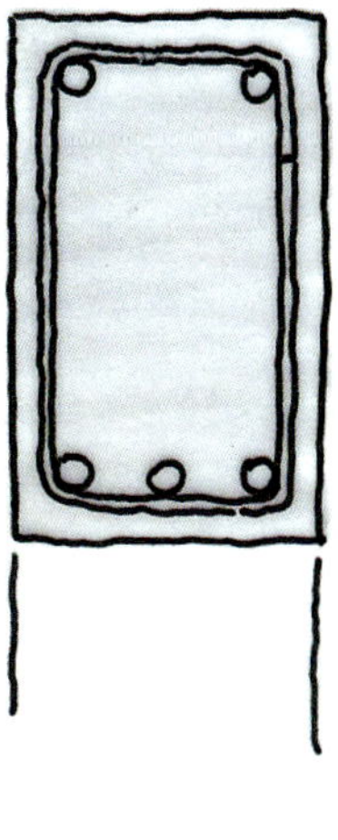

4.2.2 Der Verbundbaustoff Stahlbeton

Wie kommt es, dass zwei so unterschiedliche Stoffe, wie Beton und Stahl, so gut zusammenwirken?

Stahlbeton ist ein **Verbundbaustoff**. Damit der Beton und der Stahl zusammenwirken können, müssen folgende drei Eigenschaften vorhanden sein:

- Stahl und Beton müssen **gut aneinander haften**. Nur so kann der Beton die in ihm auftretenden Zugspannungen auf den Stahl übertragen. Dies wird erreicht durch **gerippte Stahloberflächen**.

Loser Rost, Schmutz und Schalöl auf der Stahloberfläche vermindern die Haftung. Das Einsprühen der Schalungshaut mit Schalöl hat deshalb stets vor dem Einbauen der Bewehrung zu erfolgen.

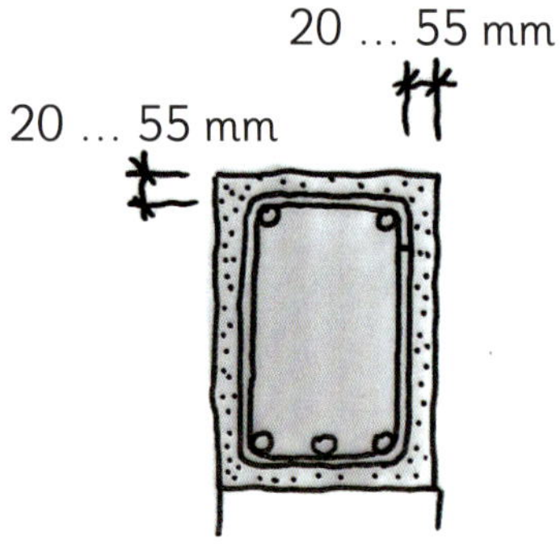

- Der Beton muss den **Stahl vor Rost schützen**. Die vollständige Ummantelung der Stähle mit Zementleim ist ein wirksamer Rostschutz. Deshalb ist eine ausreichende **Betondeckung** ganz entscheidend. Darunter versteht man den Abstand zwischen Betonoberfläche und Außenkante Stahl. Sie beträgt zwischen 20 und 55 mm.
- Beton und Stahl müssen **ungefähr die gleiche Wärmeausdehnung** haben. Bei Wärme dehnen sich Bauteile aus, bei Kälte ziehen sie sich zusammen. Bei Beton und Stahl ist diese Längenänderung gleich groß. Wäre sie unterschiedlich, käme es zu Spannungsrissen im Stahlbeton.

Stahlbeton ist ein Verbundbaustoff. Der Verbund beruht hauptsächlich auf ausreichender Haftung zwischen Beton und Stahloberfläche.

Aufgaben

1. Ergänzen Sie folgende Sätze:

Bei Stahlbetonbauteilen nimmt der Beton die .... und der Stahl die .... auf. Die Stahleinlagen sind deshalb immer dort anzuordnen, wo .... auftreten. Die Bügel nehmen .... auf.

2. Wovon hängt die Haftung zwischen Stahl und Beton im Wesentlichen ab?

____

3. Warum wird die Verbundwirkung auch bei großen Temperaturschwankungen nicht beeinträchtigt? ______________________________

4. Warum muss die Schalhaut **vor** dem Einbringen der Bewehrung mit Schalöl eingesprüht werden?

____

5. An einer Stahlbetonwand zeigen sich Abplatzungen und rostender Stahl wird sichtbar. Welche Ursachen kann das haben? ______________________________

4.2.3 Die Betonstähle

Die Bewehrung besteht aus Betonstählen.

Betonstähle kommen hauptsächlich in zwei Formen vor:

- als Stab **Betonstabstahl**,
- als Matte **Betonstahlmatte.**

Betonstabstähle sind Einzelstäbe mit einem Durchmesser von 6 … 40 mm. Sie sind 12, 14 und 15 m lang und werden bei Bedarf auf der Baustelle oder vom Lieferanten zugeschnitten. Mit Betonstabstählen werden beispielsweise Balken, Stützen oder Einzelfundamente bewehrt.

Betonstahlmatten haben die Form eines Rasters. Gerippte Stäbe mit einem Durchmesser von 6 … 12 mm werden im Herstellerwerk kreuzweise zusammengeschweißt.

Die Zugkräfte werden in Stahlbetonbauteilen entweder durch Betonstabstähle oder durch Betonstahlmatten aufgenommen.

Aufgaben

1. Welche Kräfte nimmt der Betonstahl auf?

2. In welchen zwei Formen kommen Betonstähle zum Einsatz?

3. Die Bodenplatte von Sofies und Nicos Wunschhaus soll mit Betonstahlmatten bewehrt werden. Welchen Vorteil hat das gegenüber Betonstabstählen?

4. Lösen Sie das Kreuzworträtsel auf der folgenden Seite. Wie heißt das senkrechte Wort in den grau unterlegten Feldern?

a) Was bedeutet die Abkürzung „CEM“?

b) Welche Kraft kann Beton aufnehmen?

c) Wie wird erstarrter Zementleim bezeichnet?

d) Wie wird die Steifigkeit des Frischbetons bezeichnet?

e) Wie ist die Oberfläche der Betonstähle beschaffen?

f) Wie wird die Bewehrung für Balken bezeichnet?

g) Wie wird beim geplanten Haus die Gründung bezeichnet?

h) Woraus besteht die Bewehrung?

4.3 Die Schalung

Die Betonbauteile unseres Hauses haben sehr unterschiedliche Formen. Damit der Festbeton sein gewünschtes Aussehen und seine maßgerechte Form bekommt, muss der Frischbeton in eine „stützende Umhüllung“ eingebracht werden. Wir bezeichnen diese Umhüllung als **Schalung**.

Bei Sofies und Nicos Haus sind für die Decke und die Stahlbetonbalken solche Schalungen erforderlich.

Auf die Schalung wirken **Kräfte**, die durch die Masse des Frischbetons, durch das Schütten beim Einbringen und durch das Verdichten verursacht werden.

Jede Schalung besteht aus **drei Teilen**. Jedes Teil hat bestimmte Aufgaben zu übernehmen.

Die Schalhaut

Sie formt den Frischbeton und bestimmt das Aussehen der Oberfläche.

Die Unterkonstruktion

Sie nimmt die anfallenden Kräfte auf, leitet sie in die Unterstützung weiter und steift die Schalhaut aus.

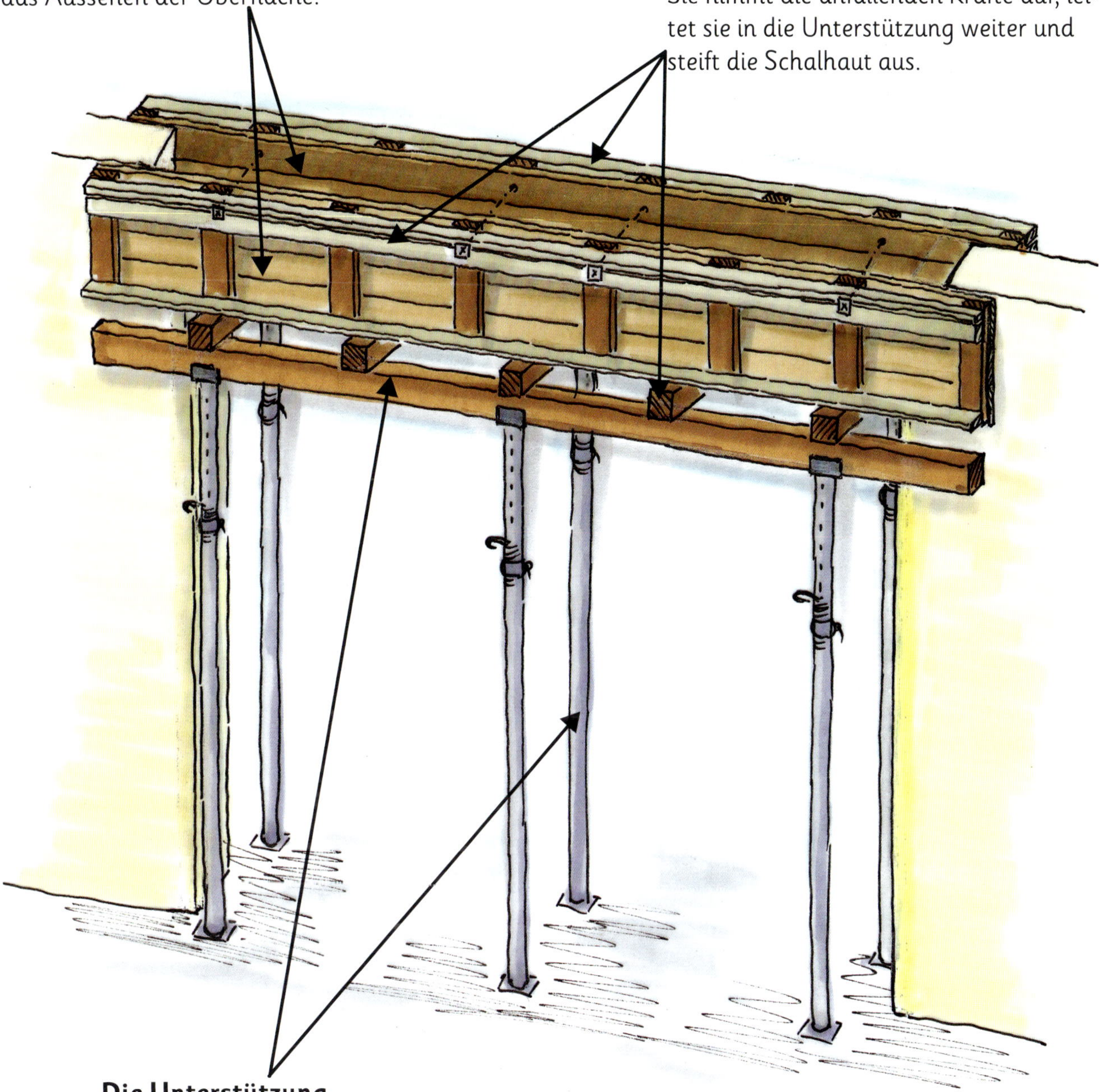

Die Unterstützung

Sie leitet alle auftretenden Kräfte in den Untergrund weiter und sichert die Lage der Schalung.

Die **Schalhaut** formt den Beton und bestimmt sein Aussehen, die **Unterkonstruktion** nimmt die Kräfte auf und die **Unterstützung** leitet die Kräfte ab.

4.3.1 Die Schalhaut

Die Schalhaut muss folgende Anforderungen erfüllen:

- Sie muss **maßgenau** sein, d. h., die Maße müssen bei der Herstellung genau eingehalten werden.
- Sie muss **sauber** sein, d. h., Schmutz, Holzreste, Nägel usw. sind vor dem Einbringen des Betons zu entfernen.
- Sie muss **dicht** sein, d. h., die einzelnen Bretter müssen so zusammengefügt werden, dass der Zementleim des Frischbetons beim Einbringen und Verdichten nicht durch die Schalhautfugen dringen kann.
- Die Schalhaut muss mit **Trennmitteln** behandelt werden, d. h., vor dem Betonieren muss auf die Schalhaut Schalöl, Schalwachs oder notfalls Wasser aufgebracht werden, damit beim Ausschalen kein Beton an der Schalhaut haften bleibt.

Als Material für die Schalhaut wird vorwiegend Holz verwendet. Es lässt sich leicht und gut verarbeiten, ist tragfähig und kann mit einfachen Verbindungsmitteln montiert werden.

Wir unterscheiden:

- **Brettschalungen**

Sie werden aus losen Brettern stumpf zusammengesetzt. Sie können sägerau oder gehobelt sein.

Vorteilhaft ist es, wenn die rechte Brettseite (= Kernseite, siehe Abschnitt 5.1.5) dem Beton zugewandt ist. Wenn das Holz durch das Vornässen mit Wasser quillt, so schließen sich die Fugen der Schalhaut auf der Betonseite.

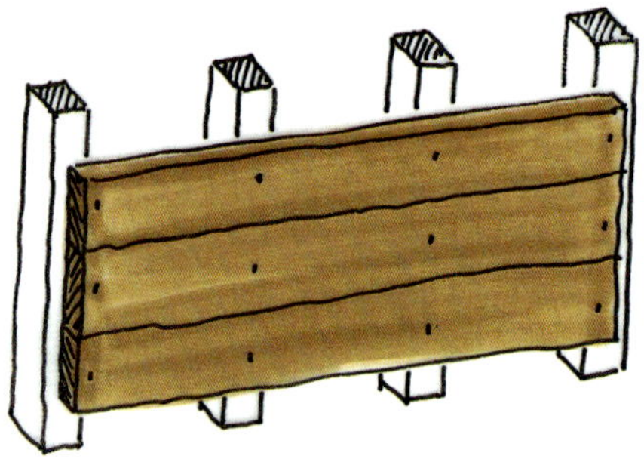

- **Schalungsplatten**

Sie sind vollflächige Schalungsteile mit Abmessungen von 100/50 cm bis 600/100 cm.

Verwendet wird hierfür Sperrholz. Die Oberfläche ist mit Kunstharz beschichtet. Die Kunstharzschicht erleichtert das Ausschalen und Reinigen und bewirkt eine höhere Lebensdauer.

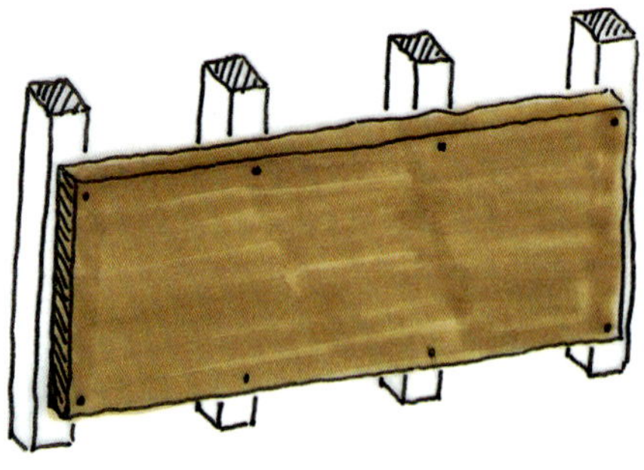

Die Schalhaut muss maßgenau, dicht, sauber und mit Trennmitteln behandelt sein. Für die Schalhaut werden Brettschalungen und vollflächige Schalungsplatten verwendet.

Aufgaben

1. Aus welchen Teilen besteht eine Schalungskonstruktion und welche Aufgaben übernehmen die einzelnen Schalungsteile?

2. Welche Anforderungen werden an die Schalhaut gestellt?

3. Erklären Sie, warum die Schalung vor dem Bewehren mit einem Trennmittel versehen und vor dem Betonieren genässt werden muss?

4. Welche Vorteile haben kunstharzbeschichtete Schalungsplatten gegenüber Brettschalungen?

5. Die Schalung ist vor dem Betonieren zu prüfen auf:

- ☐ Schönheit
- ☐ Maßgenauigkeit
- ☐ Verschmutzungen
- ☐ Pflegezustand
- ☐ Standsicherheit

4.3.2 Die Unterkonstruktion

Für die Unterkonstruktion können Bretter, Kanthölzer und Schalungsträger eingesetzt werden. Werden **Kanthölzer** verwendet, so heißen sie je nach Lage **Gurthölzer**, **Kopfhölzer** oder **Dränghölzer**.

Werden Bretter verwendet, so heißen sie **Drängbretter**.

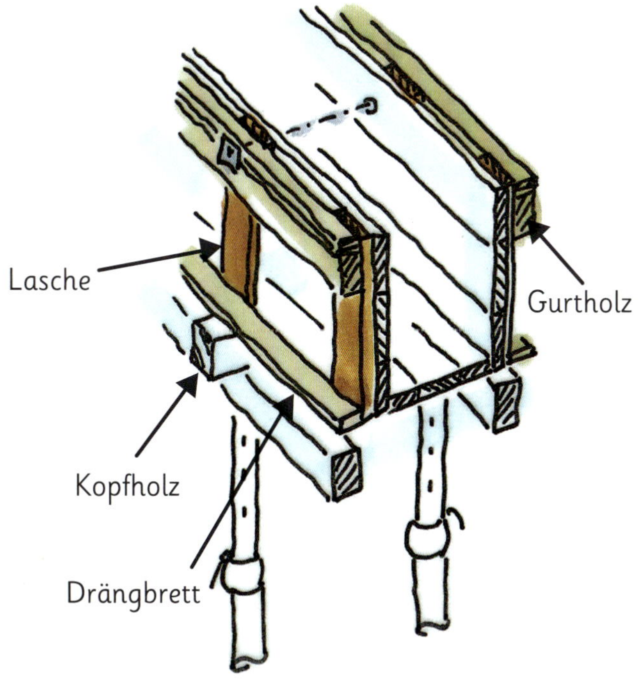

Schalungsträger werden aus Holz industriell gefertigt. Sie werden vorwiegend für Wand- und Deckenschalungen eingesetzt.

Da der Frischbeton auf die Schalhaut einen Druck ausübt, müssen seitliche Schalungsteile, wie wir sie bei Balken-, Stützen- und Deckenrandschalungen haben, **verspannt** werden. Hierfür werden Spanndrähte und Spannschlösser oder Zwingen oder besondere Ankerelemente eingesetzt.

Spannschloss

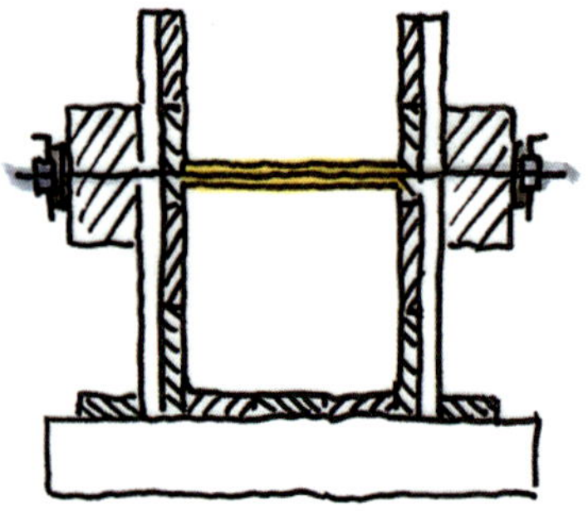

Zwinge

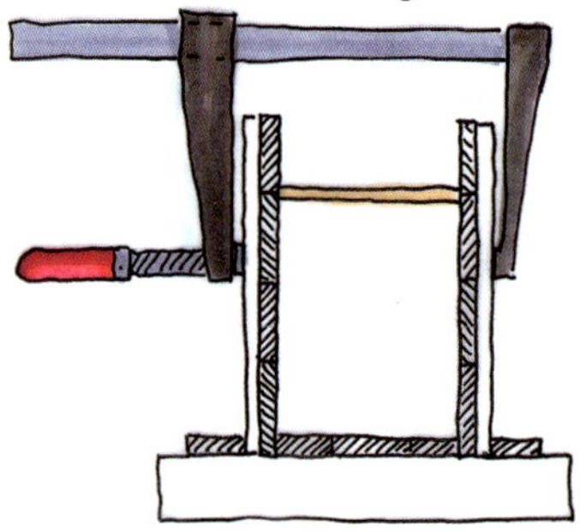

4.3.3 Die Unterstützung

Die Einzelbauteile für die Unterstützung sind Schalungsträger, Stützen und Aussteifungen.

Als **Schalungsträger**, auf denen die Unterkonstruktion aufliegt, kommen Kanthölzer, Gitter- und Vollwandträger in Frage. Sie werden auch als **Jochhölzer** bezeichnet.

Vollwandträger

Gitterträger

Als **Stützen** können Rundhölzer, Kanthölzer und Stahlrohrstützen verwendet werden. Stahlrohrstützen lassen sich jeder gewünschten Höhe anpassen. Sie haben verschiedenartige Halteköpfe, um die Unterkonstruktion aufzunehmen.

Versuch:
Bauen Sie aus Karton einen Rahmen. Die Ecken werden mit Klammern verbunden. Von der Seite her drücken Sie gegen den Rahmen.

Beobachtung:
Der Rahmen verschiebt sich. Erst eine eingefügte Diagonalstrebe steift den Rahmen gegen Verformung durch waagerechte Beanspruchung aus.

Ergebnis:
Die Schalungskonstruktion kann als Viereckrahmen angesehen werden. Sie muss auch waagerechte Kräfte aufnehmen, die beispielsweise durch Windeinfluss entstehen. Durch Einbau von diagonalen Streben, man nennt dies **Verschwertung**, entstehen **unverschiebliche Dreiecke**.

Unterstützungen müssen in Längs- und Querrichtung zur Aufnahme waagerechter Kräfte ausgesteift werden.

Aufgaben

1. Welche Aufgaben übernimmt

a) die Unterkonstruktion, ______

b) die Unterstützung? ______

2. Erklären Sie den Begriff „Gurtholz“.

______

______

3. Welche Vorteile haben Stahlrohrstützen gegenüber Kantholzstützen?

______

______

4. Warum müssen die seitlichen Schalungsteile verspannt werden?

______

5. Warum müssen die Stützen einer Deckenschalung nach beiden Seiten ausgesteift werden?

______

4.4 Herstellen eines Stahlbetonbalkens

Sofie und Nico erhalten den Auftrag beim Wunschhaus, den Stahlbetonbalken über der Terrassentür des Wohnzimmers zu planen und auszuführen.

Der Stahlbetonbalken soll später die Terrassentür überdecken.

Sofie und Nico legen die einzelnen Arbeitsschritte fest:

4.4.1 Herstellen der Balkenschalung

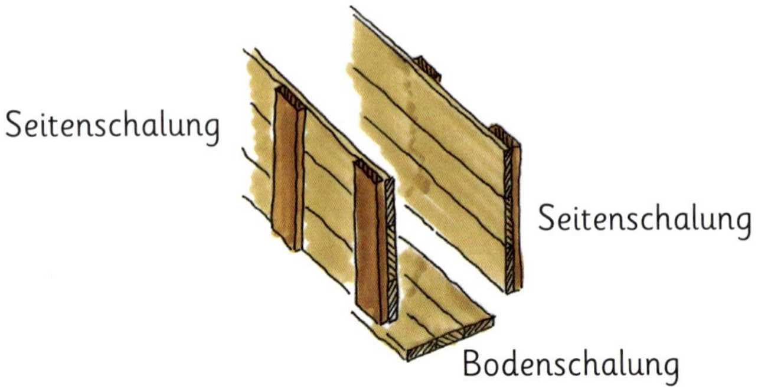

Balkenschalungen bestehen aus zwei Seitenschalungen und einer Bodenschalung.

Der **senkrechte Druck** auf die Schalung wird über Kopfhölzer auf zwei Jochhölzer und die Stahlrohrstützen übertragen.

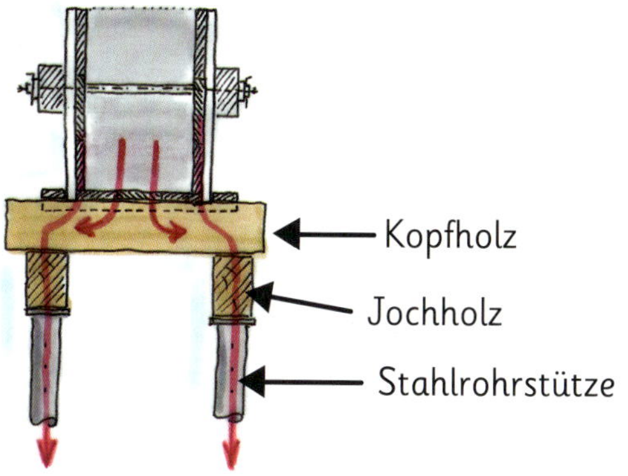

Der **seitliche Druck** auf die Schalung wird oben von Gurthölzern und Spannschlössern und unten durch Drängbretter aufgenommen.

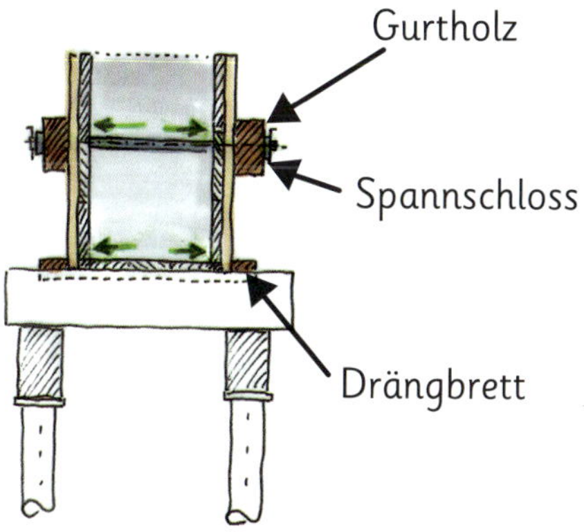

Zur Verfügung stehen:

- Bretter 2,4/10 cm und
- Bretter 2,4/12 cm,
- Kanthölzer 10/10 cm und
- Kanthölzer 10/12 cm,
- Stahlrohrstützen und
- Spannschlösser zum Verspannen der Schalung.

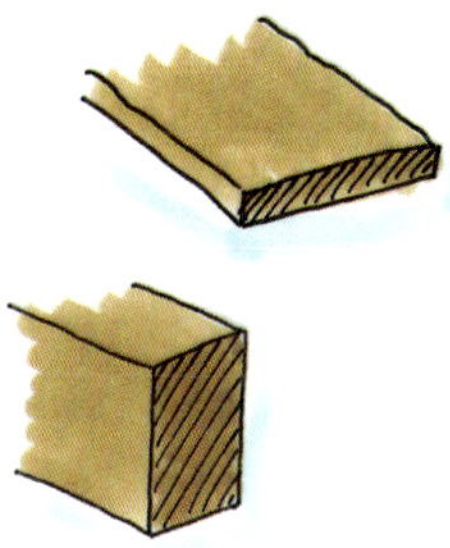

Der Abstand der Laschen beträgt etwa 50 cm.

Als Erstes werden die Längen für die Schalhautteile (Seitenschalung, Bodenschalung, Laschen) ermittelt, für die Seitenschalung und die Bodenschalung die Schalungspläne gezeichnet und dann der Arbeitsablauf festgelegt.

Schritt 1: Ermittlung der Längen für die Schalhautteile

a) Länge der Seitenschalung = Öffnungsmaß + 2 · Auflagertiefe + 2 · seitlicher Anschlag
= 276 cm + 2 · 25 cm + 2 · 13 cm
= 352 cm
= 3,52 m

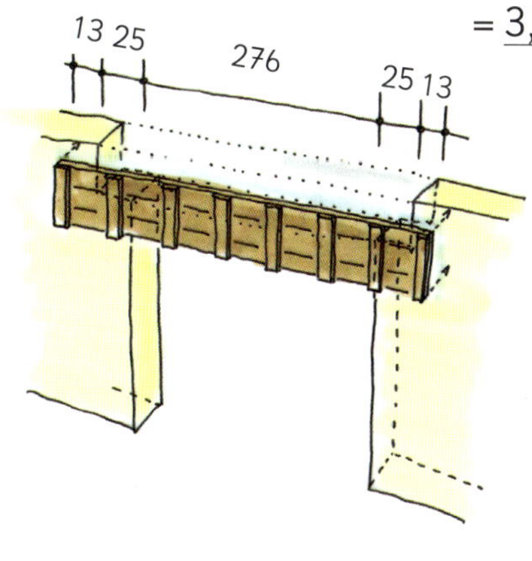

Alle Maße in cm

b) Höhe der Seitenschalung und der Laschen = Balkenhöhe + Brettdicke der Bodenschalung
= 41,5 cm + 2,4 cm
= 43,9 cm, gewählt <u>0,44 m</u>

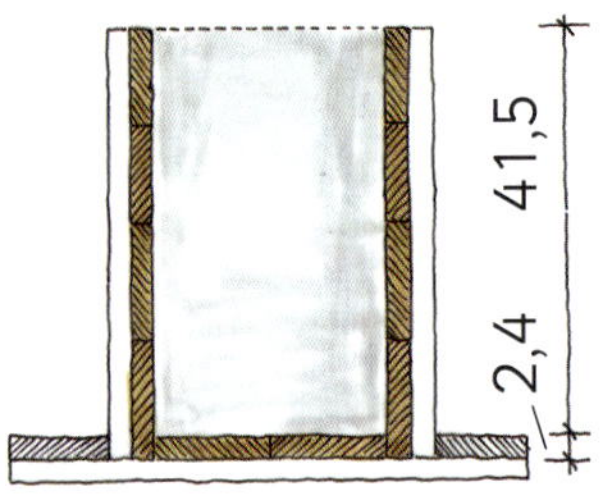

c) Länge der Bodenschalung = Öffnungsmaß – 0,5 cm (die 0,5 cm dienen dazu, das Ausschalen zu erleichtern)
= 276 cm – 0,5 cm
= 275,5 cm
= <u>2,755 m</u>

d) Länge der Laschen für die Bodenschalung = Balkenbreite + 2 · seitlicher Überstand (etwa 15 cm)
= 24 cm + 2 · 15 cm
= 54 cm
= <u>0,54 m</u>

Schritt 2: Anfertigen der Schalungspläne

Nach den errechneten Maßen kann der Schalungsplan für die Seitenschalung und die Bodenschalung angefertigt werden. Die Draufsichten werden gezeichnet und bemaßt.

Seitenschalung (2 x)

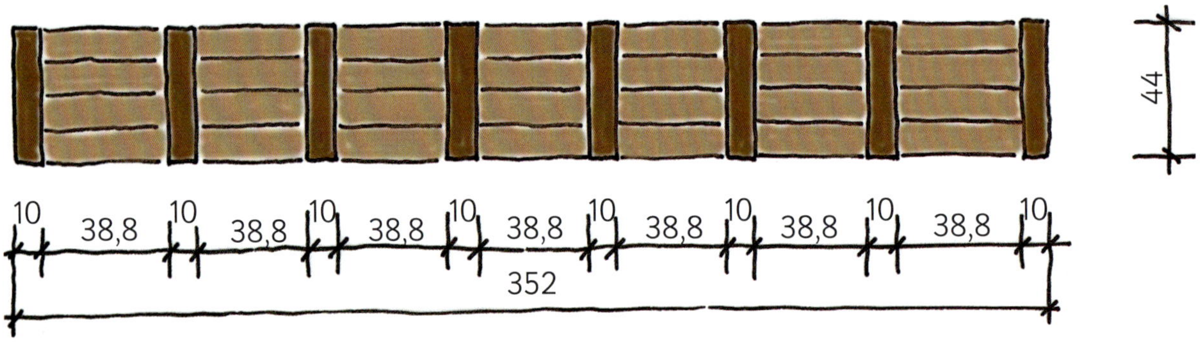

Bodenschalung (1 x)

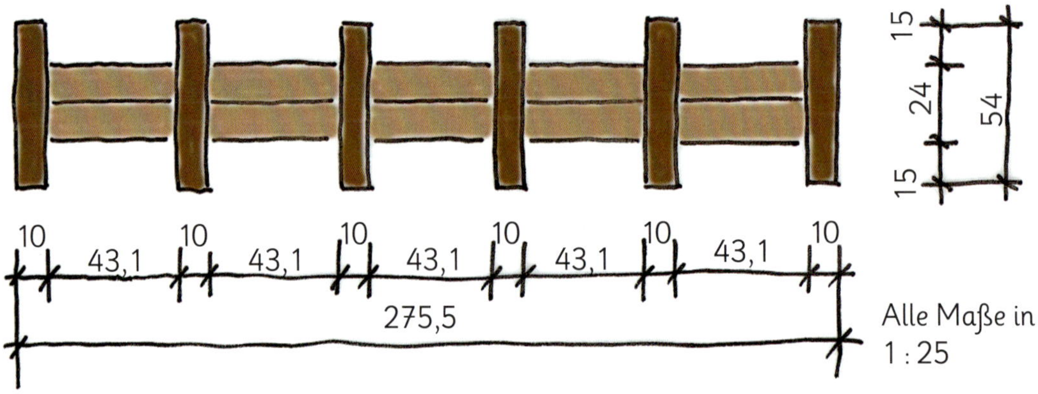

Alle Maße in cm
1 : 25

Schritt 3: Arbeitsablauf festlegen
Sofie und Nico gehen bei der Herstellung der Balkenschalung in folgenden Teilschritten vor:

1. Holzteile zuschneiden

2. Seitenschalung und Bodenschalung herstellen

3. Stützen aufstellen und falls erforderlich verschwerten

4. Jochhölzer auf die Stahlrohrstützen auflegen

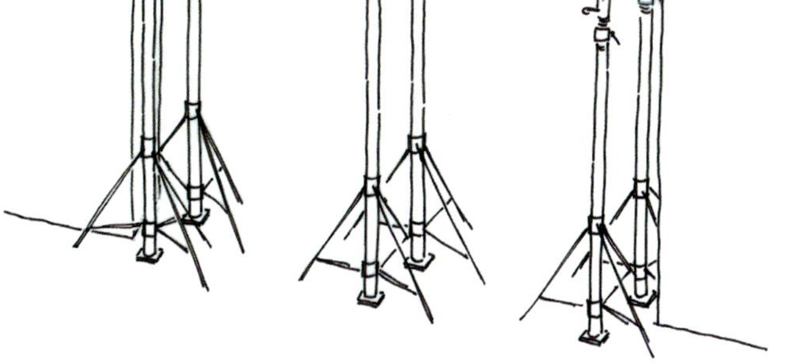

5. Kopfhölzer auf die Jochhölzer auflegen

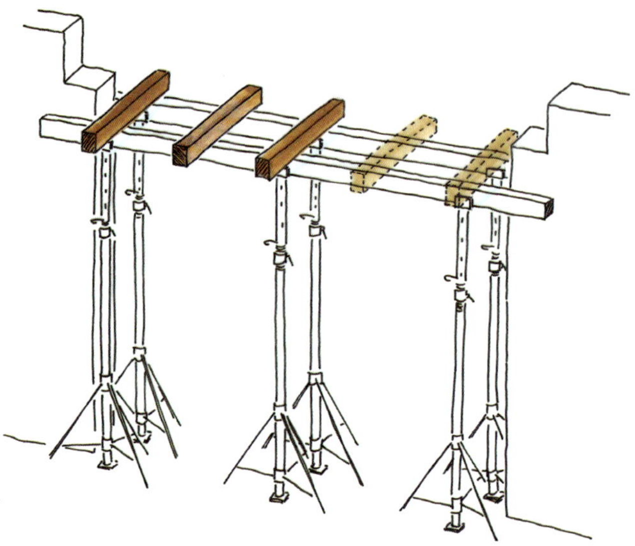

6. Bodenschalung aufnageln

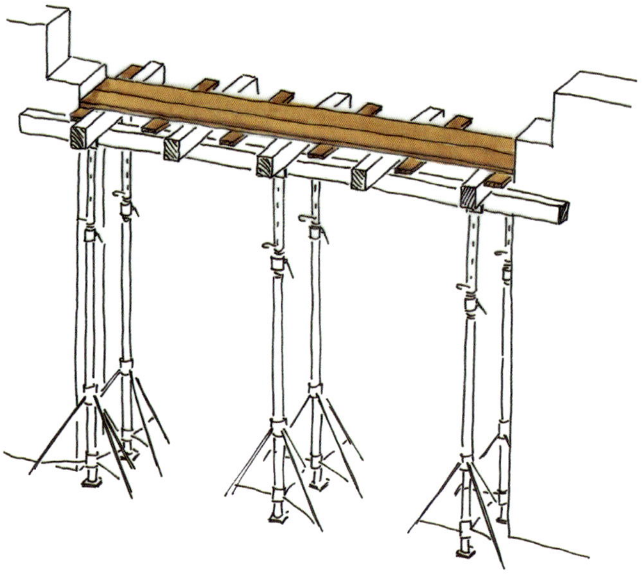

7. Seitenschalungen und Drängbretter befestigen

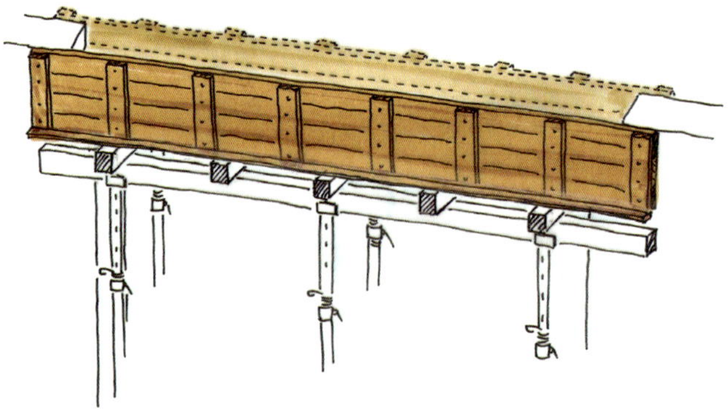

8. Nach dem Einbringen der Bewehrung, Schalung mit Gurthölzern und Spannschlössern verspannen

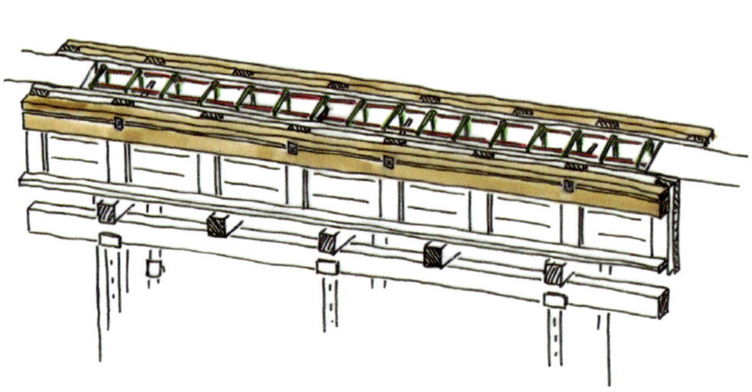

Aufgaben

1. Über der Eingangstür des Wunschhauses von Sofie und Nico wird ein Stahlbetonbalken ausgeführt. Zeichnen Sie hierfür den Schalungsplan im Maßstab 1 : 20 (Seitenschalung und Bodenschalung).

2. Die Decke über dem Erdgeschoss hat eine Fläche von 10,81 m². Wie viele Schalbretter müssen zur Verfügung stehen, wenn mit einem Verschnittzuschlag von 12 % zu rechnen ist?

3. Warum kann das Verspannen der Schalung erst dann erfolgen, wenn die Bewehrung eingebracht ist?

4.4.2 Ausführen der Bewehrung

Bewehrungsplan und Stahlliste

Der Statiker hat für die Bewehrung des Stahlbetonbalkens die Art und Anzahl der Betonstähle ermittelt. Einzubauen sind folgende Betonstabstähle:

- **Tragstäbe**: 3 Stück mit Durchmesser 20 mm, → 3 ϕ 20
- **Montagestäbe**: 2 Stück mit Durchmesser 10 mm, → 2 ϕ 10
- **Bügel**: 16 Stück mit 8 mm Durchmesser im Abstand von etwa 20 cm. → 16 ϕ 8

Die Stähle werden auf die Baustelle fertig zugeschnitten und gebogen geliefert.

Die Betondeckung beträgt 2,5 cm.

Sofie und Nico haben die Aufgabe, die Bewehrung in den Stahlbetonbalken einzubauen. Die Informationen, die sie für das Verlegen der Bewehrung benötigen, entnehmen die beiden den Bewehrungszeichnungen. Sie bestehen aus Bewehrungsplan, Stahlauszug und Stahlliste.

Im **Bewehrungsplan** werden die Ansicht und der Schnitt dargestellt. Die Montagestäbe, die Tragstäbe und die Bügel werden eingezeichnet und mit **Positionsnummern** versehen.

Ansicht

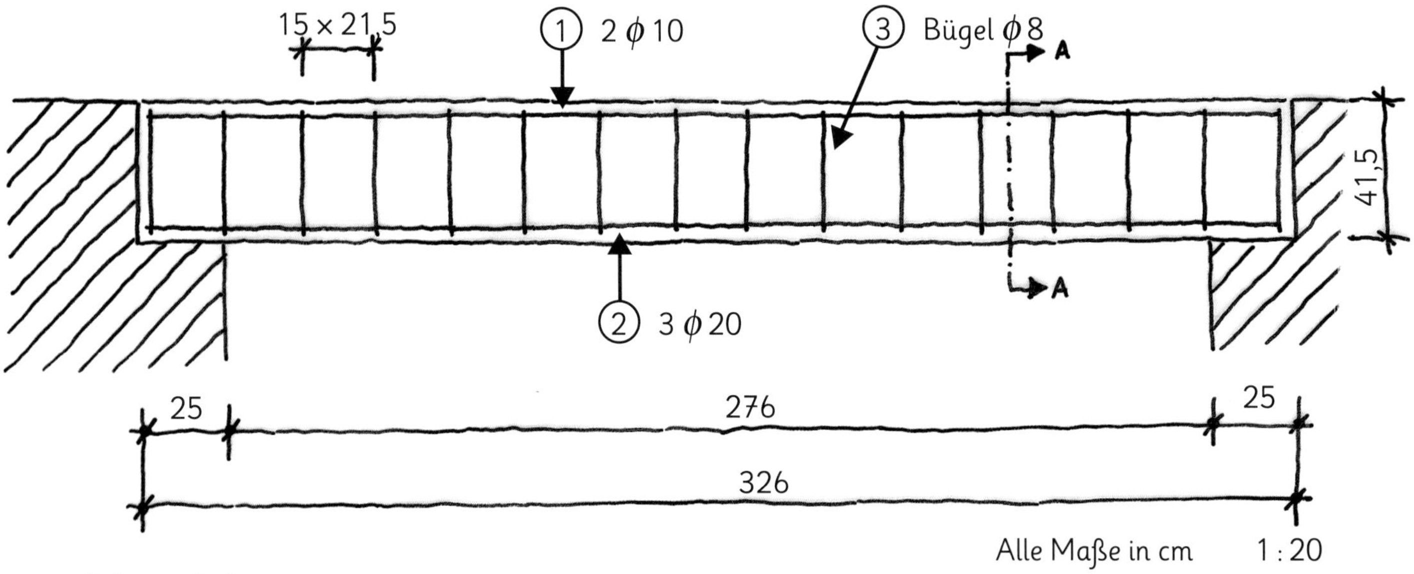

Schnitt A-A

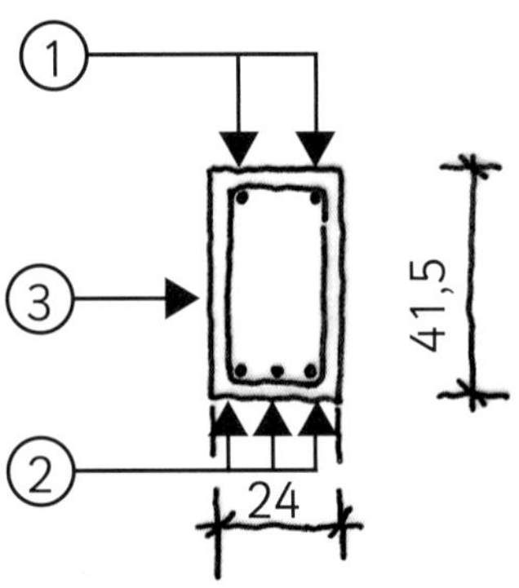

Aus dem Bewehrungsplan wird der Stahlauszug ermittelt, indem die einzelnen Stäbe von oben nach unten aus dem Stahlbetonteil herausgezeichnet werden.

An die Bewehrungsstähle werden Schnittlänge, Teilmaße, Stückzahl, Durchmesser und Position geschrieben.

① 3,21

2 ϕ 10, l = 3,21

② 3,21

3 ϕ 20, l = 3,21

③ 16 Bügel ϕ 8, l = 1,21, alle 21,5 cm

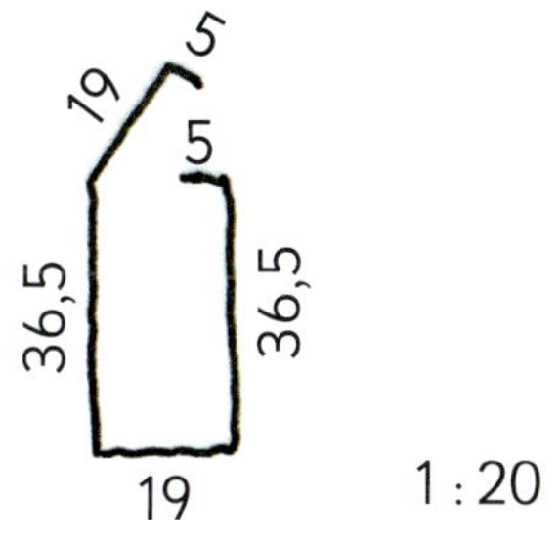

In einer **Stahlliste** werden die Angaben tabellarisch zusammengefasst.

Pos.	**Stück**	**Durchmesser** in mm	**Einzellänge** in m	**Gesamtlänge** in m		
				ϕ 8	ϕ 10	ϕ 20
①	2	10	3,21		6,42	
②	3	20	3,21			9,63
③	16	8	1,21	19,36		
Gesamtlänge in m				19,36	6,42	9,63
Masse pro m in kg *				0,395	0,961	2,466
Masse in kg				7,647	3,961	23,748
Gesamtmasse Betonstahl in kg				35,356		

* Die Masse der Stähle, bezogen auf 1 m Länge, kann Tabellen entnommen werden.

Gesamtlänge einer Position = Einzelstablänge · Anzahl der Stähle
Masse einer Position = Masse pro Meter · Gesamtlänge einer Position

Bewehrungsarbeiten

Die Bewehrung für den Stahlbetonbalken wird immer in Form eines Bewehrungskorbes hergestellt. Alle Stahleinlagen – Tragstäbe, Montagestäbe, Bügel – werden zu einem steifen, unverschieblichen Gerippe zusammengebunden.

Dies geschieht mit Bindedraht.

Als Werkzeug dient die Flechter- oder Armierzange.

Beim Einbringen der Bewehrung in die Schalung ist darauf zu achten, dass die Stähle die richtige Lage erhalten. Es muss die vorgeschriebene Betondeckung eingehalten werden. Dies geschieht durch **Abstandhalter** aus Beton, Metall oder Kunststoff. Sie werden entweder zwischen die Schalung und die Bewehrung geschoben oder auf den Stäben festgeklemmt.

Abstandhalter für die untere Bewehrung		**Abstandhalter für die obere Bewehrung**

Abstandhalter aus Beton zwischen Schalung und Bewehrung	Abstandhalter aus Kunststoff, auf der Bewehrung festgeklemmt	Abstandhalter aus Stahl

Die Stahleinlagen sind zu einem festen Gerippe zu verbinden.
Abstandhalter gewähren die vorgeschriebene Betondeckung.

Aufgaben

1. Geben Sie mindestens vier Punkte an, die im Stahlauszug enthalten sind.

____

2. Vier Stähle mit einem Durchmesser von 22 mm und einer Schnittlänge von 6,48 m werden in einen Stahlbetonbalken eingebaut. Ermitteln Sie

a) die Gesamtlänge, ______________________________

b) die Gesamtmasse der Stähle, wenn die Masse je m 2,984 kg beträgt.

____

3. Welche Aufgaben haben die Abstandhalter? ______________________________

____

4.4.3 Verarbeiten des Betons

Der Frischbeton für den Stahlbetonbalken wird mit einem Fahrmischer zur Baustelle befördert.

Sofie und Nico haben nun die Aufgabe, diesen Beton zu verarbeiten. Wie gehen sie vor?

Schritt 1: Einbringen des Betons in die Schalung

Der Frischbeton sollte sofort nach dem Transport verarbeitet werden. Je nach Witterung stehen hierfür eine halbe bis eine Stunde zur Verfügung.

Beim Einbringen aus großer Höhe kann sich der Beton leicht entmischen.

Versuch:

Ein Kies-Sand-Gemisch wird aus einer Höhe von etwa 50 cm auf eine Unterlage geschüttet.

Beobachtung:

Die groben Kieskörner rollen an den Rand der Schüttung bzw. werden zu weit abgeworfen.

Ergebnis:

Bei großer Fallhöhe lösen sich die groben Gesteinskörner von den feinen, d. h., das Sand-Kies-Gemisch entmischt sich und der Zementleim verkittet nicht mehr alle Gesteinskörner. Es bilden sich Kiesnester.

Besondere Fördergeräte, wie Schüttrohre und Schüttschläuche, verhindern das Entmischen des Frischbetons.

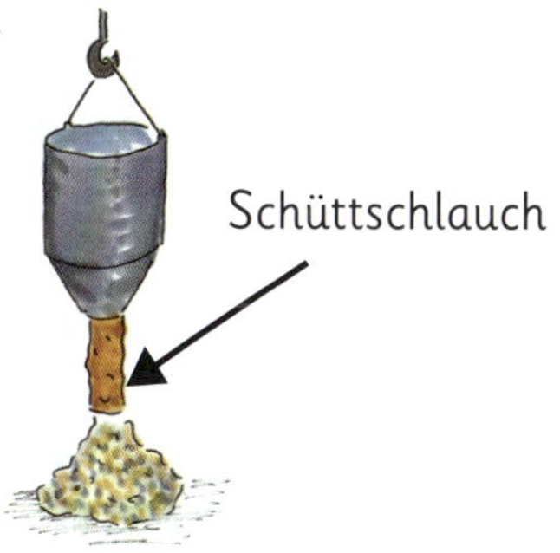

Der Frischbeton muss schichtweise eingebracht werden. Um ihn noch verdichten zu können, sollten die Schüttlagen jeweils etwa 30 cm betragen.

Beim Fördern und Einbringen darf sich Frischbeton nicht entmischen. Fördergefäße müssen deshalb möglichst direkt über der Einbaustelle geöffnet werden.
Frischbeton ist möglichst in Schichthöhen von etwa 30 cm einzubauen.

Schritt 2: Verdichten des Frischbetons

Der eingebrachte Frischbeton besitzt noch viele Hohlräume, die die Eigenschaften des Festbetons verschlechtern können. Deshalb muss der Frischbeton möglichst vollständig verdichtet werden, um die mit Luft gefüllten Hohlräume zu entfernen.

Wie der Frischbeton verdichtet wird, hängt von seiner Steifigkeit (Konsistenz) ab. Es gibt folgende Arten der Verdichtung:

- Rütteln
- Klopfen an die Schalung
- Stochern
- Stampfen

Das gebräuchlichste Verfahren ist das **Rütteln** mit der **Rüttelflasche**.

Es ist auf Folgendes zu achten:

- Rüttelflasche zügig eintauchen; langsam herausziehen, sodass sich der Beton schließt
- Abstand der Eintauchstellen etwa 25 … 70 cm
- Eintauchtiefe in die bereits verdichtete Schicht etwa 10 … 20 cm
- So lange rütteln, bis sich an der Oberfläche trübes Wasser zeigt
- Schalung und Bewehrung sollten nicht mit der Rüttelflasche berührt werden

Ohne Verdichtung werden die Festbetoneigenschaften nicht erreicht. Die Verdichtungsart ist auf die Konsistenz des Frischbetons abzustimmen.

Beton darf nur so lange verdichtet werden, wie er noch formbar ist.

Schritt 3: Nachbehandeln des Betons

Der verdichtete Beton muss geschützt werden. Gefahren bestehen durch:

- **vorzeitiges Austrocknen**

Der Beton „verdurstet", d. h., es fehlt ihm das zur Erhärtung notwendige Wasser. Dies hat zur Folge, dass die Druckfestigkeit vermindert wird, die Betonoberfläche absandet und es zu Schwindrissen kommt.

- **Temperaturschwankungen** (durch direkte Sonneneinstrahlung, Frost)

Der Beton ist großen Spannungen und Verformungen ausgesetzt mit der Folge, dass es zu Rissen kommt.

Schutzmaßnahmen

- Besprühen mit Wasser und Abdecken mit Folien verhindern das vorzeitige Austrocknen des Betons
- Abdecken mit Matten bei Frostgefahr schützt den Beton vor dem Auskühlen

Mangelhafte Nachbehandlung ist oft die Ursache für Rissbildungen, Absanden der Betonoberfläche und geringe Betondruckfestigkeiten.

4.4.4 Ausschalen

Schalungen dürfen erst dann entfernt werden, wenn der Beton eine ausreichende Festigkeit hat. Der Zeitpunkt des Ausschalens muss unter Umständen durch eine Prüfung ermittelt werden.

Damit sich der ausgeschalte Stahlbetonbalken nicht übermäßig durchbiegt, müssen bei großen Spannweiten **Hilfsstützen** nach dem Ausschalen stehen bleiben.

Pflege der Schalteile

Hilfsstützen

Beim Ausschalen muss umgekehrt wie beim Aufbau vorgegangen werden.
Die Unterstützung darf niemals ruckartig weggeschlagen werden.
Nach dem Ausschalen ist eine schonende Reinigung der Schalteile unerlässlich.

Aufgaben

1. Welche Maßnahmen sind zu treffen, wenn Beton aus großer Höhe in die Schalung eingebracht wird?

2. Warum muss Frischbeton nach dem Einbringen verdichtet werden?

3. Welche Verdichtungsart würden Sie vorschlagen?

Konsistenz	steif	plastisch	weich
Verdichtungsart			

4. Welche Arbeitsregeln sind beim Einsatz einer Rüttelflasche zu beachten?

5. Der Stahlbetonbalken wurde bei sonnig-heißem Wetter betoniert. Welche Maßnahmen sind nach dem Betonieren zu ergreifen? Begründen Sie diese Maßnahmen.

5 Holzbau

5.1 Der Werkstoff Holz
5.2 Die Holzverbindungen
5.3 Die Holzkonstruktionen
5.4 Holzbearbeitung
5.5 Herstellen eines Dachstuhls

5.1 Der Werkstoff Holz

Sofie und Nico überlegen sich, welche Baumarten als Baumaterial für ihr Wunschhaus in Frage kommen. Schließlich entscheiden sie sich für Fichten.

5.1.1 Bedeutung des Waldes

Holz ist ein natürlicher Baustoff. In Deutschland wird der Wald vorrangig zur Erzeugung des Rohstoffes Holz genutzt. Aus Holz werden Baustoffe, Brennstoffe und Papier hergestellt. Der Wald hat dadurch einen hohen **ökonomischen** (wirtschaftlichen) Wert.

Früher wurden bei uns die Wälder unkontrolliert abgeholzt. Man glaubte, dass die natürlichen Reserven nie ausgeschöpft werden könnten.

Heute weiß man, dass nur so viel Holz gefällt werden darf, wie auch in Zukunft nachwachsen kann. Für die gefällten Bäume müssen neue angepflanzt werden. Dieses Konzept bezeichnet man als **Nachhaltigkeit** der Forstwirtschaft (Waldwirtschaft).

Auch Sofie und Nico sorgen für Nachhaltigkeit.

Der Wald hat aber auch einen hohen **ökologischen** (umweltschützenden) Wert. Für uns Menschen ist er z. B. Erholungsraum, er ist unsere Sauerstoffquelle und er ermöglicht ein ausgeglichenes Klima.

Der Wald erfüllt wichtige **ökonomische** und **ökologische** Aufgaben.

5.1.2 Wachstum des Baumes

Ein Baum nimmt über seine Wurzeln Wasser und Mineralien aus dem Boden auf. Dieser Pflanzensaft steigt bis zu den Blättern auf und wird dort durch die **Fotosynthese** mit Nährstoffen angereichert.

Bei diesem Prozess entziehen die Blätter der Luft das für uns schädliche Kohlendioxid (CO_2) und liefern den für uns lebenswichtigen Sauerstoff (O_2).

Dann fließt der Pflanzensaft wieder nach unten, verteilt sich im Baum und gibt so dem Baum die notwendigen Nährstoffe zum Wachsen.

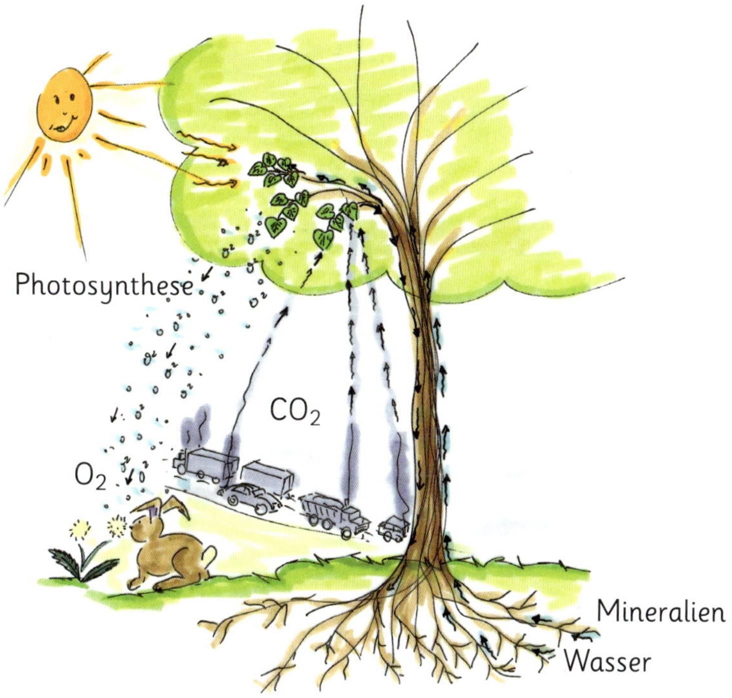

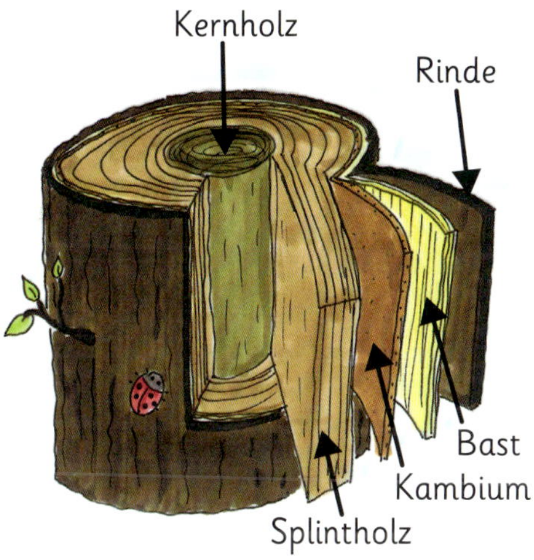

Ein Baumstamm besteht aus mehreren Schichten:

- Außen ist eine schützende **Rinde** (Borke).
- Im **Bast** fließt der Pflanzensaft nach unten.
- Das **Kambium** ist eine dünne Schicht aus Zellen, die sich während der Wachstumsperiode teilen. Dabei wird nach außen neuer Bast und nach innen
- **Splintholz** gebildet. Unter dem Kambium liegt somit das junge Holz, das Splintholz. In diesem Splintholz wird der Pflanzensaft nach oben geleitet und es dient der Speicherung von Nährstoffen (Mineralien).
- In der Mitte des Stammes ist das dunklere **Kernholz** sichtbar.

Ein Baum wächst im Kambium:
nach innen bildet sich neues Splintholz, nach außen bildet sich neuer Bast.

Im Frühjahr wächst das helle Frühholz und im Sommer wächst das dunklere Spätholz. Frühholz und Spätholz bilden zusammen einen Jahrring. Da jedes Jahr ein Jahrring entsteht, kann man an ihrer Anzahl das Alter des Baumes ablesen. Bei warmem Klima wächst ein Baum in einem Jahr sehr viel, die Jahrringe sind entsprechend dick. In kälteren Gebieten, z. B. im Gebirge, wachsen Bäume aber nur sehr langsam, ihre Jahrringe sind entsprechend dünner.

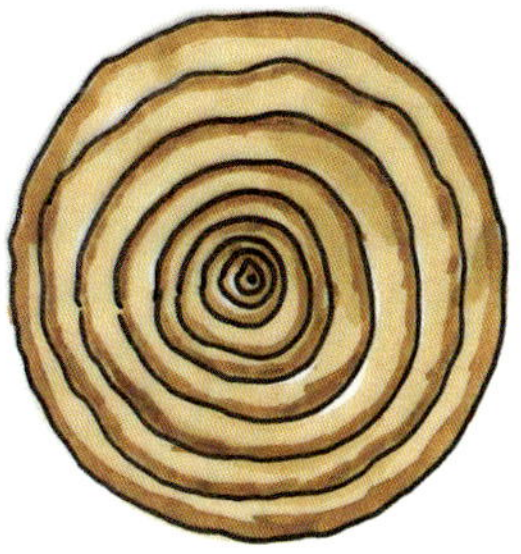

Verschiedene Arten von Bäumen wachsen unterschiedlich schnell. Eichen z. B. wachsen sehr langsam, Fichten hingegen schneller.

Aufgaben

1. Lösen Sie folgendes Kreuzworträtsel (ö = oe):
„Was liefert uns die Natur?"

Lösungswort:

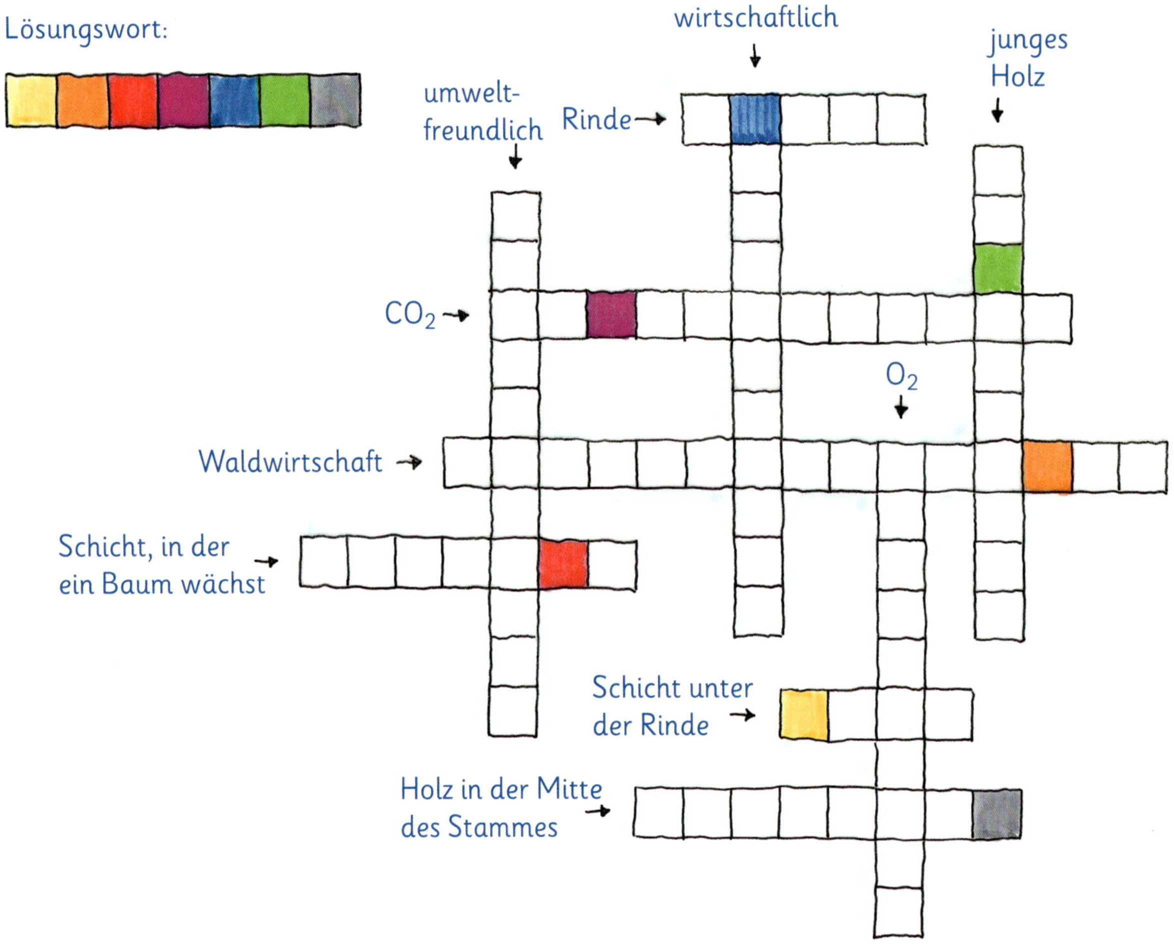

2. a) Welcher der Bäume ist älter?

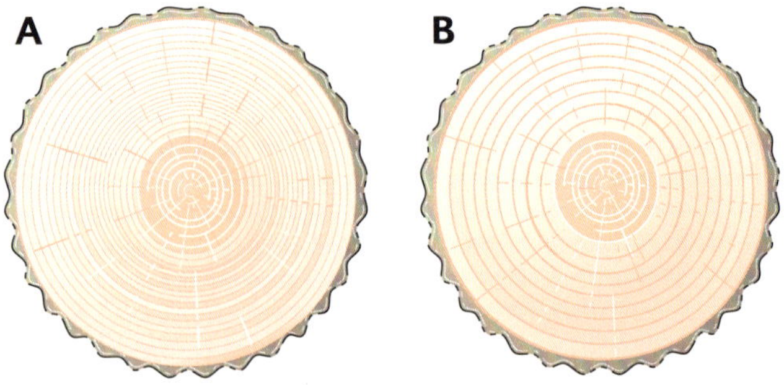

___

___

b) Beide Bäume sind von der gleichen Art. Können Sie eine Aussage bezüglich des Klimas machen, in dem diese Bäume gewachsen sind?

___

___

___

5.1.3 Wichtige Holzarten

Nadelbäume und Laubbäume unterscheiden sich in Farbe, Form und durch die Nadeln bzw. Blätter, die sie tragen.

Nadelbäume

Im Winter verlieren fast keine Nadelbäume ihre Nadeln (Ausnahme: Lärche), sie bleiben das ganze Jahr über grün. Bei Nadelbäumen wird der Wachstumsprozess im Winter nicht ganz unterbrochen, er wird nur verlangsamt.

Nadelhölzer sind weich und haben eine geringe Dichte. Sie sind in unseren Regionen reichlich vorhanden. Weiches Holz wächst schnell, ist preiswerter als hartes Holz und wird deshalb sehr oft in der Bauwirtschaft eingesetzt.

In Europa findet man häufig folgende Nadelbäume:

Douglasie

Fichte (Rottanne)

Tanne (Weißtanne)

Kiefer (Föhre)

Lärche

Laubbäume

In unserer Klimazone verlieren Laubbäume im Winter ihr Laub (ihre Blätter). Dies ist dadurch bedingt, dass bei ihnen der Wachstumsprozess im Winter unterbrochen wird. Im Frühjahr steigt wieder Pflanzensaft bis zur Baumkrone und es wachsen neue Blätter.

Laubbäume liefern uns harte Hölzer mit einer hohen Dichte. Ihre Haltbarkeit ist größer als die von weichen Hölzern. Harte Hölzer wachsen langsam und sind teuer. Deshalb werden sie im Bauwesen hauptsächlich für Furniere verwendet.

In Europa findet man häufig folgende Laubbäume:

Rotbuche

Eiche

Als Bauhölzer werden vorwiegend die Nadelhölzer Fichte und Tanne verwendet. Kiefern- und Lärchenholz haben einen höheren Harzgehalt und sind deshalb für Bauteile geeignet, die witterungsbeständig sein sollen.

Aufgabe

Ergänzen Sie die Schriftfelder der nachfolgenden Abbildungen.

5.1.4 Handelsformen

Rohholz

Als Rohholz wird das gefällte und entastete Holz bezeichnet, das eventuell schon auf Länge gesägt oder gespalten worden ist. Rohholz hat nur eine geringe Bedeutung am Bau. Abhängig von der Querschnittsdicke werden im Holzhandel Stangen (d = 7 … 14 cm) und Stämme (d > 14 cm) unterschieden. Die Stämme werden weiter verarbeitet, man spricht dann von Rundholz oder Schnittholz.

Stämme	Stangen
 Mittendurchmesser in der Stammmitte (ohne Rinde): d > 14 cm	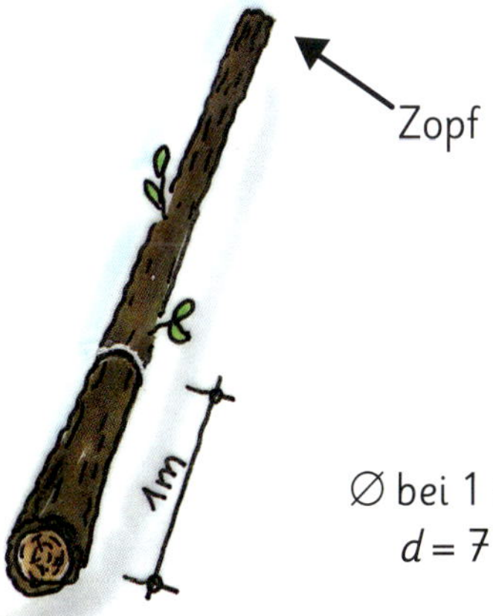 ∅ bei 1 m mit Rinde: d = 7 … 14 cm

Rundholz

Als Rundholz bezeichnen wir entrindetes Rohholz. Rundhölzer sind entweder nicht, nur an einer oder an zwei Seiten geschnitten (besäumt). Auf der Baustelle werden Rundhölzer nur selten eingesetzt.

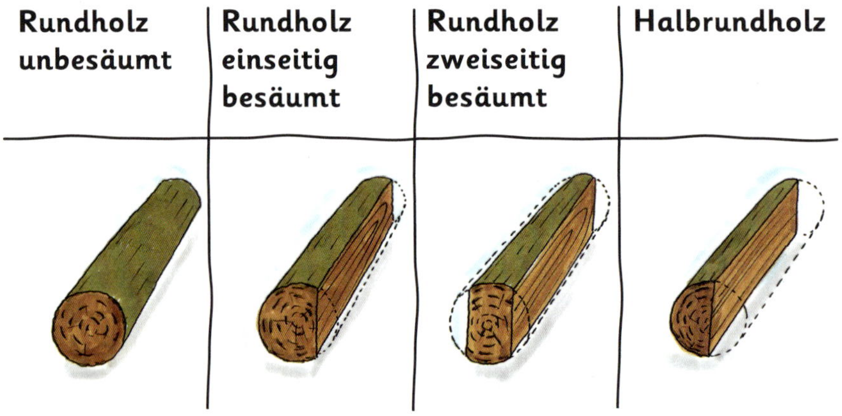

Bauschnittholz

Im Sägewerk wird Rundholz zu Schnittholz verarbeitet. Abhängig von den Abmessungen unterscheiden wir das **Kantholz**, die **Bohle**, das **Brett** und die **Latte**.

Beim Schnitt wird stets darauf geachtet, dass die Verformung des Baustoffs möglichst gering ausfällt. Zusätzlich möchte man aber auch den Holzquerschnitt maximal ausnutzen, damit nicht zu viel Verschnitt anfällt.

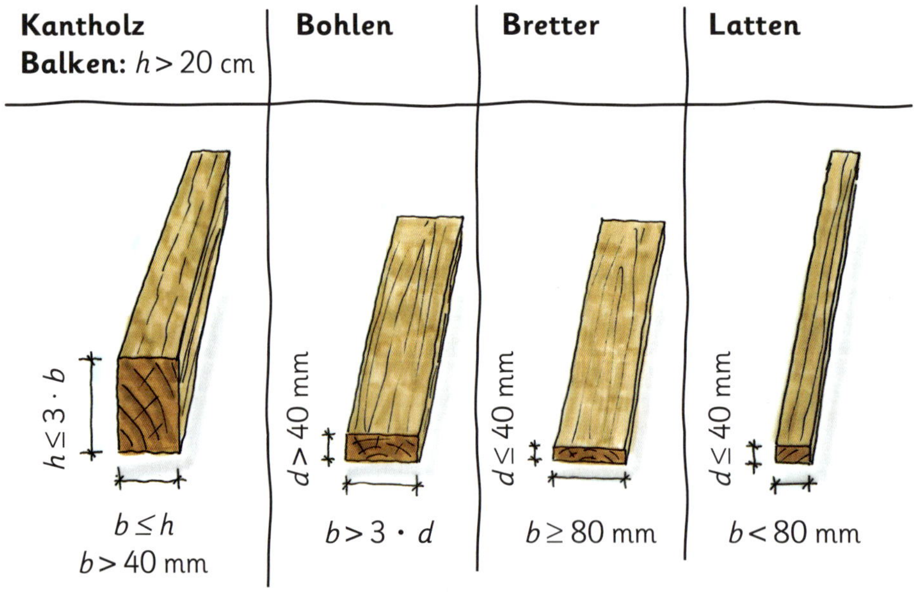

Als Handelformen von Holz unterscheidet man Rohholz, Rundholz und Schnittholz. Auf Baustellen wird in der Regel Schnittholz verarbeitet.

Aufgabe

Beschreiben Sie kurz, in welchen Handelsformen Holz erhältlich ist.

5.1.5 Schwinden und Quellen

Holz hat die Eigenschaft, Feuchtigkeit aus der Umgebung aufzunehmen und dadurch sein Volumen zu vergrößern. Diesen Vorgang bezeichnen wir als **Quellen**. Bei geringer Umgebungsfeuchte gibt das Holz die Feuchtigkeit wieder ab. Ist dies der Fall, sprechen wir von **Schwinden**. Man sagt, das Holz **arbeitet**, das bedeutet, dass es quillt oder schwindet, abhängig von der Feuchtigkeit.

Versuch zum Schwinden:

Legen Sie mehrere Bretter, die aus einem Querschnitt geschnitten wurden, in einen gut beheizten Raum.

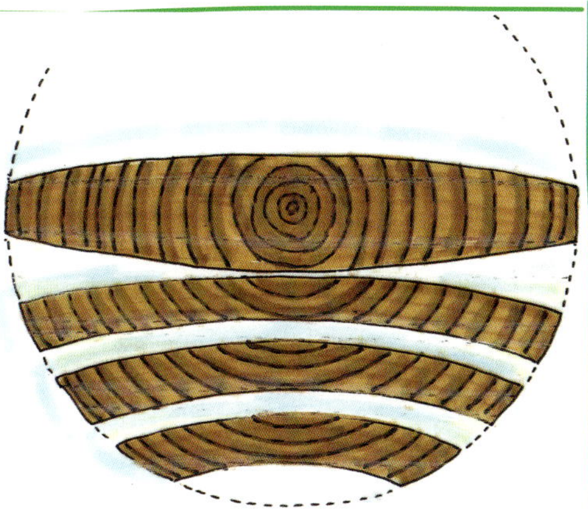

Beobachtung:

Die Bretter verbiegen sich nach außen hin. Die Außenseite der Bretter zieht sich weiter zusammen als die Innenseite.

Ergebnis:

Da im Splintholz der Pflanzensaft geführt wird, enthält es mehr Feuchtigkeit als das Kernholz. Beim Trocknungsvorgang verliert das Splintholz mehr Wasser, es verliert dadurch mehr Volumen als das Kernholz. Das Schwinden im äußeren Bereich ist ausgeprägter als im Kernholz. Die Bretter krümmen sich in Richtung Splintholz.

Holz reagiert auf Feuchtigkeitsveränderungen mit **Quellen** oder **Schwinden**.
Holz „arbeitet".

Aufgaben

1. Wieso „arbeitet" Holz?

2. a) Skizzieren Sie die Verformung infolge von Schwinden eines Kernbrettes und eines Seitenbrettes.

Kernbrett

Seitenbrett

b) Wieso sind Kernbretter wertvoller als Seitenbretter?

5.1.6 Holztrocknung

Ein frisch gefällter Baum enthält sehr viel Wasser, das 1- bis 2-fache seiner Trockenholzmasse. Ein großer Teil dieser Feuchtigkeit muss entweichen, damit das Holz später nur noch wenig arbeitet. Trockenes Holz ist außerdem besser vor Pilzen und Insekten geschützt.

Zur Trocknung unterscheiden wir zwei Methoden:

Die natürliche Trocknung

Die unbesäumten Bretter oder Bohlen werden stammweise zu Stapeln aufgeschichtet, dabei werden die Bretter durch Leisten voneinander getrennt. Um eine direkte Sonneneinstrahlung zu vermeiden, wird ein Dach über die Stapel gebaut. Diese Trocknung ist zwar kostengünstig, aber sie ist zeitaufwendig. Abhängig vom Klima, von der Holzart und von der Dichte kann ein solcher Trockenvorgang zwischen **2** und **6 Jahren** dauern.

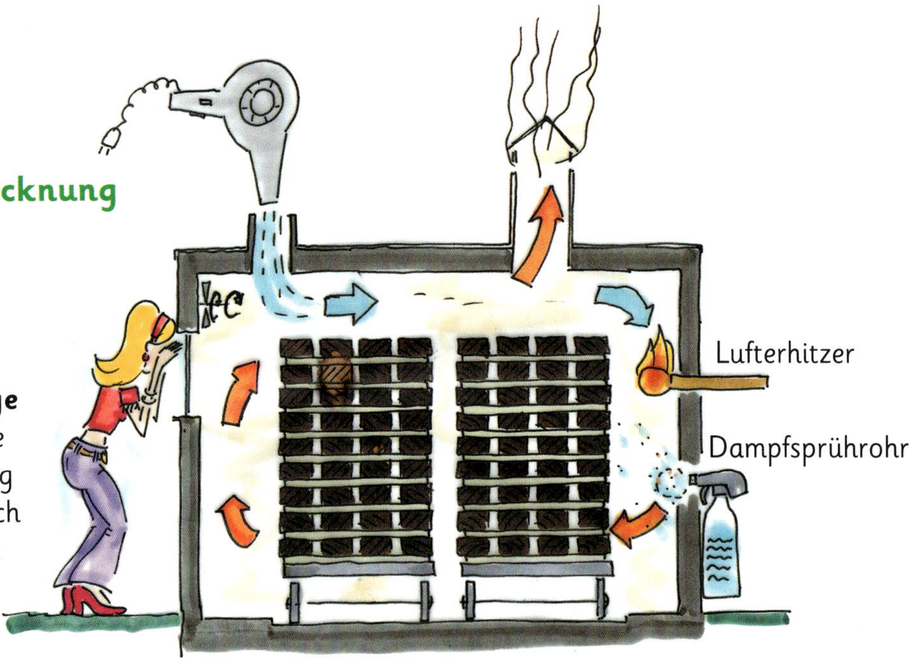

Die künstliche Trocknung

Die Schnitthölzer kommen sofort nach dem Schnitt in **Trockenanlagen**. Hier wird die natürliche Trocknungszeit von einigen Jahren auf **wenige Tage** verkürzt. Diese Methode erfordert zwar die Anschaffung einer Trocknungsanlage, jedoch können so frische Hölzer nach nur wenigen Tagen als Baustoffe genutzt werden.

In Trocknungsanlagen kann frisches Holz in nur wenigen Tagen getrocknet werden.

Aufgabe

Welchen wesentlichen Vorteil hat die künstliche Trocknung gegenüber der natürlichen Trocknung?

5.1.7 Sortierklassen von Schnittholz

Ein Baum wächst auf seine natürliche Weise mit mehr oder weniger vielen Ästen.

Die **Äste** wirken sich als Holzfehler aus, wenn sie mit dem Stammholz nicht mehr fest verbunden sind, z. B. abgestorbene Äste.

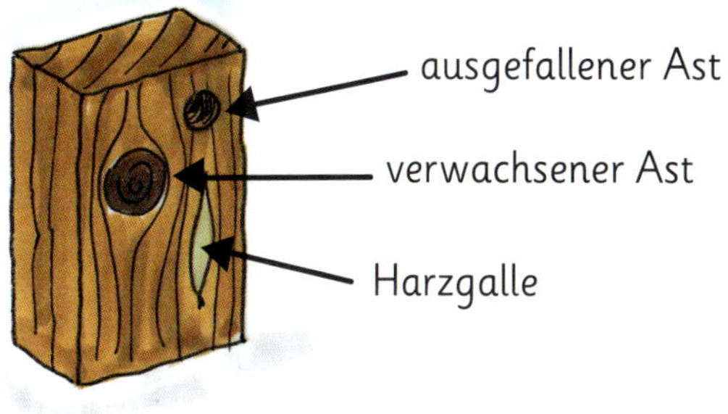

Zwischen den Jahrringen eines Baumstammes können **Harzgallen** entstehen, das sind längliche, harzgefüllte Blasen. An diesen Stellen weist das Holz an seiner Oberfläche ebenfalls Fehler auf.

An einem Baum können noch viele andere Wachstumsfehler auftreten, wie z. B. **exzentrischer Wuchs**, **Risse** oder **Ringschäle** (Bildung von Hohlräumen zwischen den Jahrringen).

exzentrischer Wuchs

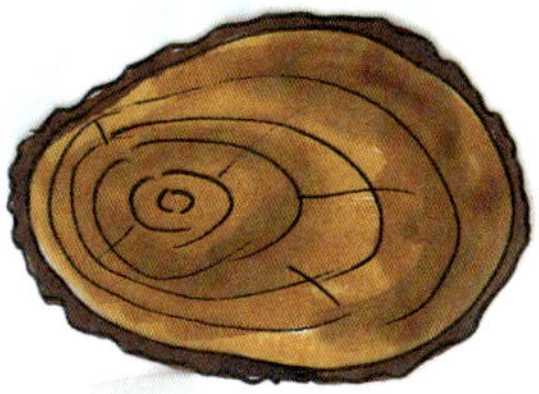

Risse

Ringschäle

Ein Schnittholz mit sehr vielen Holzfehlern wird nur wenige Kräfte aufnehmen und weiterleiten können, es hat eine geringe Tragfähigkeit. Hochwertige Bauhölzer (mit sehr wenigen Wachstumsfehlern) hingegen können viel tragen. Hölzer werden in **Sortierklassen** eingeteilt, somit ist es am Bau leichter, die Hölzer richtig, d. h. entsprechend ihrer Tragfähigkeit, einzusetzen.

Die Sortierklasse **S 7** bedeutet z. B., dass ein Schnittholz nur eine geringe Tragfähigkeit hat. Das könnte ein Schnittholz mit vielen und großen Ästen sein. Ein Schnittholz der Sortierklasse **S 10** hat eine normale Tragfähigkeit und die Sortierklasse **S 13** eine überdurchschnittliche Tragfähigkeit.

Wachstumsfehler mindern den Wert des Holzes.

Aufgabe

Was sagt die Sortierklasse eines Holzes aus?

5.1.8 Holzwerkstoffe

Der Naturstoff Holz weist einige Eigenschaften auf, die sich im Bauwesen nachteilig auswirken können, wie z. B. das Arbeiten (Schwinden und Quellen) und die Wachstumsfehler des Holzes. Um solche Mängel zu umgehen und dennoch die positiven Eigenschaften von Holz zu nutzen, werden **Holzwerkstoffe** hergestellt.

Als Holzwerkstoffe werden z. B. Platten bezeichnet, die aus dünnen Holzschichten, aus Holzspänen oder aus Sägemehl hergestellt werden. Sie können aus Stämmen mit geringem Umfang oder recyceltem Holz hergestellt werden. Zu den Holzwerkstoffen gehören z. B. **Furnierplatten**, **Tischlerplatten**, **Spanplatten** und **OSB-Platten**.

Furnierplatten

Furnierplatten bestehen aus kreuzweise aufeinander geleimten Holzblättern, den sogenannten Furnieren. Durch die kreuzweise Anordnung der Holzlagen wird das Schwinden und Quellen verhindert. Furnierplatten bestehen immer aus einer ungeraden Anzahl von Furnieren, damit die Deckfurniere denselben Faserverlauf haben.

Tischlerplatten

Tischlerplatten bestehen aus mindestens zwei Furnieren (Deckfurnieren) und einer Mittellage aus Stäben. Die Faserrichtung der Mittellage verläuft quer zur Faserrichtung der aufgeleimten Furniere.

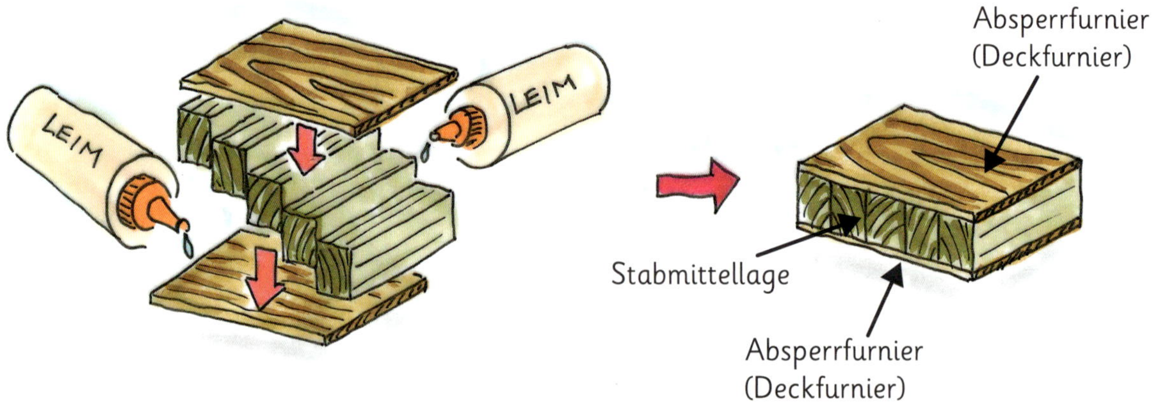

Furnierplatten und Tischlerplatten werden als **Sperrholzplatten** bezeichnet. Ihre Holzschichten sind so verleimt, dass sie das Arbeiten des Holzes verhindern.

Spanplatten

Spanplatten werden aus feinen Holzspänen und Kunstharz als Bindemittel hergestellt. Sie können einschichtig oder mehrschichtig hergestellt werden. Bei den mehrschichtigen Spanplatten kann eine glatte Oberfläche durch feinere Späne in den Außenschichten erreicht werden. Die Oberfläche der Spanplatten kann aber auch geschliffen, furniert oder mit Kunstharz beschichtet werden.

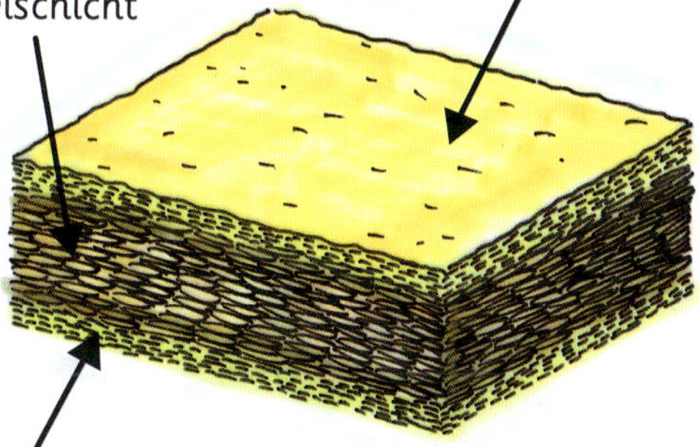

OSB-Platten

OSB ist die Abkürzung für die englische Bezeichnung für „**o**riented **s**trand **b**oards", Platten aus ausgerichteten Spänen. Sie bestehen aus langen, flachen Holzspänen, die in den Platten längs ausgerichtet sind. Dadurch erhalten die Platten eine sehr gute Biegefestigkeit, fast so gut wie die von Sperrholzplatten und wesentlich besser als die von Spanplatten.

Spanplatten und OSB-Platten sind **gepresste Werkstoffplatten**.
Sie werden aus Holzspänen und Kunstharz industriell hergestellt.

Aufgabe

Benennen Sie die Holzwerkstoffe, welche hier im Schnitt dargestellt sind:

a) 

b) 

c) 

d) 

5.1.9 Der Holzschutz

Das trockene Holz muss vor Feuchtigkeit geschützt werden, da es sonst faulen oder von Insekten befallen werden kann. Zur Vorbeugung gegen derartige Holzschäden gibt es zwei Methoden, die sich gegenseitig ergänzen, der **bauliche** und der **chemische** Holzschutz.

Baulicher Holzschutz

Durch den **baulichen Holzschutz** wird verhindert, dass Feuchtigkeit in das Holz eindringen kann.

Überall dort, wo Holz in direktem Kontakt mit Mauerwerk oder Beton steht, kann eine wasserundurchlässige Schicht (z. B. eine Bitumenpappe) verhindern, dass Feuchtigkeit in das Holz eindringt.

Ein Balkenkopf soll im Mauerwerk ringsum 1 cm Abstand haben, damit das Holz belüftet wird.

Pfosten, die im Freien stehen, sollen unten 20 … 30 cm vom Boden entfernt sein, damit keine Feuchtigkeit aufsteigen kann.

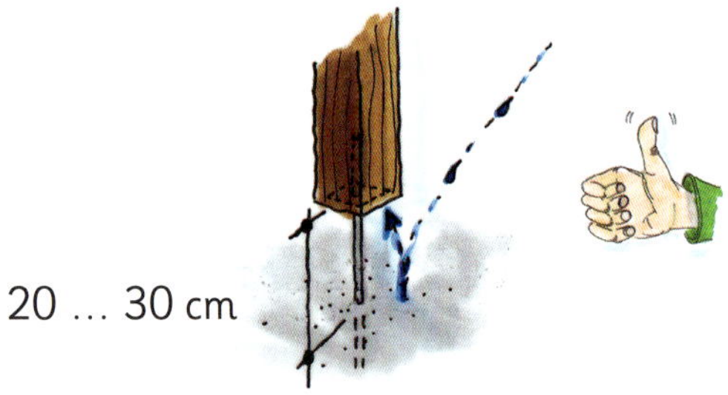

Holzbauteile sollen mit Wassernasen und Gefälle versehen werden, damit das Regenwasser abfließen kann.

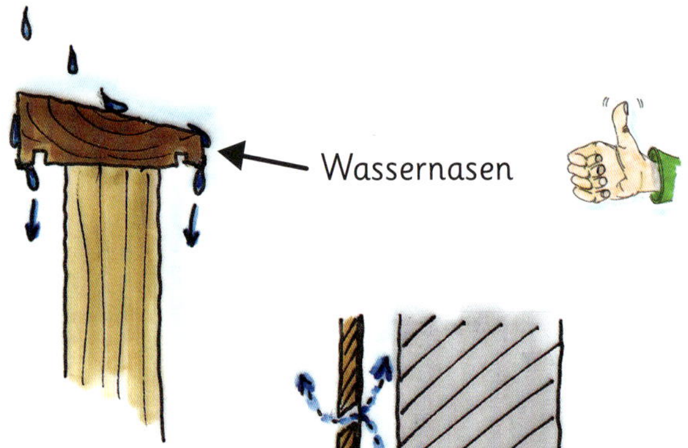

Eine Holzverschalung an einer Außenwand soll hinterlüftet sein, damit eventuelle Feuchtigkeit dahinter entweichen kann.

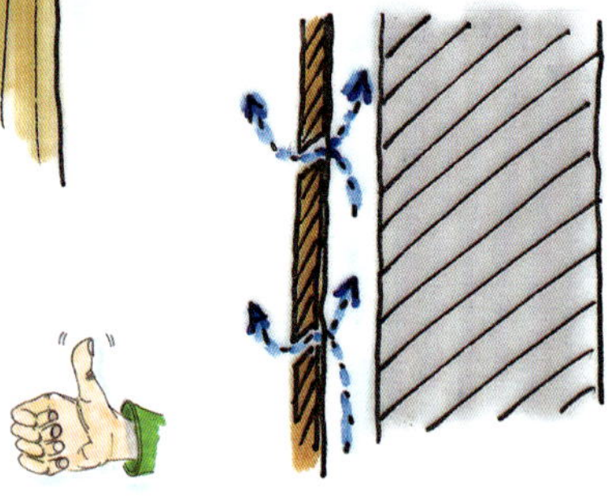

Chemischer Holzschutz

Der **chemische Holzschutz** ist eine Ergänzung zum baulichen Holzschutz. Er ist nur erforderlich, wenn das Holz der Gefahr von Insektenbefall und Fäulnis ausgesetzt ist. Holzkonstruktionen im Haus, wie z. B. Treppen, brauchen keinen chemischen Holzschutz.

Holzschutzmittel sind chemische Imprägnierungsmittel, die auf das Holz aufgetragen werden. Durch unterschiedliche Verfahren kann die Eindringtiefe des Holzschutzmittels variiert werden und damit auch dessen Schutzwirkung. Je tiefer das Holz imprägniert ist, desto besser ist es geschützt.

Wir unterscheiden folgende vier Verfahren:

Oberflächenschutz	**Randschutz**	**Tiefschutz**	**Vollschutz**
	Stunden 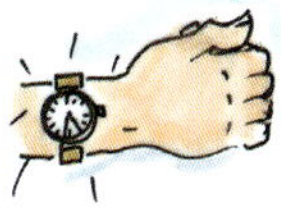	Tage 	
			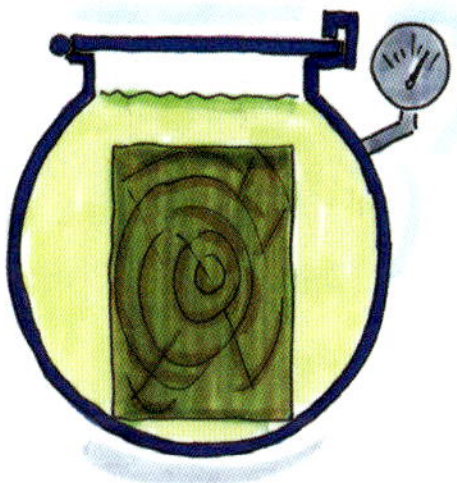
Eindringtiefe: 1 … 2 mm	Eindringtiefe: < 10 mm	Eindringtiefe: ≥ 10 mm	Durchdringung aller zugänglichen Holzteile

Holz kann durch baulichen und chemischen Holzschutz vor Feuchtigkeit geschützt werden. Bei Bauteilen, die der Witterung ausgesetzt sind, werden beide Methoden angewandt.

Aufgaben

1. Welche Aufgabe haben Dichtungsbahnen beim baulichen Holzschutz?

____

2. Welche Verfahren werden beim chemischen Holzschutz unterschieden?

______________________________ ______________________________

______________________________ ______________________________

5.2 Die Holzverbindungen

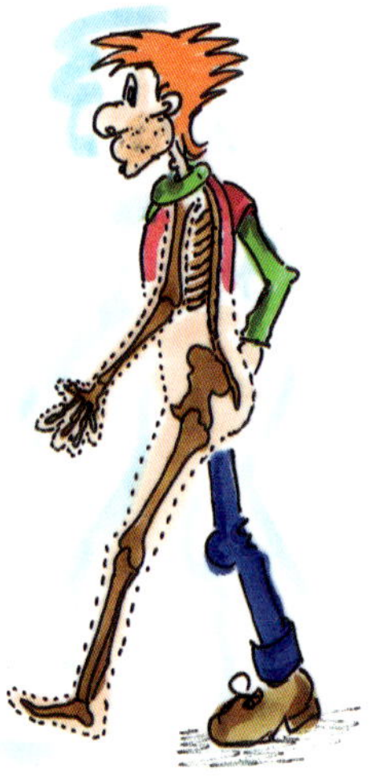

Tragwerk ist im Bauwesen die Bezeichnung für eine **tragende Konstruktion**, die für die Standsicherheit eines Bauwerks erforderlich ist. Vergleichbar in der Natur ist das Skelett das Tragwerk des Körpers. Jedes Bauwerk hat eine tragende Konstruktion, manchmal ist sie sichtbar (z. B. Brücken), manchmal ist sie durch eine Hülle verdeckt (z. B. Dach).

Das Tragwerk eines Daches, der Dachstuhl, wird in der Regel aus Holz hergestellt. Damit dieses Tragwerk die Lasten (z. B. Schneelast) aufnehmen und bis in das Fundament weiterleiten kann, müssen die Tragelemente miteinander verbunden werden.

Es gibt mehrere Möglichkeiten, Holz miteinander zu verbinden. Wir unterscheiden **zimmermannsmäßige Holzverbindungen** und die **Verbindungen des Ingenieurholzbaus**.
Die Verbindungen des Ingenieurholzbaus werden zum Großteil mit mechanischen Verbindungsmitteln hergestellt und werden deshalb auch **mechanische Verbindungen** genannt.

5.2.1 Zimmermannsmäßige Holzverbindungen

Überblattung

Die Überblattung wird angewendet, wenn Bauhölzer verlängert werden müssen oder wenn sie über Eck zu verbinden sind. Dabei werden die Hölzer an den Enden jeweils zur Hälfte ausgeschnitten, sodass das Blatt des einen Holzes jeweils den Ausschnitt des anderen passgenau und vollständig ausfüllt.

Längsverbindung (Blattstoß)

Eckverbindung (glattes Eckblatt)

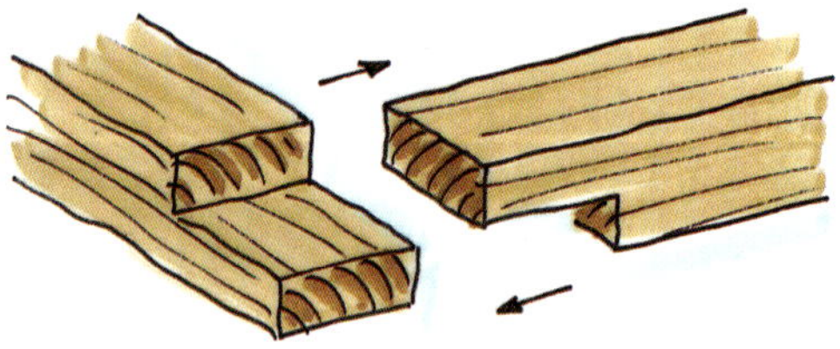

Zapfenverbindung

Die Zapfenverbindung verbindet zwei Hölzer, die senkrecht aufeinander treffen. Der Zapfen verhindert eine gegenseitige Verschiebung beider Holzteile. Das Zapfenloch wird etwas tiefer ausgearbeitet als der Zapfen lang ist, damit die Druckkraft sicher über die abgesetzte Fläche übertragen werden kann.

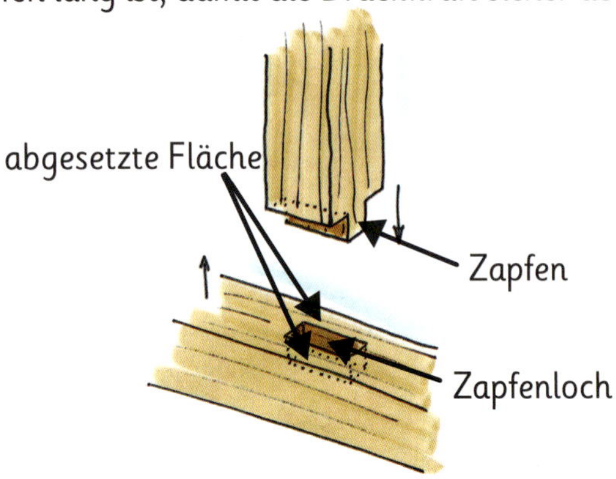

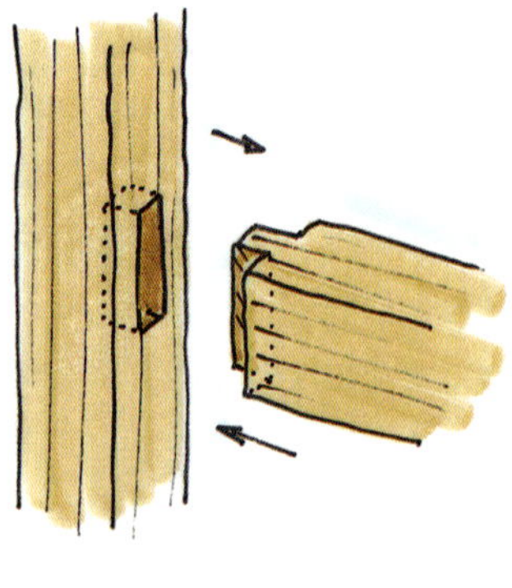

Versatz

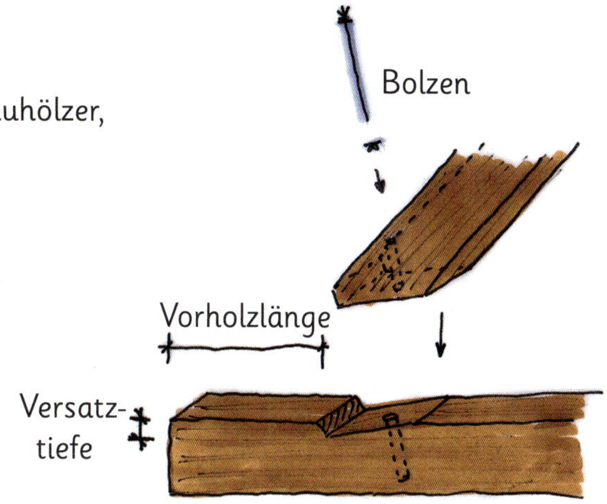

Der Versatz ist eine Verbindungsmöglichkeit für zwei Bauhölzer, die schräg aufeinander treffen.

Der Versatz muss gegen Verschieben und Herausspringen durch einen **Bolzen** gesichert werden.

Die Belastbarkeit dieser Verbindung hängt davon ab, wie tief der **Versatz** ist und wie groß die **Vorholzlänge** ist.

Kerve

Die Kerve dient dazu, die Auflagefläche eines schräg liegenden Balkens zu vergrößern. Die Tiefe der Kerve darf höchstens ¼ der Balkenhöhe betragen.

Würde der Balken ohne Kerven aufliegen, könnte er durch die auf ihn wirkende Last abrutschen.

Ist die Kerve tiefer als erlaubt, wird der Querschnitt des Balkens an der Stelle der Kerve unzulässig geschwächt. Es besteht Bruchgefahr.

Die zimmermannsmäßigen Holzverbindungen haben noch immer eine große Bedeutung, weniger im Neubau als bei der Sanierung bestehender Bauten.

5.2.2 Mechanische Verbindungen

Im Ingenieurholzbau werden Hölzer mit Hilfe von Metallteilen verbunden. Diese Verbindungsmittel sind z. B. **Nägel**, **Klammern**, **Schrauben**, **Bolzen** und **Blechformteile**.

Nagelverbindungen

Mit Nägeln lassen sich Holzteile, mit **Hammer** oder Pressluft, auf einfache Weise verbinden. Nägel werden aus **Stahldraht** hergestellt.

Es gibt mehrere Nagelarten, die unterschiedliche **Kopf- und Schaftformen** aufweisen:

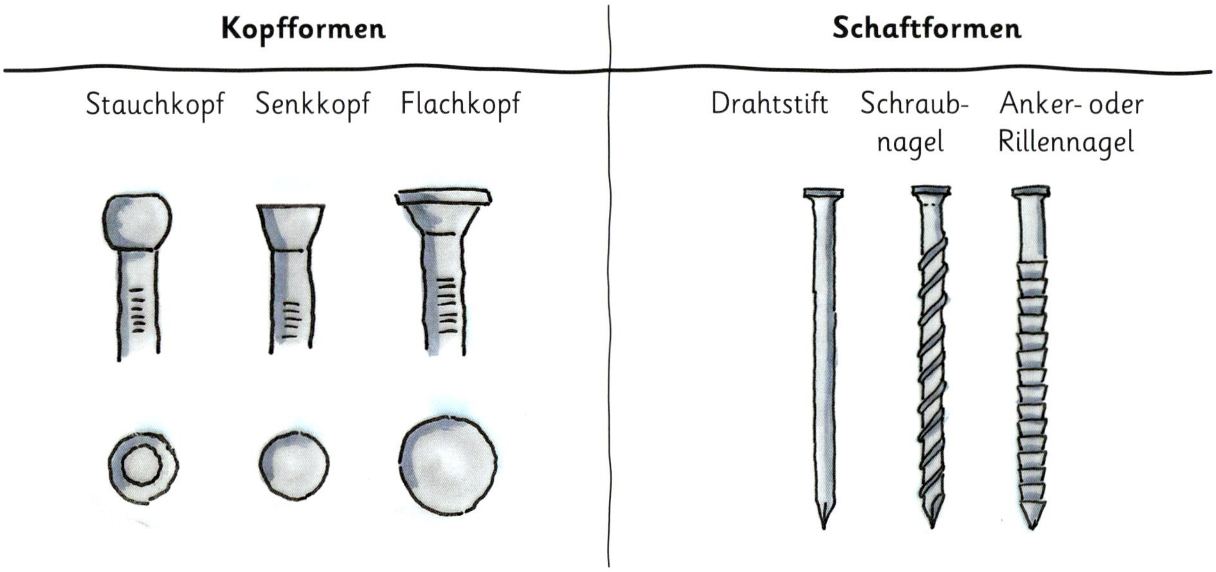

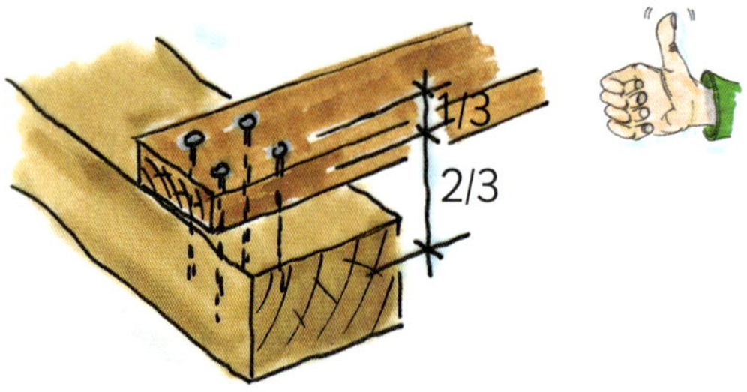

Die Wahl der **Nagellänge** richtet sich nach der Dicke des zu befestigenden Holzteils. Die Nagellänge soll etwa der dreifachen Holzdicke entsprechen.

Wird ein Nagel zu dicht an der Kante eingeschlagen, dann kann das Holz spalten bzw. reißen. Die Nägel müssen daher stets genügend weit vom Rand entfernt sein.

Tragende Nagelverbindungen bestehen aus mindestens 4 Nägeln.

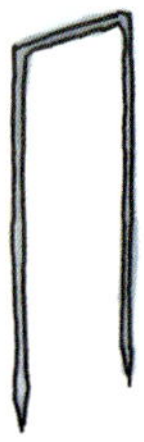

Zur Befestigung flacher Bauteile können Nägel durch **Klammern** ersetzt werden, die mit Pressluft eingetrieben werden.

Nägel sind Drahtstifte, mit denen Holzteile verbunden werden können. Sie werden mit dem Hammer eingeschlagen oder mit Pressluft eingetrieben.

Schraubenverbindungen

Holzschrauben sind ebenfalls Befestigungsmittel für Holzteile, sie werden in das Holz eingedreht.

Der Schraubenkopf besitzt einen **Schlitz, Kreuzschlitz, Sechskant oder Torx** zum Ansetzen des Schraubers oder Schraubendrehers.

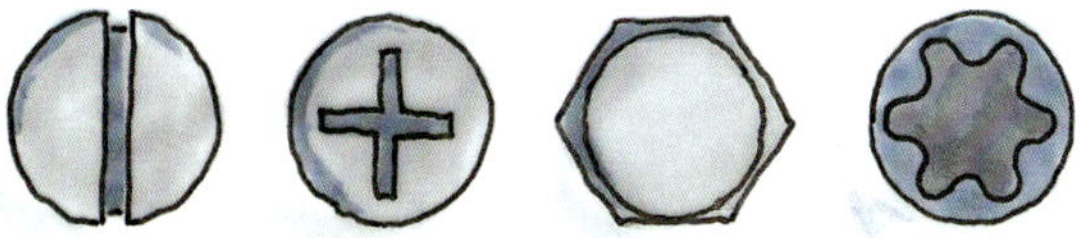

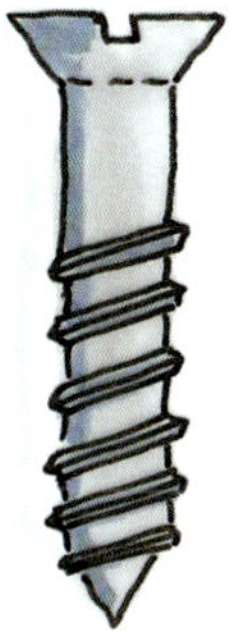

Am Schaft hat die Schraube ein **Gewinde**, dadurch hat sie eine gute Haftung im Holz.

Eine tragende Schraubenverbindung besteht aus mindestens zwei Holzschrauben.

Schrauber

Schraubendreher

Schrauber und Schraubendreher sind empfindliche und unter Umständen gefährliche Handwerkszeuge, daher sollte vorsichtig damit umgegangen werden.

Schrauben besitzen einen größeren **Ausziehwiderstand** als Nägel.
Schrauben dürfen nicht mit dem Hammer eingeschlagen werden, sondern müssen mit dem **Schrauber** oder **Schraubendreher** eingedreht werden.

Bolzenverbindungen

Schraubenbolzen sind zylindrische Verbindungsmittel, die an einem Ende einen **Kopf,** am anderen Ende ein **Gewinde** haben. Dort wird die **Mutter** aufgeschraubt.

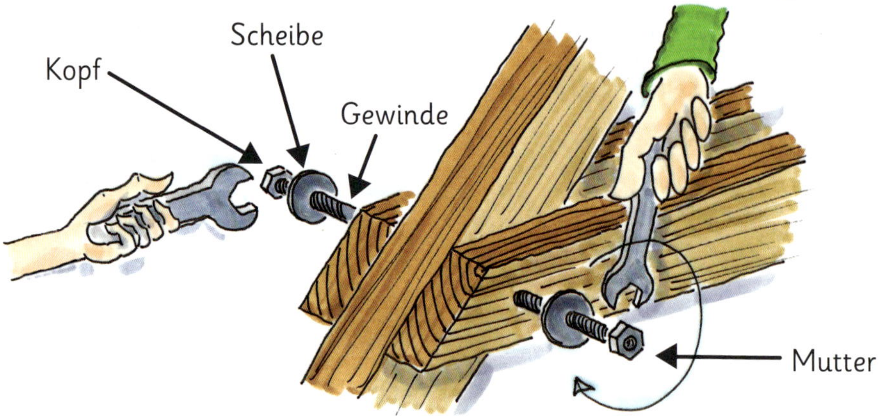

Kopf und Mutter könnten bei festem Verschrauben in das Holz eindringen. Um dies zu vermeiden, müssen **Scheiben** unter den Kopf und unter die Mutter gelegt werden.

Bolzenverbindungen erfordern ein **Vorbohren** der Holzbauteile. Durch das Bohrloch wird der Bolzen gezogen.

Blechformverbindungen

Immer häufiger werden **Blechformteile** für Holzverbindungen verwendet. Diese werden aus mindestens 2 mm dicken verzinkten Stahlblechen hergestellt. Sie sind mit Löchern versehen, um mit Nägeln, Schrauben oder Bolzen befestigt werden zu können.

Blechformteile werden maschinell hergestellt. Ihr Einsatz ist **wirtschaftlicher** als der einer zimmermannsmäßigen Holzverbindung.

Aufgaben

1. Ergänzen Sie folgende Übersicht zu den oben kennengelernten Holzverbindungen.

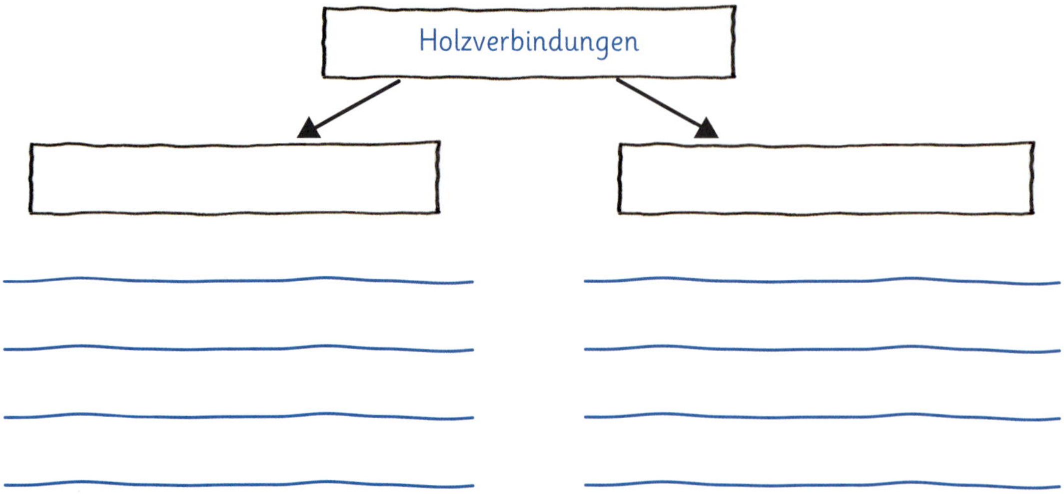

2. Skizzieren Sie für folgende Hölzer jeweils eine zimmermannsmäßige und eine mechanische Verbindung. Benennen Sie Ihre Verbindungen.

	zimmermannsmäßige Verbindung	**mechanische Verbindung**
a) Hölzer stehen senkrecht aufeinander		
b) Hölzer stehen schräg aufeinander		

3. Welche Vorteile haben mechanische Verbindungen gegenüber den zimmermannsmäßigen Verbindungen?

4. Welche Vor- und Nachteile haben Schraubenverbindungen gegenüber Nagelverbindungen?

5.3 Die Holzkonstruktionen

Wände

Bei Niedrigenergiehäusern wird der Baustoff Holz sehr oft eingesetzt. Sowohl **Außenwände** als auch **Innenwände** werden aus Holz und Holzwerkstoffen hergestellt.

Treppen

Treppen aus Holz erfüllen nicht nur ihren eigentlichen Zweck, die Verbindung zweier Geschosse, sondern sie tragen auch zur **Raumgestaltung** bei.

Holzbalkendecken

Die **tragende Konstruktion** von Decken kann aus Holz hergestellt werden.

Dachkonstruktionen

Dachstühle von Wohnhäusern werden in der Regel aus Holz hergestellt.

Große Industriehallen und moderne Dachformen mit großen Spannweiten können heute, dank moderner Technik, z. B. mit **Leimbindern** überspannt werden.

Fachwerkhäuser

Die **tragende Konstruktion** von Fachwerkhäusern besteht aus **Holz**. Zwischen den Holzbauteilen befinden sich **Mauersteine** oder **Lehm**.

Fachwerkhäuser, so wie sie schon im Mittelalter gebaut wurden, werden heute kaum noch errichtet.

Dachstühle, Decken, Wände und **Treppen** sind wesentliche Bauteile eines Gebäudes, die aus Holz hergestellt werden können.

Aufgabe

Überlegen Sie sich, welche Bauteile des Hauses von Sofie und Nico aus Holz und Holzwerkstoffen hergestellt werden könnten.

5.4 Holzbearbeitung

5.4.1 Sägen

Durch Sägen kann der Baustoff Holz getrennt werden. Auf der Baustelle fallen Sägearbeiten an, die mit einfachen **Sägewerkzeugen** getätigt werden können. Nico und Sofie wollen mehr über diese Geräte wissen.

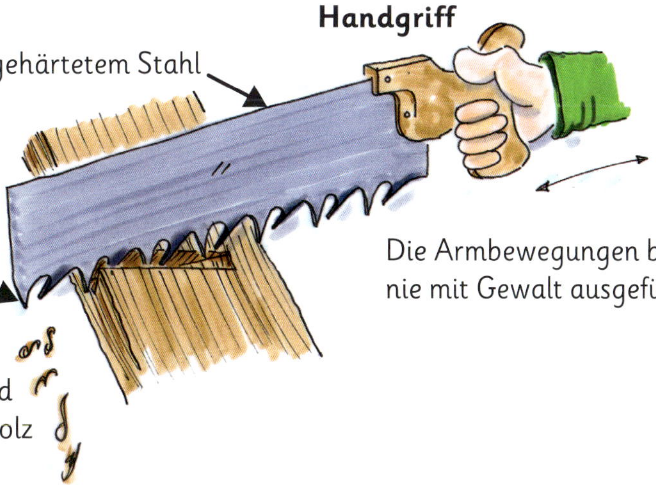

Der entstehende Spalt ist etwas breiter als das Sägeblatt, da die Sägezähne schräg nach außen stehen (das wird **Schränkung** genannt). Ohne eine solche Schränkung könnte das Sägeblatt im Holz klemmen.

Handsäge

Die Handsäge besteht aus einem **Gestell**, dem **Sägeblatt** und einem **Spanndraht**.

Das Sägeblatt mit einer Länge von 60…90 cm erhält seine zum Sägen notwendige Spannung durch den Spanndraht. Die Neigung des Sägeblattes lässt sich verstellen, dadurch ist die Säge leicht zu handhaben.

Diese Säge wird bei groben Arbeiten sowohl für Längs- als auch für Querschnitte verwendet. Mit schmalem Sägeblatt kann auch ein geschweifter Schnitt hergestellt werden.

Fuchsschwanz

Für kleine Sägearbeiten oder für Sägearbeiten, bei denen das Gestell der Handsäge hinderlich ist, wird der **Fuchsschwanz** benutzt.

Er hat ein breiteres und dadurch stabileres Sägeblatt, das zur Spitze hin schmaler wird. Der Fuchsschwanz ist universell einsetzbar, allerdings nur für gerade Schnitte.

Handkreissäge

Neben den Sägewerkzeugen kommen auch **Sägemaschinen** zum Einsatz. Auf der Baustelle wird die **Handkreissäge** zum Zuschneiden von z. B. Brettern, Bohlen und Kanthölzern verwendet. Wechselt man das Sägeblatt gegen einen Fräskopf aus, so können mit ihr z. B. Kerven gefräst werden.

Die Sägezähne sind scharf, an ihnen kann man sich leicht verletzen. Um dies zu verhindern, muss das Sägeblatt einer Handkreissäge durch einen **Blattschutz** geschützt sein, der automatisch die Sägezähne verdeckt, wenn nicht gesägt wird.

5.4.2 Stemmen

Stemmwerkzeuge kommen bei der Herstellung **zimmermannsmäßiger Holzverbindungen** zum Einsatz. Sie bestehen aus einer **angeschliffenen Klinge** aus gehärtetem Stahl und aus einem **Heft** (Handgriff). Mit einem Holzhammer werden die Klingen in das Holz eingetrieben.

Stechbeitel

Ein Stechbeitel hat eine Klinge von 3 … 40 mm Breite und von etwa 4 mm Dicke.

Die seitlichen **Ränder sind abgeschrägt**, damit man mit diesem Werkzeug besser in die Ecken gelangen kann.

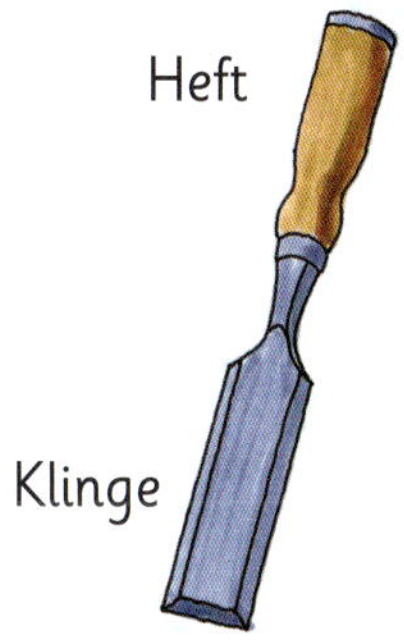

Lochbeitel

Ein Lochbeitel hat eine stärkere Klinge als der Stechbeitel.

Er dient zur Herstellung von tieferen Löchern, z. B. von **Zapfenlöchern**.

Stoßaxt (Stemmaxt)

Die Stoßaxt besteht aus dem **Blatt**, der **Klinge** und der Schneide sowie dem **Handgriff**. Sie ist aus Stahl und hat eine Länge von 40 … 50 cm. Mit der Stoßaxt werden Holzteile nach dem Stemmen „verputzt“. Aus diesem Grund soll die Stemmaxt eine **gute Schneidewirkung** haben.

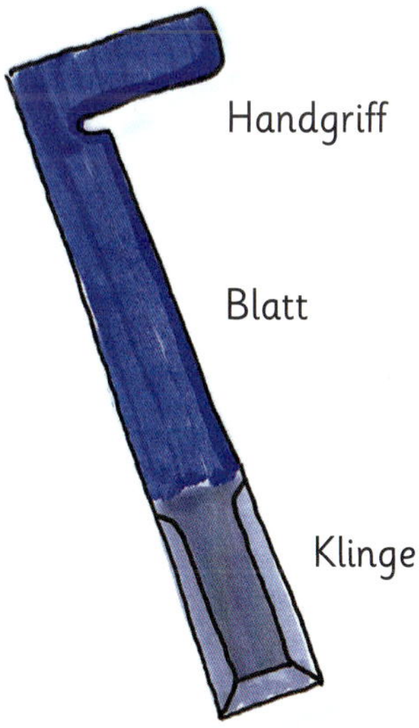

Stemmwerkzeuge sind wichtige Werkzeuge zur Herstellung von **zimmermannsmäßigen Holzverbindungen.**

Aufgaben

1. Welche Vorsichtsmaßnahmen hat Sofie für ihre Arbeit mit der Handkreissäge getroffen und weshalb?

Was hat sie nicht beachtet?

2. Skizzieren Sie die kennengelernten Werkzeuge in die dafür vorgesehenen Felder und schreiben Sie die Bezeichnungen dazu.

Sägen			Stemmen		
bei groben Arbeiten für Längsschnitte, Querschnitte und geschweifte Schnitte	für kleine Sägearbeiten	zum Zuschneiden von z. B. Brettern, Bohlen und Kanthölzern auf der Baustelle	zur Herstellung von Löchern	zur Herstellung von tiefen Löchern	zum Abspalten der Abfallstücke bei Zapfen oder Blattungen, zum Glattputzen gestemmter Flächen und zum Anstoßen der Fasen bei Zapfen

5.5 Herstellen eines Dachstuhls

5.5.1 Arbeitsvorbereitung

Die Konstruktion des **Dachstuhls** erfordert eine sorgfältige Planung. Um rationell arbeiten zu können, müssen alle benötigten Werkstoffe und Geräte vorhanden sein.

Sofie und Nico überlegen sich, was sie für die Herstellung des Dachstuhls brauchen.

Sparren und Pfetten

Ein Pultdach besteht aus **Sparren**, das sind schräg liegende Balken, die auf Pfetten gelagert sind. Die **Pfetten** sind rechteckige Kanthölzer, die mittig auf den Außenwänden aufliegen. Die höchste Stelle des Daches nennt man **First**, deshalb heißt die Pfette dort **Firstpfette.** Die Pfette an der **Traufe**, der tiefsten Stelle des Daches, nennt man **Fußpfette** (oder **Schwelle**).

Aufgabe

Ergänzen Sie die fehlenden Begriffe in der Skizze.

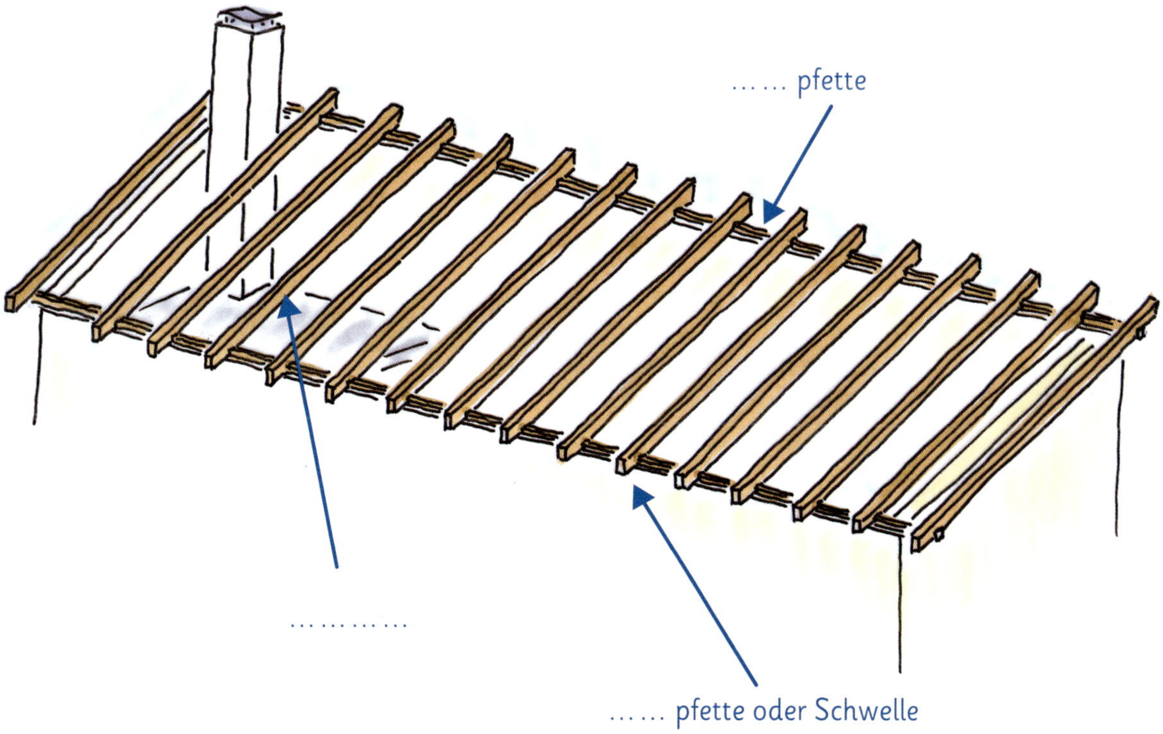

Der Sparrenquerschnitt ist rechteckig und wird immer **hochkant** eingebaut. Weshalb das so ist, sollen Sie durch folgenden Versuch herausfinden.

Versuch:

Ein rechteckiges Kantholz (Länge etwa 1 m) wird flach zwischen zwei Tischen aufgelegt und belastet.

Anschließend wird der Kantholzquerschnitt um 90° gedreht und mit der gleichen Last belastet.

Beobachtung:

Bei gleicher Belastung ist die Durchbiegung unterschiedlich groß. Das hochkant gestellte Kantholz biegt sich viel weniger durch als das flach liegende.

Ergebnis:

Ein Rechteckquerschnitt kann mehr tragen, wenn er hochkant steht.

Nico und Sofie wissen nun, welche Holzteile sie brauchen, aber sie wissen noch nicht, wie viele Sparren sie brauchen und welche Maße die Holzteile haben sollen. Sie gehen zum **Zimmerer**, der ihnen bei der Planung hilft.

Aufgabe

Zeichnen Sie die Spannweite der Sparren und einen Sparrenabstand in die Skizze ein.

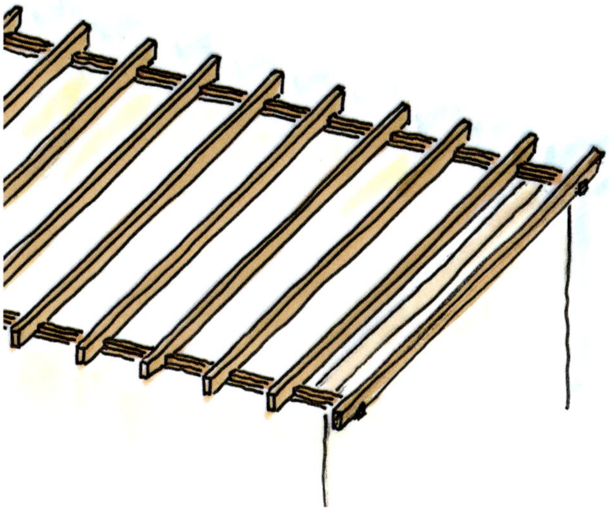

Die Sparrenquerschnitte werden heute meist höher gewählt, als statisch notwendig ist, da so zwischen den Sparren ausreichend Platz für die Wärmedämmung vorhanden ist.

Der Zimmerer empfiehlt Sofie und Nico einen Sparrenquerschnitt von 12/20 cm und einen Sparrenabstand zwischen den Mittelachsen von 60 … 80 cm. Als Dachüberstand empfiehlt er 40 cm beidseitig (horizontal).

Die Anzahl der Sparren kann rechnerisch ermittelt werden. Die Sparrenlänge und die Lage der Kerven können zeichnerisch, rechnerisch oder computergestützt ermittelt werden. Die einfachste Methode ist die zeichnerische.

Aufgaben

1. Ermitteln Sie zeichnerisch die Sparrenlänge und die Lage der Kerven. Beachten Sie dabei, dass die Kerventiefe nur ¼ der Sparrenhöhe betragen darf. Nutzen Sie dazu bitte die maßstabgerechte Vorlage D im Anhang.

2. Ermitteln Sie rechnerisch die Anzahl der Sparren. Achten Sie darauf, dass an den Seiten jeweils ein Sparren liegen muss, d. h., dass die Anzahl der Sparren um 1 größer als die Anzahl der Abstände ist.

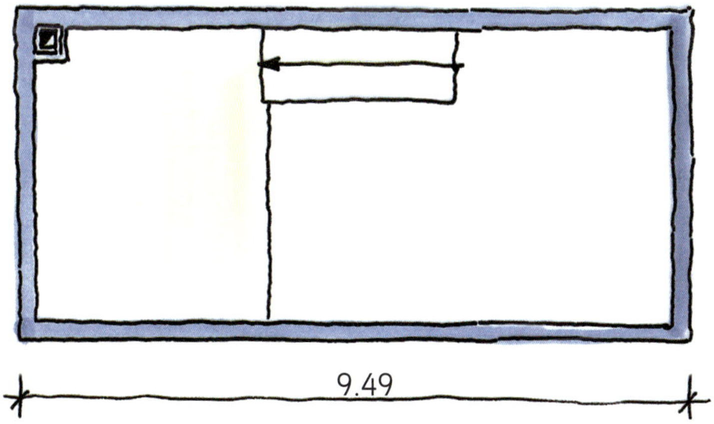

Ermitteln des Holzbedarfs

Jetzt sind die Abmessungen der Holzbauteile bekannt und Sofie und Nico müssen nun das Holz für den Dachstuhl ihres Hauses bestellen. Dazu erstellen sie eine **Holzliste**.

Die Ermittlung des Holzbedarfs wird durch das Aufstellen einer Holzliste vereinfacht und überschaubar gemacht. In einer Holzliste müssen mindestens Angaben über **Anzahl, Querschnitt** und **Länge** der benötigten Hölzer enthalten sein.

Beispiel:
Für den Dachstuhl eines Hauses werden 25 Sparren mit einer Länge von 4,80 m benötigt. Die Sparren haben einen Querschnitt von 10/16 cm. Wie groß ist der Holzbedarf?

Pos	Bezeichnung	Anzahl	Querschnitt in cm	Länge in m		Volumen in m³	Bemerkung
				einzeln	gesamt		
1	Sparren	25	10/16	4,80	120	1,92	

Lösung:

Gesamtlänge der Sparren: $= 25 \cdot 4{,}80\ \text{m}$
$= 120\ \text{m}$

Querschnittsfläche eines Sparrens: $= 0{,}10\ \text{m} \cdot 0{,}16\ \text{m}$
$= 0{,}016\ \text{m}^2$

Holzbedarf $= 120\ \text{m} \cdot 0{,}016\ \text{m}^2$
$= \underline{1{,}92\ \text{m}^3}$

Die zu bestellende Rohholzmenge ist immer größer als die am fertigen Bauteil ausgemessene Menge. Bei der Herstellung des Schnittholzes fallen kleine Holzteile ab, die nicht unmittelbar genutzt werden können. Dieses Holz nennt man **Verschnitt**.

Die Fachleute wissen aus Erfahrung, mit wie viel Verschnitt man in etwa rechnen muss. So ist z. B. beim Abbund eines Dachstuhls mit etwa 5 % Verschnitt zu rechnen.

Beispiel:

Für den oben beschriebenen Sparren wurde ein Fertigholzbedarf von $1{,}92\ \text{m}^3$ berechnet.

Wie groß ist der Holzbedarf, wenn mit einem Verschnitt von 5 % zu rechnen ist?

Lösung:

Fertigholzmenge: $1{,}92\ \text{m}^3 = 100\ \%$
Verschnitt $= 5\ \%$

Holzbedarf: $= 105\ \%$

Holzmenge: $= \dfrac{1{,}92\ \text{m}^3 \cdot 105\ \%}{100\ \%}$

$= \underline{2{,}016\ \text{m}^3}$

Ermitteln der Befestigungsmittel

Die Pfetten werden mit **Ankerschrauben** an der einbetonierten **Ankerschiene** befestigt.

Die Schrauben werden in einem **Abstand von 1,0 ... 1,5 m** befestigt. Dieser Abstand soll so gewählt werden, dass die Schrauben sich nicht genau an der Stelle befinden, wo ein Sparren auf der Pfette liegt.

Bei einer Länge von 9,80 m werden 7 Ankerschrauben gebraucht. Um diese Schrauben durch die Pfette zu führen müssen 7 Löcher durch die Pfette gebohrt werden.

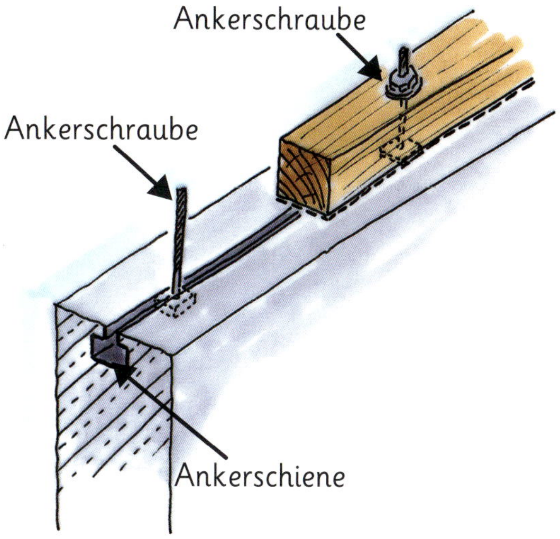

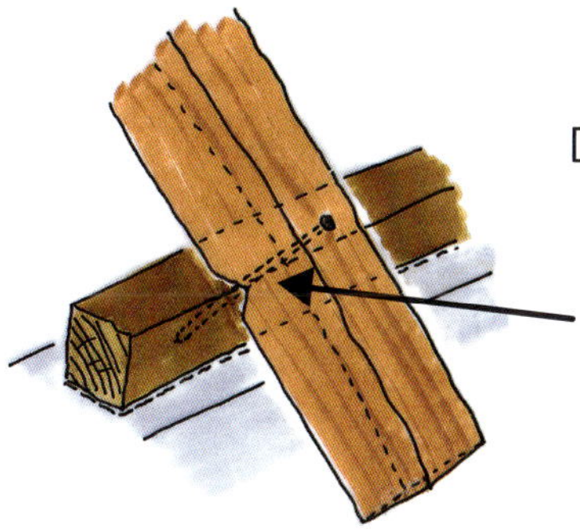

Die Sparren werden mit Sparrennägeln an der Pfette befestigt.

Aufgaben

1. Erstellen Sie für Sofies und Nicos Haus eine Holzliste des Dachstuhls und berechnen Sie den gesamten Holzbedarf.

Pos	Bezeichnung	Anzahl	Querschnitt in cm	Länge in m einzeln	Länge in m gesamt	Volumen in m³	Bemerkung
1	Pfetten						
2	Sparren						
					Fertigholzmenge:		

2. Wie viel Schnittholz brauchen die beiden jungen Leute für die Herstellung des Dachstuhls, wenn mit einem Verschnitt von 6 % zu rechnen ist?

3. Zeichnen Sie auf den Pfetten die Lage der Ankerschrauben ein. (Abstand der Ankerschrauben: 1 … 1,5 m)

Beachten Sie, dass die Schrauben die Verlegung der Sparren nicht behindern dürfen.

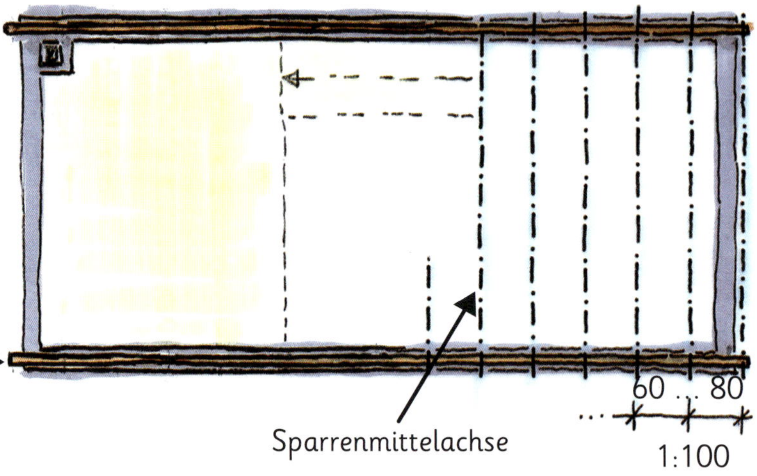

5.5.2 Abbinden

Abbinden ist die Bezeichnung für das **zimmermannsmäßige Bearbeiten** des Bauholzes.

Dazu werden die Sparren so **zusammengespannt.**

Mit einer Kervenfräse werden die Kerven **eingefräst**.

Die Enden werden mit einer Handkreissäge nach Plan **zugeschnitten.**

5.5.3 Richten

Mit einem **Kran** werden die Holzbauteile über die Außenwände gehoben und dort an die richtige Stelle gebracht. Durch den Einsatz des Kranes wird die körperliche Anstrengung der Arbeiter reduziert und die Arbeiten gehen schnell voran.

Nachdem der Dachstuhl gerichtet ist, wird das **Richtfest** gefeiert. Sofie und Nico laden alle bis jetzt am Bau Beteiligten zu einem kleinen Fest ein.

Beim Richten besteht ein erhöhtes Unfallrisiko. Eine **saubere Baustelle,** auf der Ordnung herrscht, ist eine wichtige Voraussetzung, um **unfallfrei arbeiten** zu können.

6 Beschichten und Bekleiden

Sofies und Nicos Wunschhaus ist im Rohbau fertig gestellt. Die Wände und das Dach schützen die Innenräume, aber an behagliches Wohnen ist noch nicht zu denken.

Die Wände und die Decke müssen noch einen Putz erhalten, das Bad muss gefliest und die Fußböden mit Fliesen oder Platten belegt werden.

6.1 Der Putz

Putz ist ein Mörtelbelag, der auf Wände oder Decken aufgebracht wird.

Außenwände werden verputzt, um die Wände vor der Witterung zu schützen und um die **Fassaden** zu gestalten.

Decken und **Innenwände** werden verputzt, damit sie eine **ebene Oberfläche** erhalten. Diese Oberflächen dienen als Träger für Beläge, wie z. B. Anstriche oder Tapeten.

Der Innenputz hat zusätzlich auch eine bauphysikalische Aufgabe, er **reguliert** die **Feuchtigkeit im Raum**.

Ist zu viel Luftfeuchtigkeit in einem Raum, so kann der Innenputz Feuchtigkeit aufnehmen.

Wenn die Luftfeuchtigkeit im Raum sinkt, gibt der Putz die aufgenommene Feuchtigkeit wieder an die Raumluft ab.

Außenputze dienen der Gestaltung des Bauwerks und bieten einen Witterungsschutz. Innenputze müssen eben, abriebfest und tragfähig sein. Sie regulieren das Raumklima.

Aufgabe

Außenwände und Innenwände werden unterschiedlich beansprucht. Kreuzen Sie in der folgenden Tabelle an, welchen Beanspruchungen die Wandarten ausgesetzt sind.

	Außenwand	Innenwand
Schlagregen		
Sonneneinstrahlung		
Frost		
Luftfeuchte		
mechanische Beanspruchung		

6.1.1 Putzgrund

Ein Putz wird auf die Oberfläche einer Wand oder einer Decke aufgetragen. Auf dieser Oberfläche, dem Putzgrund, muss der Putz gut haften.

Anforderungen an den Putzgrund

Damit der Putz gut haften bleibt, werden gewisse Anforderungen an den Putzgrund gestellt. Ein Putzgrund soll

- **eben** sein,

damit der Putz in einer gleichmäßigen Dicke aufgetragen werden kann.
Grobe Unebenheiten an der Wand sollten vor dem Putzen zugespachtelt oder abgetragen werden.

- **rau** sein,

Stahlbürste

damit der Putz gut haftet und später nicht reißt.
Ist eine Oberfläche zu glatt, muss die Wand mit einem geeigneten Werkzeug aufgeraut werden oder einen Spritzbewurf erhalten.

- **trag- und haftfähig** sein,

damit der Putz nicht abfällt.
Die Tragfähigkeit kann durch einen Putzträger erhöht werden.

- **sauber** sein,

d. h. frei von Staub, Schmutz, Trennmitteln von Schalungen usw.
Ist dies nicht der Fall, so muss der Putzgrund vor dem Putzen abgebürstet oder abgekehrt werden. Bei starken Verunreinigungen kann der Putzgrund mit Hochdruck- oder Dampfreinigern behandelt werden.

- **trocken** sein.

Aus einem Neubau muss die Baufeuchte entwichen sein. Bei Altbauten müssen feuchte Wände vor dem Putzen trocken gelegt werden.

- **gleichmäßig saugend** sein,

damit der Putzmörtel anzieht. Unterschiedliche Materialien (Beton, Mauersteine) haben nicht die gleiche Saugfähigkeit. Hier kann ein Spritzbewurf als Vorbehandlung dienen.

- **einheitlich** sein.

Bei Mischmauerwerk (Mauerwerk aus unterschiedlichen Mauersteinen) ist dies nicht der Fall. Hier muss ein Spritzbewurf aufgebracht werden.

- **frostfrei** sein.

Bei Frost und Temperaturen unter 5°C darf nicht verputzt werden. Im Winter ist darauf zu achten, dass am frühen Morgen die Temperatur der Wand niedriger sein kann als die Außentemperatur.

Für die Dauerhaftigkeit eines Putzes spielt der Putzgrund eine entscheidende Rolle.
Ein guter Putzgrund muss eben, rau, tragfähig, haftfähig, sauber, trocken, gleichmäßig saugend, einheitlich und frostfrei sein.

Aufgabe

Sofie und Nico sollen den Putzgrund der Innenwände ihres Wunschhauses beurteilen. Helfen Sie ihnen dabei. Welche der unten stehenden Feststellungen sind mit den genannten Proben zu treffen?

Optische Probe

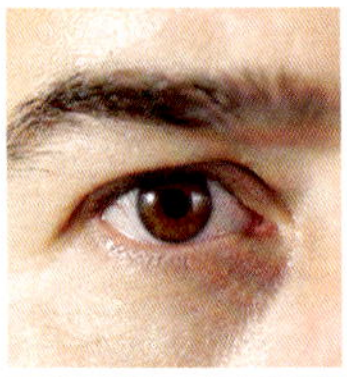

Wischprobe

Kratzprobe

Benetzungsprobe

Schalholzreste erkennen – Saugfähigkeit prüfen – Staub feststellen – Reste von Trennmitteln feststellen – lockere Teile auf der Oberfläche erkennen – Tragfähigkeit des Untergrunds feststellen – Verschmutzungen sehen

Vorbereitung des Putzgrundes

Werden bei der Putzgrunduntersuchung Mängel festgestellt, so müssen diese vor dem Verputzen beseitigt werden:

- Schlitze und Risse werden zugespachtelt

- Unebenheiten werden durch Mörtel ausgeglichen

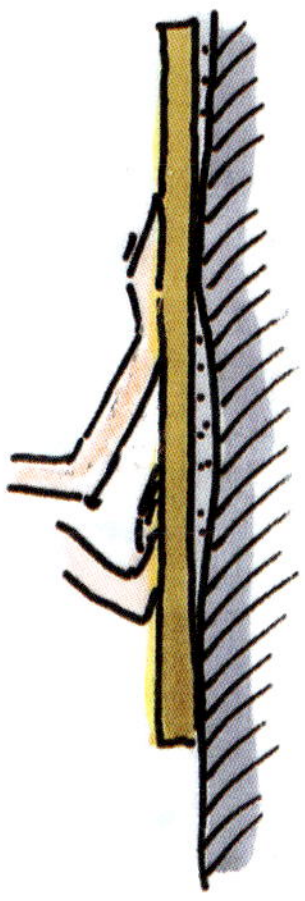

- Staub wird abgebürstet

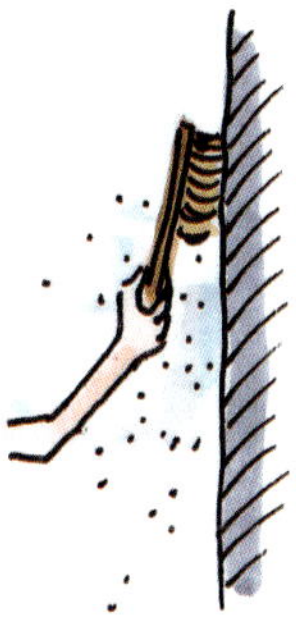

- Rauheit wird durch **Spritzbewurf** erhöht

Ein Spritzbewurf wird vollflächig oder nicht vollflächig (warzenförmig) aufgetragen. Er muss grobkörnig sein, damit die behandelte Oberfläche rau wird.

- zu wenig **tragfähiger Putzgrund** oder zu glatter Putzgrund erhält einen Putzträger

Putzträger „tragen“ den Putz. Sie werden dort eingesetzt, wo der Putzgrund nicht ausreichend tragfähig oder zu glatt ist. Dies kann der Fall sein, wenn z. B. Holzbalken oder Schlitze in der zu verputzenden Wand liegen. Diese Stellen können mit Putzträgern überbrückt werden.

Putzträger sind z. B. Drahtgewebe oder Streckmetall, die auf dem Putzgrund angebracht werden.

Die Putzträger werden am Putzgrund mit Klammern oder Dübeln befestigt.

Ein zu glatter, nicht tragfähiger Putzgrund wird durch einen Spritzbewurf aufgeraut oder durch einen Putzträger verbessert.

6.1.2 Putzmörtel

Ein Putzmörtel besteht meist aus:

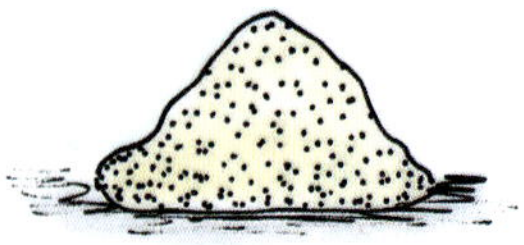

Gesteinskörnung

Bindemittel

Wasser

Zusatzstoffen

Jeder Bestandteil hat eine Aufgabe zu erfüllen.

Die Gesteinskörnung bildet das Gerüst des Mörtels.	Das Bindemittel wirkt als „Klebstoff" des Mörtels.	Das Wasser ermöglicht die Verarbeitung und bewirkt eine chemische Reaktion.	Durch Zusatzstoffe kann z. B. die Farbe verändert, das Abbinden verzögert oder die Haftung verbessert werden.

Mörtelsack

Putzmörtel werden meist als **Werktrockenmörtel** hergestellt. Die im Werk hergestellten Mörtel werden in Säcken oder als Silomörtel geliefert. Auf der Baustelle wird Wasser zugegeben und es entsteht Frischmörtel.

Bei Einhaltung der Verarbeitungsrichtlinien der Hersteller erreichen diese Mörtel eine hohe, gleichmäßige Qualität.

Mörtelsilo

Das Bindemittel eines Putzes kann Kalk, Zement, Gips oder Lehm sein.

Kalk  Zement  Gips  Lehm 

Das Bindemittel ist entscheidend für die Putzeigenschaften. Danach werden Putzmörtel in fünf **Mörtelarten** eingeteilt. Innerhalb einer Art haben die Putzmörtel bestimmte Bindemittel und gleiche Anwendungsbereiche.

Kalkmörtel	**Kalkzementmörtel**	**Zementmörtel**	**Gipsmörtel, Gipskalkmörtel**	**Lehmmörtel**
Ist gut verarbeitbar und atmungsaktiv.	Bei noch ausreichender Dehnfähigkeit fester als Kalkmörtel.	Ist fest und beständig, aber weniger elastisch.	Erhärtet rasch und ist gut atmungsfähig. Kann auch mit Kalk- und Sandzusatz verwendet werden.	Ist atmungsfähig, hat aber eine geringe Festigkeit.
Vorwiegend für Innenbereich	Außenbereich	Sockel- und Untergeschossaußenputz	Innenputz	Innenbereich

Aufgaben

1. Aus welchen Bestandteilen besteht Werktrockenmörtel?

2. Wie müssen Säcke mit Werktrockenmörtel gelagert werden?
Kreuzen Sie das richtige Bild an und begründen Sie Ihre Wahl.

3. Wie müssen Sofie und Nico vorgehen, wenn sie Gipsmörtel herstellen?

1.

2.

3.

6.1.3 Putzaufbau (Putzsystem)

Außenputz

Während Innenputz in der Regel aus einer Lage besteht, ist Außenputz aus einer oder mehreren Lagen aufgebaut. Der Putzaufbau wird auch **Putzsystem** genannt.

Putzgrund

Der **Spritzbewurf**, zur Verbesserung des Putzgrundes, zählt nicht zu den Putzlagen.

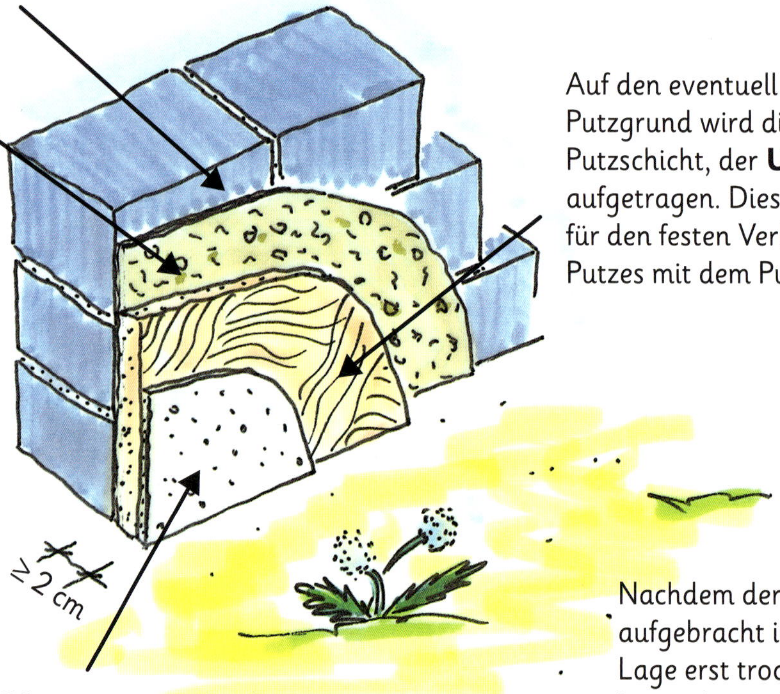

Auf den eventuell verbesserten Putzgrund wird die erste Putzschicht, der **Unterputz** aufgetragen. Diese Schicht sorgt für den festen Verbund des Putzes mit dem Putzgrund.

Nachdem der Unterputz aufgebracht ist, muss diese Lage erst trocknen, bevor die nächste Lage aufgebracht wird.

Der **Oberputz** sorgt für die Gestaltung der Oberfläche und erfüllt bauphysikalische Aufgaben (Schlagregenschutz, Abriebfestigkeit usw.).

Unterputz und Oberputz haben bei Außenwänden zusammen eine Dicke von mindestens 20 mm.

Außenputze werden meist mehrlagig hergestellt. Dadurch werden Spannungen vermindert und Schäden vermieden.

Innenputz

Innenputze werden in der Regel nur als einlagige Putze hergestellt.
Die Dicke des Putzes muss aber ausreichend groß sein, damit die Regulierung des Raumklimas gewährleistet ist. Innenputze sind etwa 10 … 15 mm dick.

Innenputze werden in der Regel einlagig hergestellt.

6.1.4 Putzbewehrung

So wie der Beton, kann auch der Putz keine **Zugspannungen** aufnehmen. Zugspannungen können in einem Putz auftreten, wenn der Putzgrund aus unterschiedlichen Materialien besteht, die sich bei Temperaturschwankungen unterschiedlich stark ausdehnen (z. B. über Rollladenkästen oder Türstürzen).

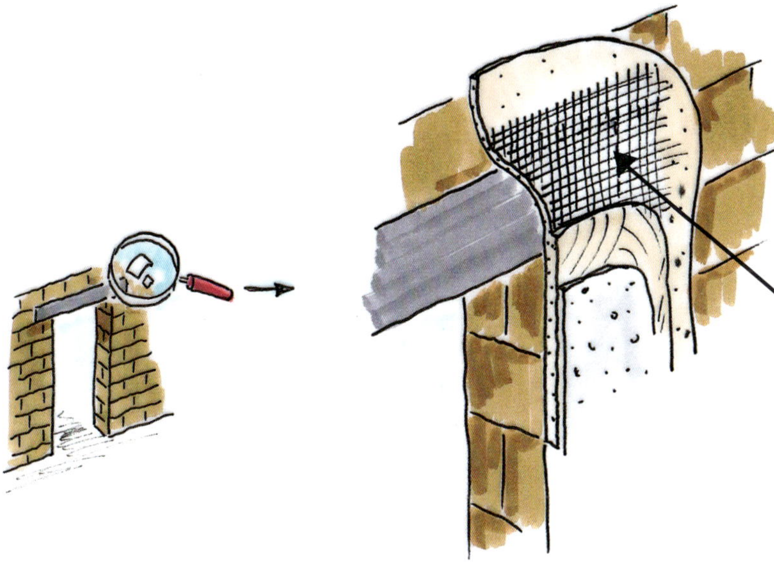

Um die Zugspannungen im Putz aufnehmen zu können, werden ähnlich wie im Stahlbetonbau Bewehrungen eingelegt. Diese Bewehrungen sind dünne, netzförmige **Glasfasergewebe**, die im äußeren Drittel des Unterputzes verlegt werden. Sie dürfen den Putzgrund nicht berühren.

6.1.5 Oberflächengestaltung

Der Oberputz prägt das Erscheinungsbild eines Gebäudes.

Eine wesentliche Rolle bei der Gestaltung einer Oberfläche spielen **Farbe** und **Putzweise**.

Farbe

Eine Fassade kann durch drei unterschiedliche Verfahren ihre Farbe erhalten.

- Ein **Naturputz** ist ein Putz, der seine Farbe durch die gewählten Bindemittel und Gesteinskörnungen erhält.

- Ein **Edelputz** (auch gefärbter Putz genannt) erhält seine Farbe durch Zumischen von farbigen Gesteinsmehlen oder Pigmenten.
- Fassaden können ihre Farbe auch durch einen **Anstrich** erhalten.

Putzweise

Unter Putzweise versteht man die handwerkliche Oberflächengestaltung eines Putzes. Sie beeinflusst nicht nur das Erscheinungsbild einer Fassade, sondern auch die Verschmutzungsneigung und die Witterungsbeständigkeit einer Oberfläche. Je rauer die Oberfläche, desto größer ist die Verschmutzungsgefahr.

- Ein **Reibeputz** ist ein Putz, dem ein rundes Großkorn beigemischt wird. Die Dicke der Putzlage ist genauso groß wie das Großkorn. Dadurch entstehen beim Reiben Rillen, die dem Reibeputz sein charakteristisches Aussehen verleihen.

- Ein **Spritzputz** entsteht durch ein- oder mehrlagiges Aufspritzen des Materials mit einem speziellen Spritzputzgerät.

- Ein **Kratzputz** wird mehrlagig aufgebracht. Während der Erhärtungsphase wird die oberste Schicht mit einem Nagelbrett oder einer Ziehklinge abgekratzt.

Unter Putzweise versteht man die Oberflächengestaltung des Putzes. Neben der optischen Wirkung hat sie bedeutenden Einfluss auf die Verschmutzungsneigung und die Witterungsbeständigkeit des Putzes.

6.1.6 Arbeitsvorbereitung

Voraussetzung für das Gelingen der Putzarbeiten ist eine **sorgfältige Planung** und ein **genauer Zeitplan**. Die Putzarbeiten können z. B. erst dann beginnen, wenn andere Gewerke (z. B. Maurer, Elektriker) die notwendigen Vorleistungen erbracht haben.

Zur Arbeitsvorbereitung gehört:

- Ermitteln und Bestellen der benötigten Baustoffe
- Bereitstellen der Maschinen und Werkzeuge
- Falls erforderlich, Aufstellen eines Arbeitsgerüstes
- Vorbereiten des Putzgrundes

6.1.7 Ermittlung des Putzbedarfs

Heutzutage werden fast ausschließlich Werktrockenmörtel eingesetzt. Als Lieferformen stehen Säcke oder Silomörtel zur Auswahl. In diesem Abschnitt wird gezeigt, wie Sofie und Nico den **Mörtelbedarf** ermitteln.

Vor Beginn der Berechnung legen sie fest, welcher Innenputz und welche Putzdicken eingesetzt werden sollen. Anschließend gehen sie wie folgt vor:

a) Sie berechnen die Putzfläche in m^2.

b) Sie bestimmen das Festmörtelvolumen in l/m^2. Je m^2 verputzter Fläche und je mm Putzdicke wird 1l Mörtel benötigt. Beim Verputzen geht Mörtel verloren, dieser Verlust (etwa 2…5 %) muss zugeschlagen werden.

c) Sie berechnen die erforderliche Mörtelmenge, sie ist wegen des Verlustzuschlages 2…5 % größer als die Festmörtelmenge.

d) Sie berechnen die erforderliche Anzahl an Säcken Trockenmörtel aufgrund der vom Hersteller angegebenen Ergiebigkeit.

Beispiel:
200 m^2 Putzfläche sollen mit einem Kalkputz verputzt werden. Die Putzdicke soll 12 mm betragen, der Mörtelverlust ist mit 2 % zu berücksichtigen. Die Ergiebigkeit des Werktrockenmörtels liegt bei 24 l Frischmörtel aus einem 30-kg-Sack.

Wie viele Säcke müssen für die zu verputzende Fläche bestellt werden?

Lösung:

Volumen Festmörtel je m^2:	12 mm Putzdicke erfordern	12,00 l Festmörtel je m^2
Frischmörtelbedarf je m^2:	Festmörtelbedarf	12,00 l/m^2
	+ Mörtelverlust (2 %)	0,24 l/m^2
	Frischmörtelbedarf	12,24 l/m^2
Frischmörtelbedarf für 200 m^2:	200 m^2 · 12,24 l / m^2	= 2448 l
Anzahl Säcke:	2448 l / 24 l je Sack	= <u>102 Säcke</u>
Ergebnis:	102 Säcke müssen bestellt werden.	

Aufgaben

1. Sofie und Nico sollen den Materialbedarf für den 10 mm dicken Innenwandputz ihres Badezimmers berechnen. Die zu verputzende Fläche beträgt 33 m^2, der Mörtelverlust wird auf 4 % geschätzt. Die Ergiebigkeit eines Sackes Trockenmörtel beträgt 27 l Frischmörtel.

Helfen Sie dabei.

Wie groß ist der Festmörtelbedarf?

Wie groß ist der Frischmörtelbedarf?

Wie viele Säcke Trockenmörtel werden gebraucht?

2. Der Arbeitsablauf beim Verputzen einer Wand ist in Bildern dargestellt.
Schreiben Sie zu jedem Bild einen erklärenden Satz. Anhaltspunkte geben die unten stehenden Stichworte.

Mörtel mit Spritzkopf gleichmäßig auftragen – Putzgrund abbürsten – grobe Unebenheiten zuspachteln – hervorstehende Ecken mit Eckleisten versehen – Mörtel gleichmäßig verteilen – überstehende Teile entfernen

6.2 Fliesen und Platten

Die Wände und Wandabschnitte, die mit Wasser in Berührung kommen, im Bad, im WC und in der Kochnische sowie die Fußböden des Wunschhauses, erhalten Fliesen- bzw. Plattenbeläge.

Fliesen und Platten dienen der Bekleidung von Wänden und Böden sowohl im Innen- als auch im Außenbereich. Fliesen sind kleine, dünne Scheiben aus Feinkeramik. Platten sind etwas dickere und oft größere Scheiben aus Grobkeramik, Beton oder Naturstein.

6.2.1 Rohstoffe und Herstellung

Fliesen und Platten können aus unterschiedlichen Materialien und nach unterschiedlichen Verfahren hergestellt werden.

Keramik

Keramische Fliesen und Platten werden in der Regel aus Ton, Quarz und Feldspat hergestellt. Die Platten und Fliesen werden geformt, getrocknet und anschließend in einem Ofen bei hohen Temperaturen gebrannt. Der so hergestellte keramische Werkstoff wird **Scherben** genannt. Abhängig von den verwendeten Rohstoffen und dem Herstellungsverfahren kann ein Scherben porös oder dicht sein. Auf den Scherben kann eine Glasur aufgeschmolzen werden.

Beton

Betonplatten werden aus Zement und ausgewählten Gesteinskörnungen hergestellt. Sie werden unter Zugabe von wenig Wasser gemischt, in Formen gegeben und verdichtet. Nach dem Erhärten können die Oberflächen noch behandelt werden, z. B. durch Schleifen oder Sandstrahlen.

Naturstein

Natursteine werden aus natürlichen Vorkommen gewonnen. Große Blöcke werden gespalten oder auf die gewünschten Maße zugeschnitten. Die Oberfläche kann naturbelassen, gesägt, geschliffen, sandgestrahlt oder poliert werden. Häufig verwendete Natursteine sind z. B. Glimmerschiefer, Kalkstein, Sandstein oder Granit.

Aufgabe

Wodurch unterscheidet sich eine Keramikplatte von einer Betonplatte

a) bezüglich der verwendeten Rohstoffe,

b) bezüglich der Herstellung?

6.2.2 Eigenschaften

Fliesen und Platten weisen je nach Rohstoffen und Herstellungsart unterschiedliche Eigenschaften auf. Bei der Wahl des Belags ist darauf zu achten, dass die Belagseigenschaften an die Beanspruchungen angepasst sind.

Abrieb und Beanspruchung

Fliesen im Badezimmer werden in der Regel mit nackten Füßen oder Hausschuhen betreten. Ein Hauseingang dagegen wird mit festem Schuhwerk betreten und eine Garage wird sogar mit Fahrzeugen befahren. Jeder dieser Räume kann mit Fliesen ausgelegt werden, der Belag wird jedoch in den genannten Räumen sehr unterschiedlich beansprucht. Je nach Nutzung der Räume muss bei der Fliesenauswahl auf Festigkeit und Abriebklasse geachtet werden.

Wasseraufnahmefähigkeit

Fliesen können unterschiedlich viel Wasser aufnehmen, abhängig davon, aus welchen Rohstoffen und nach welchem Verfahren sie hergestellt wurden. Wenn Wasser in eine Fliese auf einer Terrasse eindringt, so könnte es dort im Winter gefrieren und die Fliese könnte dadurch zerstört werden.

Fliesen dürfen demnach nur dann im Außenbereich verwendet werden, wenn sie frostsicher sind. Fliesen mit sehr geringer Wasseraufnahmefähigkeit (< 3 %) gelten als frostsicher.

Rutschsicherheit

In Eingangsbereichen, die mit nassen Schuhen betreten werden, sollte der Belag ausreichend rutschhemmend sein. In Schwimmbädern werden besondere Fliesen für den nassbelasteten Barfußbereich gewählt.

Rutschsicherheit wird durch entsprechende Oberflächengestaltung oder hohen Fugenanteil erreicht.

Handelsformen

Im Fachhandel werden die Fliesen nach Anwendungszwecken eingeteilt:

- Fliesen für Bad und Schlafräume
- Fliesen für den Wohnbereich
- Fliesen für die Küche
- Fliesen für den Eingangsbereich und für Arbeitsräume
- Fliesen für den Außenbereich

Innerhalb dieser Bereiche werden jeweils Wandfliesen und Bodenfliesen unterschieden. Die Bodenfliesen werden noch in vier Abriebklassen eingeteilt. Mit Hilfe dieser Einteilung kann für jede Beanspruchung die richtige Bodenfliese gewählt werden.

Fliesen müssen so gewählt werden, dass sie den Beanspruchungen möglichst gut und lange standhalten. Im Fachhandel werden die Fliesen nach Anwendungszwecken eingeteilt.

Aufgabe

Nico und Sofie wählen Fliesen für ihr Schlafzimmer aus. Bevor die beiden sich mit der Form und der Farbe der Fliesen beschäftigen, überlegen sie, welche technischen Eigenschaften eine solche Fliese aufweisen soll. Helfen Sie, folgende Fragen zu beantworten.

a) Welcher Art Beanspruchung müssen Fliesen in einem Schlafzimmer standhalten?

b) Dürfen die Fliesen im Schlafzimmer porös sein? Erläutern Sie Ihre Antwort.

c) Werden rutschhemmende Fliesen im Schlafzimmer benötigt? Erläutern Sie Ihre Antwort.

6.2.3 Verlegemuster

Die vielen Farben und Formen von Fliesen ermöglichen es den Fliesenlegern, unendlich viele Muster zu gestalten. Mit einer einzigen Fliesenform können schon mehrere Muster gebildet werden, z. B.:

Kreuzfugenverband

Halbverband

Diagonalverband

Aufgabe

Zeichnen Sie drei verschiedene Verlegemuster, die Sie mit einem rechteckigen Format herstellen können.

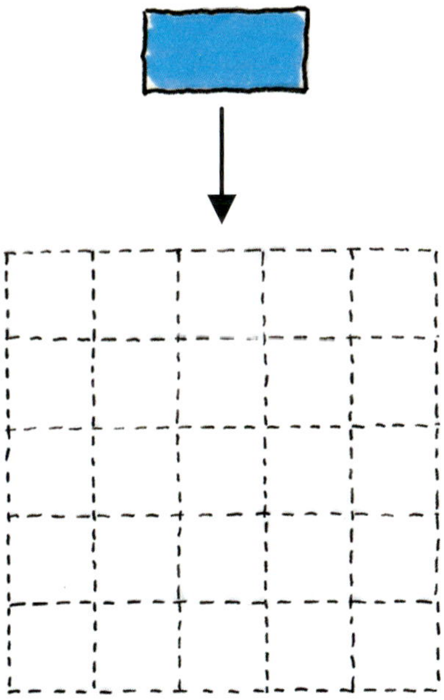

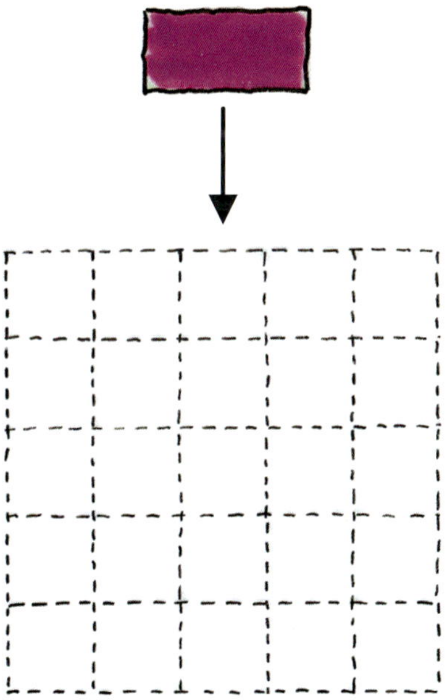

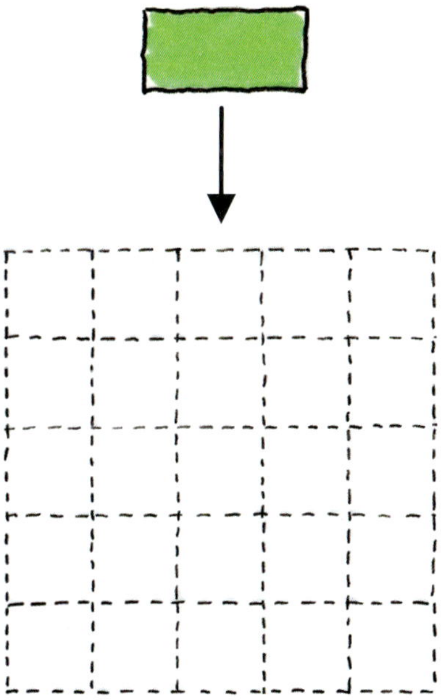

6.2.4 Werkzeuge

Für die Fliesenarbeiten in ihrem Wunschhaus benötigen Sofie und Nico je nach Arbeitsgang verschiedene Werkzeuge:

Zur Vorbereitung:	Schnur, Richtscheit, Wasserwaage, Bleistift, Baulaser
Zum Bearbeiten der Fliesen:	Fliesenschneidemaschine, Zwickzange, Lochzange
Zum Verlegen:	Kelle, Zahnkelle, Gummihammer (Plastikhammer), Fugengummi

Aufgabe

Benennen Sie die folgenden Werkzeuge.

1. ____________________

2. ____________________

3. ____________________

4. ____________________

5. ____________________

6. ____________________

7. ____________________

8. ____________________

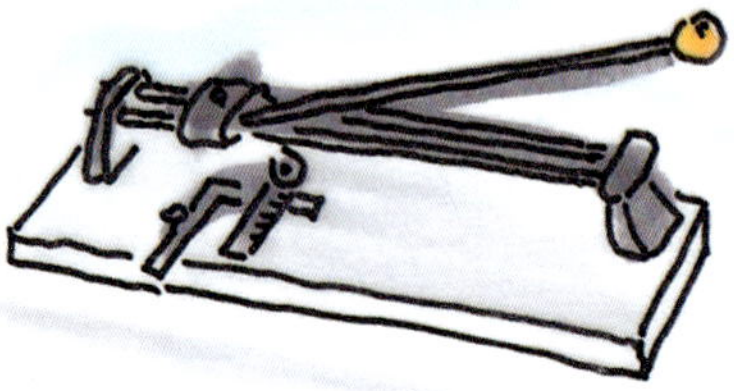

9. ______________________

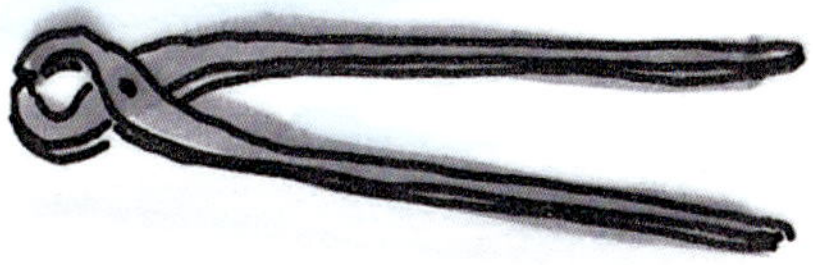

10. ______________________

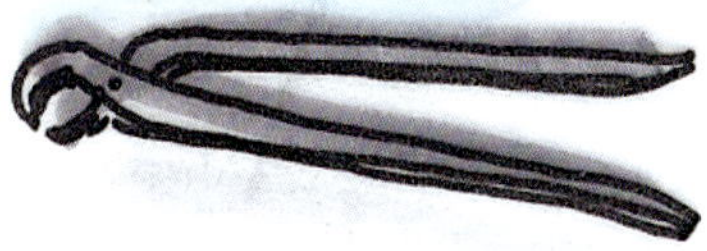

Diese Zange wird gebraucht, um z. B. ein Steckdosenloch in einer Fliese herzustellen.

6.2.5 Arbeitskleidung

Die Arbeitskleidung des Fliesenlegers besteht aus:

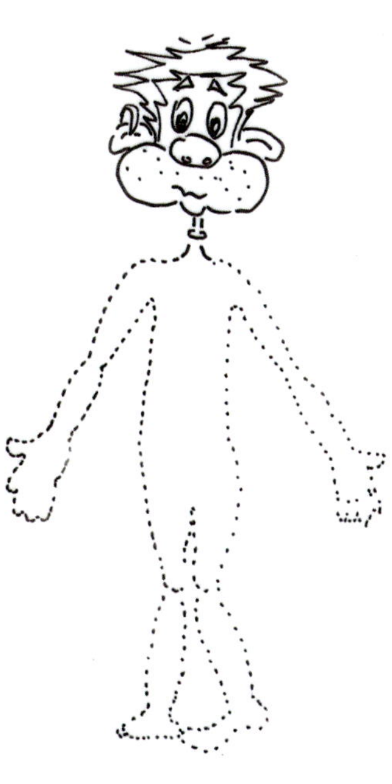

Aufgabe

Zeichnen Sie Nico in einer Arbeitssicherheitskleidung als Fliesenleger oder schneiden Sie die richtigen Kleidungsstücke aus der Vorlage im Anhang E aus und klemmen Sie diese an der ebenfalls vorgegebenen Nicoschablone fest.

6.2.6 Ansetzen von Fliesen

Vorbereiten des Untergrundes

Wie vor dem Verputzen muss auch vor dem Verfliesen jeder Untergrund auf seine Eignung überprüft werden. Der Untergrund zum Verfliesen muss **sauber**, **rau**, **saugfähig** und **fest** sein. Des Weiteren sollte er **eben** und **fluchtrecht** sein.

Werden bei der Überprüfung Mängel festgestellt, so sollten diese vor dem Verfliesen beseitigt oder ausgeglichen werden. Auf den vorbereiteten Untergrund können Fliesen im Dickbettverfahren oder im Dünnbettverfahren angesetzt werden.

Dickbettverfahren

Fliesen können in **Dickbettmörtel** (Zementmörtel) von **10 ... 15 mm** Dicke verlegt werden.

Der Mörtel wird mit der Kelle auf die Fliese aufgetragen.

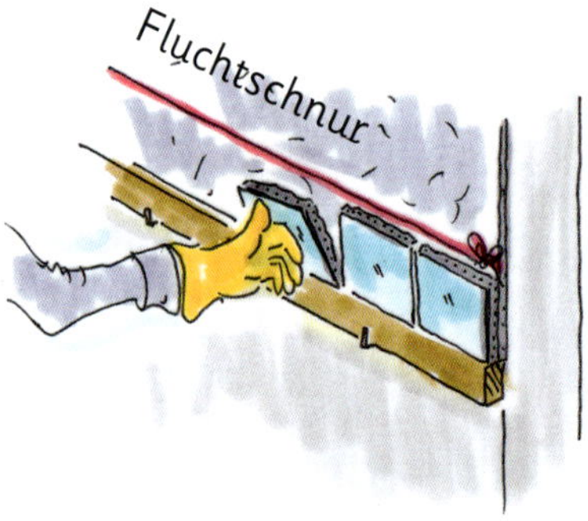

Dann wird die Fliese mit dem Mörtel an die Wand angesetzt.

Durch leichtes Klopfen wird die Fliese in die richtige Lage gebracht.
Außerdem wird der Mörtel verdichtet und der Zementleim in die Poren des Scherbens gedrückt. Dadurch entsteht eine feste Verbindung zwischen Fliese und Mörtel.

Das Dickbettverfahren ist arbeitsaufwendig, aber dafür können bei diesem Verfahren Unebenheiten des Untergrundes korrigiert werden.

Dünnbettverfahren

Ein **Dünnbettmörtel** hat eine Dicke von **max. 6 mm,** es handelt sich um einen Klebemörtel. Der Mörtel wird mit einer Zahnkelle auf die Wand aufgetragen. Dann wird die Fliese in das Mörtelbett gedrückt und ausgerichtet.

Das Dünnbettverfahren ist im Vergleich zum Dickbettverfahren weniger zeitaufwendig.

Für das Dünnbettverfahren müssen die Wände eben und fluchtrecht sein.

Aufgabe

Für das Ansetzen von Fliesen gibt es zwei Verfahren. Erstellen Sie einen Vergleich dieser beiden Verfahren, indem Sie folgende Tabelle ergänzen:

Verfahren		
Auf welche Untergründe wird dieses Verfahren angewendet?		
Wie dick ist das Mörtelbett? (maximaler Wert)		
Worauf wird der Mörtel aufgetragen?		
Mit welchem Werkzeug wird der Mörtel aufgetragen?		
Beschreiben Sie den Arbeitsaufwand.		

6.2.7 Schneiden von Fliesen und Platten

An den Rändern einer Belagsfläche werden manchmal nur Teile einer Fliese gebraucht, deshalb muss der Fliesenleger die Fliesen schneiden. Führen Sie dazu einen Versuch durch.

Versuch:

Legen Sie eine dünne Fliese auf einen flachen Untergrund (z. B. Tisch). Legen Sie ein Lineal an die Stelle, an der Sie die Fliese schneiden möchten. Fahren Sie mit einem Fliesenschneider **(Glasschneider)** an der Schnittlinie entlang. Dieser Vorgang wird „**Anreißen**" genannt.

Legen Sie nun einen Bleistift unter die gewünschte Schnittlinie und drücken Sie die Fliese an beiden Seiten nach unten.

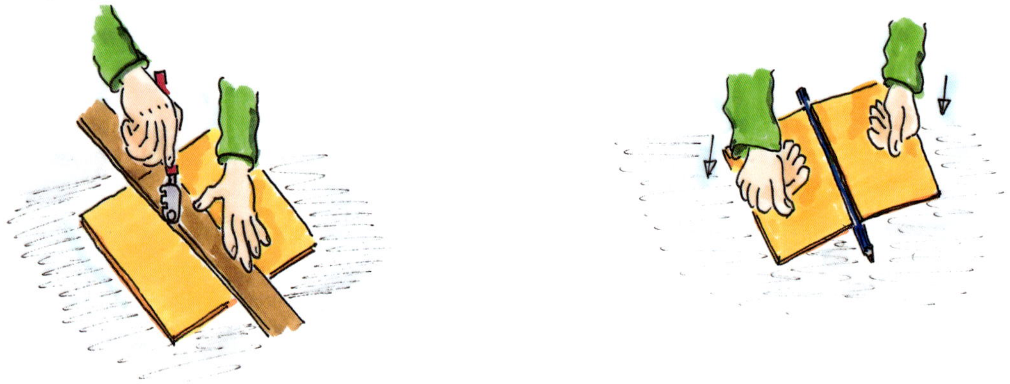

Beobachtung:

Ein leichter Druck reicht aus, um die Fliese an der angerissenen Stelle zu trennen.

Ergebnis:

Eine Fliese, die nicht vollflächig aufliegt und belastet wird, erfährt eine Biegung. Dieser Biegung kann sie aber nicht standhalten und bricht.

Durch das Anreißen wird der Querschnitt der Fliese an einer bestimmten Stelle geschwächt. Bei leichter Biegebeanspruchung bricht die Fliese an der geschwächten und damit an der gewünschten Stelle.

Der Fliesenleger verwendet eine **Fliesenschneidemaschine**, mit der er die Fliese anreißen und dann brechen kann.

Dicke Fliesen und Platten werden meist mit der **Plattensäge** getrennt. Bei diesen Sägen wird die Platte mit Wasser besprüht, um sie abzukühlen und um Staubbildung zu verhindern.

6.2.8 Fugen

Die Fugen sind die Bereiche zwischen den Fliesen. Sie bilden den **empfindlichsten Teil** der Beläge. Sie erfüllen wichtige Aufgaben wie z. B.:

- Fugen verschließen die Belagsoberfläche

- Fugen ermöglichen ein sicheres, rutschfreies Begehen

- Fugen haben eine gestalterische Funktion

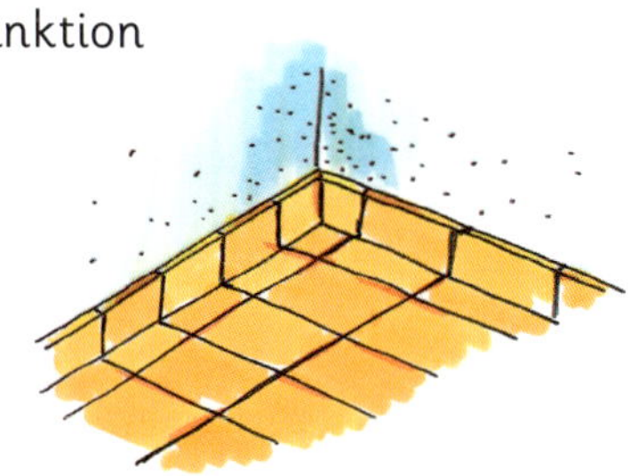

Zum Verfugen dient ein Zementmörtel, der nach Art des Belags und der gewünschten Farbe ausgewählt wird.

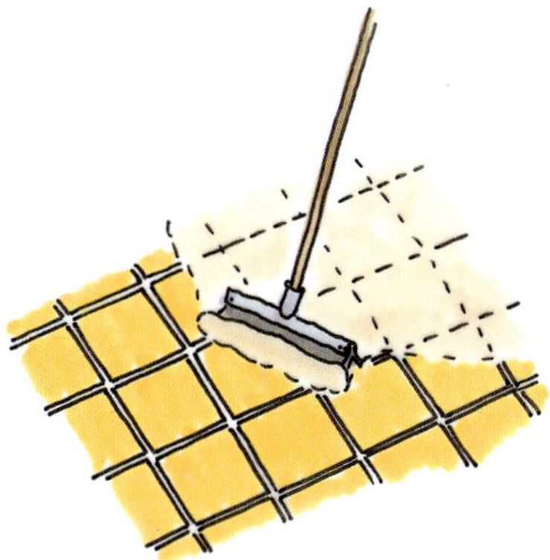

Das Fugenmaterial wird nach Erhärten des Mörtelbettes eingeschlämmt, eingestrichen oder eingekehrt.

Das überschüssige Material wird entfernt.

Nach dem Verfugen muss der Belag gereinigt werden.

Die Fugen bilden den empfindlichsten Teil der Beläge. Nur bei sorgfältiger Ausführung können Fugen ihre Aufgaben erfüllen.

6.2.9 Materialbedarf

Fliesenbedarf

Der Bedarf an Fliesen wird mit Hilfe von Tabellen berechnet. Der Tabellenwert gibt an, wie viele Fliesen je m² gebraucht werden. Die erforderliche Anzahl Fliesen wird ermittelt, indem die zu belegende Fläche *A* mit der Stückzahl je m² multipliziert wird. Ein Zuschlag für Bruch und Verschnitt wird ebenfalls in der Tabelle angegeben.

$$\text{Fliesenbedarf} = \text{Fläche } A \cdot \text{Fliesenbedarf pro m}^2$$

In den Tabellen werden **Koordinierungsmaße M** der Fliesen in cm angegeben. Das Koordinierungsmaß M beinhaltet sowohl die Breite der Fliese, als auch zwei Hälften der Fugenbreite (= eine Fugenbreite).

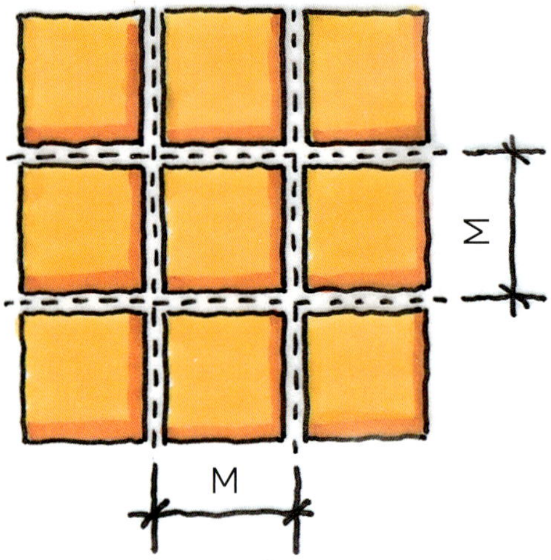

Koordinierungsmaß M = Fliesenbreite + Fugenbreite.

Tabelle für Fliesen- und Plattenbedarf je m²

Koordinierungsmaß cm	Stück/m² *)
M 10 x 10	100
M 15 x 7,5	89
M 15 x 15	45
M 20 x 10	50
M 20 x 15	34
M 20 x 20	25
M 25 x 25	16
M 30 x 15	23
M 30 x 30	12

*) Je nach Verlegemuster kann ein Zuschlag von 2…5 % für Bruch und Verschnitt erforderlich werden.

Beispiel:
Die Wohnzimmerterrasse von Sofies und Nicos Wunschhaus soll mit Fliesen M 25 x 25 belegt werden.
Die Breite der zu fliesenden Fläche beträgt 3 m, die Tiefe der Terrasse beträgt 2 m.
Wie viele Fliesen sind zu bestellen (Verlust durch Bruch und Verschnitt 4 %)?

Lösung:

Fläche $A = 2\text{ m} \cdot 3\text{ m} = 6\text{ m}^2$
$\underline{A = 6\text{ m}^2}$

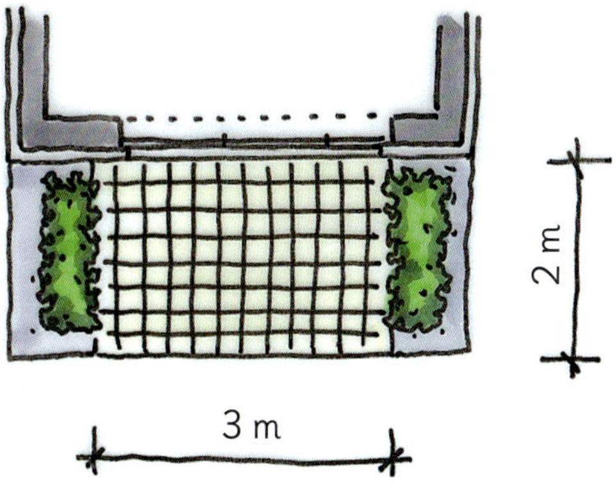

Fliesenbedarf je m^2 (aus Tabelle):
$\underline{16\text{ Stück/m}^2}$

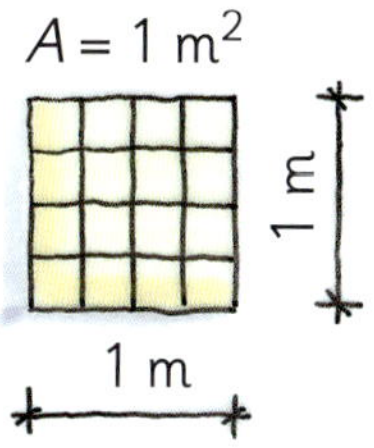

Fliesenbedarf für die Terrasse **ohne** Verlustberücksichtigung:

$\text{Anzahl} = 6\text{ m}^2 \cdot 16\text{ Stück/m}^2$
$\underline{\text{Anzahl} = 96\text{ Stück}}$

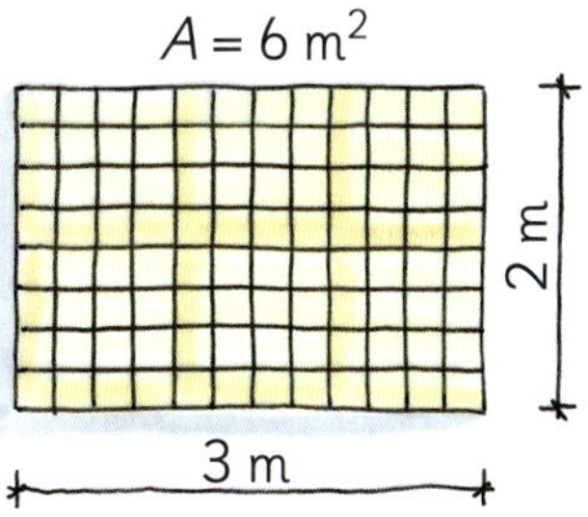

Fliesenbedarf für die Terrasse **mit** Verlustberücksichtigung:

$\text{Anzahl} = 96\text{ Stück} \cdot 1{,}04$
$\underline{\text{Anzahl} = 100\text{ Stück}}$

Mörtelbedarf beim Dickbettverfahren

Der Mörtelbedarf lässt sich ermitteln, indem man die Fläche *A* mit der Dicke des Mörtelbettes in mm multipliziert.

Mörtelbedarf = Fläche *A* · Dicke des Mörtelbettes in mm

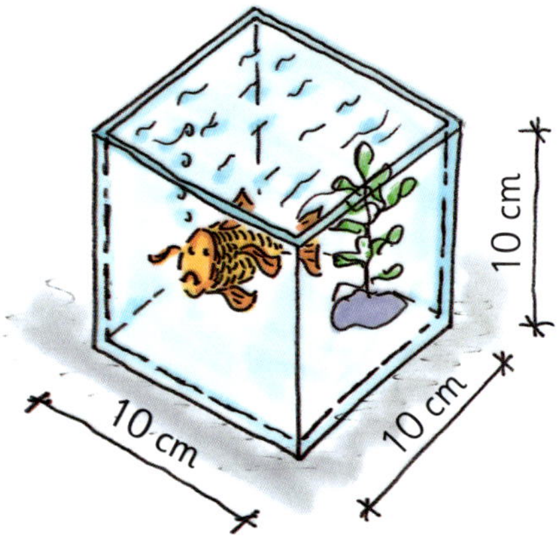

Für eine Fläche von 1 m^2 und einer Mörteldicke von 1mm braucht man also 1 dm^3 Mörtel, das entspricht einem Liter.

1 dm^3 = 1 l

Aufgabe

Berechnen Sie den Frischmörtelbedarf für die Verlegung der Terrassenplatten aus dem Beispiel auf der Vorseite im Dickbettverfahren. Das Mörtelbett hat eine Dicke von 12 mm.

Mörtelbedarf beim Dünnbettverfahren

Die Fliesenkleber, also der Mörtel für das Dünnbettverfahren, sind in 25-kg-Säcken erhältlich. Der Hersteller gibt auf der Verpackung an, welche Ergiebigkeit der Mörtel hat.

Sofie liest die Herstellerangaben bezüglich Verbrauch und Ergiebigkeit:

Zahnung der Zahnkelle	Verbrauch	Ergiebigkeit von 25 kg
4 mm	ca. 1,7 kg/m^2	ca. 14,7 m^2
6 mm	ca. 2,3 kg/m^2	ca. 10,8 m^2

$$\text{Bedarf an Mörtelsäcken} = \frac{\text{Fläche } A}{\text{Ergiebigkeit von 25 kg}}$$

Aufgabe

Berechnen Sie den Bedarf an 25-kg-Mörtelsäcken für das Verfliesen des Wohnzimmers von Nicos und Sofies Wunschhaus. Die zu verfliesende Fläche beträgt 6,5 m x 4 m. Die Zahnkelle hat eine Zahnung von 6 mm.

6.3 Herstellen eines Fliesenbelags

Sofie und Nico planen, den Boden ihres Schlafzimmers mit Fliesen auszulegen.

Das Schlafzimmer hat die Abmessungen 4,01 x 3,20 m und in der Zimmerecke befindet sich der Schornstein (0,5 x 0,5 m).

Sie entscheiden sich für eine Feinkeramikfliese mit dem Koordinierungsmaß M 25 x 25. Die gewählten Fliesen haben eine geringe Abriebfestigkeit und sind deshalb nur für das Schlafzimmer geeignet.

Der Untergrund ist eben, deshalb können die Fliesen im Dünnbettverfahren verlegt werden.

Materialbedarf

Aufgabe

Berechnen Sie für die Beschichtung des Schlafzimmerbodens den Bedarf an Fliesen und Mörtel. Rechnen Sie für die Fliesen einen Verschnitt von 5 % ein. Die Zahnkelle hat eine Zahnung von 6 mm.

Fliesenbedarf: ____________________

Mörtelbedarf: ____________________

Verlegeplan

Sofie und Nico zeichnen sich zuerst einen Verlegeplan für die Fliesen. Die Anordnung der Fugen muss so geplant werden, dass der Bodenbelag gut aussieht. Im direkten Sichtfeld sollen ganze Fliesen liegen, die Randfliesen sollten nach Möglichkeit breiter als eine halbe Fliese sein.

Schritt 1:

Zuerst teilen Nico und Sofie den Raum in der Länge und in der Breite in jeweils zwei Hälften. Sie markieren die Linien mit Schnüren.

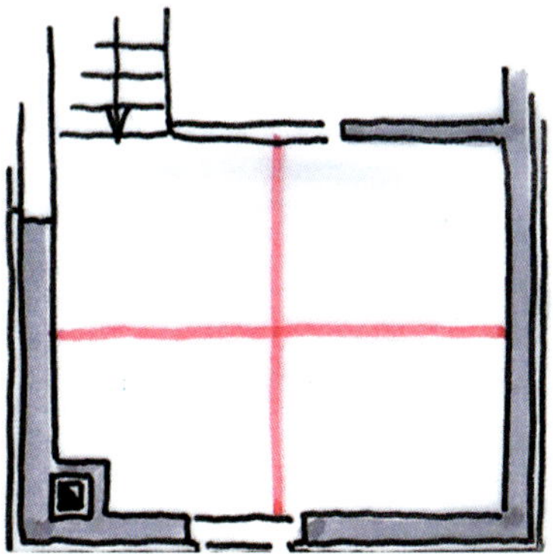

Schritt 2:

Dann kennzeichnen Sofie und Nico Orientierungslinien mit 45° Neigung zur Länge bzw. Breite.

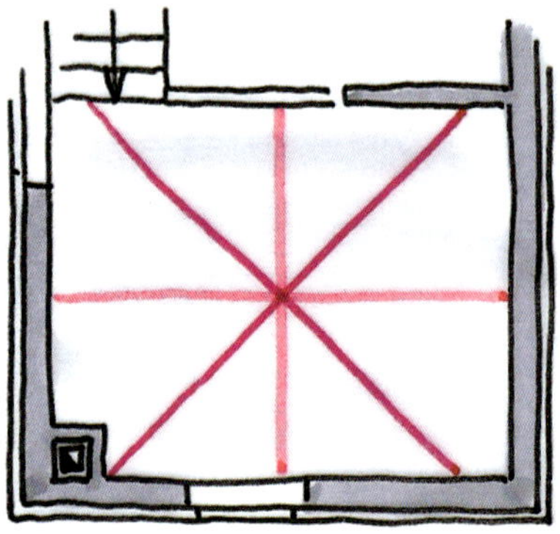

Schritt 3:

Anschließend legen sie die Fliesen über jeweils eine halbe Länge, Breite und Diagonale trocken aus.

Schritt 4:

Die Schnüre werden dann so weit versetzt, bis an allen drei Enden möglichst eine volle Fliese liegt.

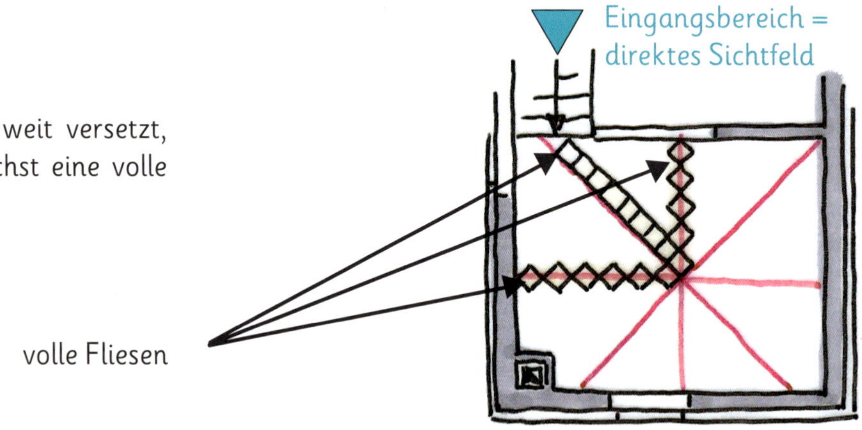

Nun sind die Orientierungslinien für die Fliesenverlegung hergestellt. Die trocken ausgelegten Fliesen werden wieder eingesammelt. Jetzt kann der Bodenbelag hergestellt werden.

Vorbereitung des Untergrundes

Sofie und Nico säubern den Untergrund.
Er muss von Staub und Verunreinigungen befreit werden.

Verlegen der Fliesen

Schritt 1:

Der Mörtel wird nach Herstellerangaben angerührt. Bei der zubereitenden Menge ist zu beachten, dass der Mörtel nur eine begrenzte Zeit verarbeitet werden kann. Es wird nur so viel Mörtel angerührt, wie in der vorgegebenen Zeit verarbeitet werden kann.

Schritt 2:

Mit einer Zahnkelle trägt Sofie den Mörtel auf den Untergrund auf.

Schritt 3:

Sofie drückt die Fliesen per Hand in den Mörtel.

Schritt 4:

Nico reißt die Fliesen für die Teilstreifen an und bringt sie auf die gewünschte Größe.

Beim Verlegen ist darauf zu achten, dass frisch verlegte Beläge nicht betreten werden dürfen. Der Fliesenleger arbeitet demnach immer so, dass er am Ende am Ausgang des Zimmers angekommen ist.

Ausfugen

Nachdem der Klebemörtel genügend ausgetrocknet ist, können die Fliesen ausgefugt werden.

Schritt 1:

Zum Verfugen sind spezielle Fugenmörtel im Handel erhältlich. Die Herstellung des Fugenmörtels geschieht, wie beim Klebemörtel, nach den Herstellerangaben.

Schritt 2:

Sofie schlämmt den flüssigen Fugenmörtel in die Fugen ein.

Schritt 3:

Nico entfernt den überschüssigen Fugenmörtel.

Schritt 4:

Danach wird der Grauschleier auf den Fliesen mit einem Schwamm oder einer Schwammscheibe abgewachsen.

Schritt 5:

Nach mehreren Tagen Trocknungszeit wird der Boden gesäubert.

Aufgaben

1. Nico und Sofie hatten vor, in ihrem Wohnzimmer die gleichen Fliesen zu verlegen, wie in ihrem Schlafzimmer. Wieso sollten sie das nicht tun?

2. Berechnen Sie für Sofie und Nico den Bedarf an Fliesen (M 25 x 25) für den Bodenbelag des Wohnzimmers (6,5 x 4,0 m). Es ist mit einem Verlust von 3 % für Verschnitt und Verhau zu rechnen.

3. Zeichnen Sie einen Verlegeplan für das Wohnzimmer.

4. Auf der nächsten Seite sollen Sie nun den Bodenbelag des Abstellraumes herstellen. Schneiden Sie dazu die Fliesen von Anhang F aus.

Durch eine Trockenverlegung können Sie selbst herausfinden, welche Farbkombination und welches Verlegemuster Ihnen am besten gefällt.

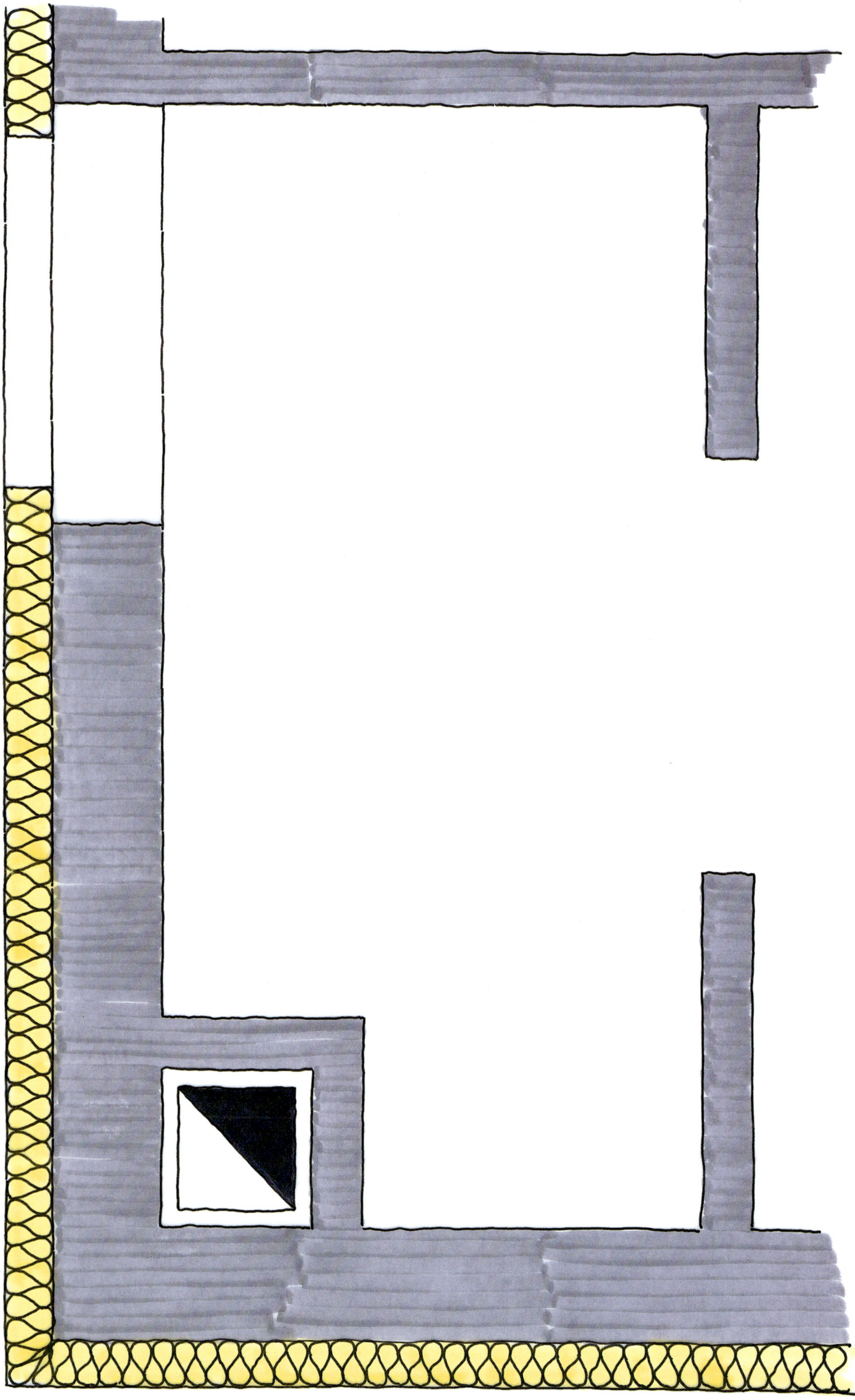

7 Zusammenwirken der Bauberufe

Jahre später: Sofie und Nico haben ihre Berufsausbildung erfolgreich abgeschlossen.

Sofie hat eine Ausbildung
zur Fliesenlegerin gemacht.

Nico hat eine Ausbildung
zum Maurer gemacht.

Die Großmutter hat Wort gehalten und das Haus von Sofie und Nico ist eben fertig geworden.

Voller Stolz auf das neue Heim hebt Nico die Bedeutung seines Berufs, des Maurers, für das Gelingen eines Bauwerks hervor.

Das lässt Franziska, die **Zimmerin** nicht ruhen:

Und Ali, der **Betonbauer**:

wirft Maurice, der **Stuckateur** ein.

ergänzt Sofie als **Fliesenlegerin**.

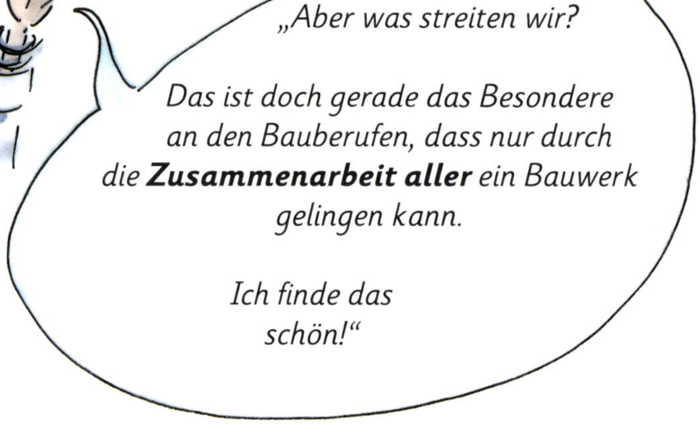

„Deshalb werden wir ja auch zu Recht **Das Team vom Bau** genannt!“

Im Berufsfeld Bautechnik gibt es je nach Neigung eine große Zahl von **Ausbildungsberufen** und darauf aufbauend **Weiterbildungs-** und damit **Aufstiegsmöglichkeiten**.

17 Bauberufe mit dreijähriger Ausbildungsdauer sind den Schwerpunkten Hochbau, Ausbau oder Tiefbau zugeordnet. In diesen Schwerpunkten kann auch bereits nach zwei Jahren ein Abschluss als **Hochbaufacharbeiter/-in, Ausbaufacharbeiter/-in** oder **Tiefbaufacharbeiter/-in** gemacht werden.

Ausbildungsberufe im Hochbau, Ausbau und Tiefbau

Ausbildungsdauer	Hochbau	Ausbau	Tiefbau
	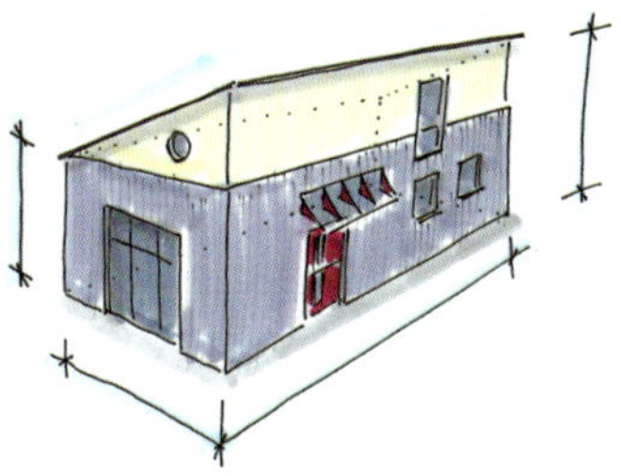		
2 Jahre	• Hochbaufacharbeiter/-in	• Ausbaufacharbeiter/-in	• Tiefbaufacharbeiter/-in
3 Jahre	• Beton- und Stahlbetonbauer/-in • Maurer/-in • Feuerungs- und Schornsteinbauer/-in	• Betonstein- und Terrazzohersteller/-in • Zimmerer/Zimmerin • Stuckateur/-in • Estrichleger/-in • Fliesen-, Platten- und Mosaikleger/-in • Wärme-, Kälte- und Schallschutzisolierer/-in • Trockenbaumonteur/-in	• Straßenbauer/-in • Spezialtiefbauer/-in • Rohrleitungsbauer/-in • Kanalbauer/-in • Brunnenbauer/-in • Gleisbauer/-in • Baugeräteführer/-in

Daneben gibt es aber noch **weitere Ausbildungsberufe** im Baubereich, die keinem Schwerpunkt zugeordnet sind und bei denen auch keine zweijährige Ausbildung zum Hochbau-, Ausbau- oder Tiefbaufacharbeiter möglich ist. Dies sind z. B. die Berufe Bauzeichner/-in, Dachdecker/-in, Baustoffprüfer/-in, Bauwerksabdichter/-in und Straßenwärter/-in.

Zu allen Bauberufen gibt es umfangreiche Informationsmöglichkeiten im Internet, bei Behörden und Organisationen der Wirtschaft sowie durch unmittelbare Kontakte und Gespräche.

Informationsmöglichkeiten

Internet

- www.bauberufe.net
- www.bibb.de
- www.planet-beruf.de
- www.berufskunde.de

Behörden/Organisationen der Wirtschaft

- Betriebe
- Berufsinformationszentren
- Berufliche Schulen
- Handwerkskammern
- Innungen
- Industrie- und Handelskammern

Kontakte und Gespräche

- Freunde
- Bekannte
- Handwerker/innen
- Lehrer/innen

Durch Weiterbildung zum **Polier**, **Meister** oder **staatlich geprüften Bautechniker** erreichen viele Bauhandwerker verantwortungsvolle Führungspositionen.

Die großartigen Bauwerke aus Jahrtausenden konnten und können nur durch das Zusammenwirken aller am Bau Beteiligten entstehen.

Jeder Einzelne hat seine Aufgabe und trägt seinen Anteil zum Ganzen bei. Die Bauhandwerker sind aufeinander angewiesen:

Bauarbeit ist Teamarbeit!

Aufgaben

1. Welche Bauberufe waren am Bau des Häuschens von Sofie und Nico (einschließlich Planung) beteiligt?

1. ________________
2. ________________
3. ________________
4. ________________
5. ________________
6. ________________
7. ________________

...

2. Tragen Sie in die Tabelle für die am Häuschen ausgeführten Tätigkeiten die entsprechenden Fachkräfte ein. Bringen Sie die Tätigkeiten in die richtige zeitliche Reihenfolge, indem Sie in die Kreise entsprechende Nummern eintragen.

Fachkraft	Tätigkeit
	◯ Entwässerungsleitungen verlegen
	◯ Hölzer herrichten und Dachstuhl aufrichten
	◯ Fußbodenestrich einbauen
	◯ Außen- und Zwischenwände erstellen
	◯ Holztreppe herstellen und einbauen
	◯ Einrichten der Baustelle: Lager für Baustoffe vorbereiten, Zufahrt herrichten, Magazine und Unterkünfte aufstellen
	◯ Baugrube ausheben
	◯ Zugang zum Haus pflastern
	◯ Innenwände streichen
	◯ Geschossdecke einschalen, bewehren und betonieren
	◯ Eindecken des Daches mit Dachziegeln, Dachsteinen, Holzschindeln oder Metallblechen
	◯ Fundamente betonieren
	◯ Innen- und Außenputz aufbringen

Fachkraft	Tätigkeit
	◯ Heizungs- und Installationsrohre einbauen
	◯ Bodenplatte bewehren und betonieren
	◯ Türen und Schrankwände einbauen
	◯ Schornstein hochziehen
	◯ Fensterstürze versetzen
	◯ Außenwände streichen
	◯ Schutz- und Arbeitsgerüst aufstellen
	◯ Elektrische Leitungen installieren
	◯ Bad und Küche fliesen
	◯ Kellerwände außen gegen Feuchtigkeit abdichten

3. Haben Sie sich für einen Bauberuf entschieden? Begründen Sie Ihre Wahl. (Fragen Sie Ihre Kolleginnen und Kollegen nach deren Berufswahl und lassen Sie sich deren Berufswahl ebenfalls begründen.)

4. Weshalb werden die Bauhandwerker auch als das

„Team vom Bau"

bezeichnet?

Sachwortverzeichnis

Bildquellenverzeichnis

BERDING BETON GmbH Steinfeld: Seite 44 (3)
BG Bau – H.Zwei.S Werbeagentur GmbH, Hannover: Seite 73 (2)
Bietenbeck, Martin, Osnabrück: Seite 52 (1, 2)
Bisotherm GmbH, Mülheim-Kärlich: Seite 66 (1)
Deutsche Doka Schalungstechnik GmbH, Maisach: Seite 118 (1, 2)
iStockphoto, Berlin: Seite 154 (1©JazzIRT)
Knauf Gips KG, Iphofen: Seiten 140 (2); 154 (2, 3, 4)
Kramer, Angelika, Stuttgart: Seite 122 (2, 3)
Kulturdirektion Stadtarchiv Erfurt, Erfurt: Seite 22 (6)
Maschinenbau Rudolf GmbH, Nettersheim: Seite 160 (3)
mauritius images GmbH, Mittenwald: Seiten 123 (2©AGE); 123 (4); 124 (2©Botanica); 124 (©3AGE); 124 (5); 124 (6©CuboImages); 124 (7©CuboImages); 124 (8); 124 (10©Radius Images); 124 (11); 124 (13©AGE); 124 (14©Pixtal); 125 (2©AGE); 125 (3); 125 (4©Westend61); 125 (5)
Omniplast GmbH, Ehringhausen: Seite 44 (2)
Röder, Lutz, Riesa: Seite 47 (3)
Shutterstock Images LLC, New York, USA: Seiten 23 (2©DavidRebata); 24 (3©S-F); 25 (1©IURII BURIAK)
Steinzeug-Keramo GmbH, Frechen: Seite 44 (1)
Stiftung Kirchliche Arbeit Alpirsbach: Seite 21 (8)
stock.adobe.com: Seiten 65 (2©Kara); 140 (3©ArTo)
thyssenkrupp Infrastructure GmbH, Essen: Seiten 37 (5); 38 (3)
Tierrafino BV, www.tierrafino.com, Amsterdam: Seite 160 (1)
Verlag Bau + Technik GmbH, Düsseldorf, aus: Guter Beton, 21. Auflage: Seite 91 (1, 2, 3)
VETTER Stahlhandel GmbH, Loxstedt: Seite 99 (1)
Wehrhahn GmbH, Delmenhorst: Seite 67 (1)
Xella Deutschland GmbH, Duisburg: Seite 67 (2)

Vorlage 1

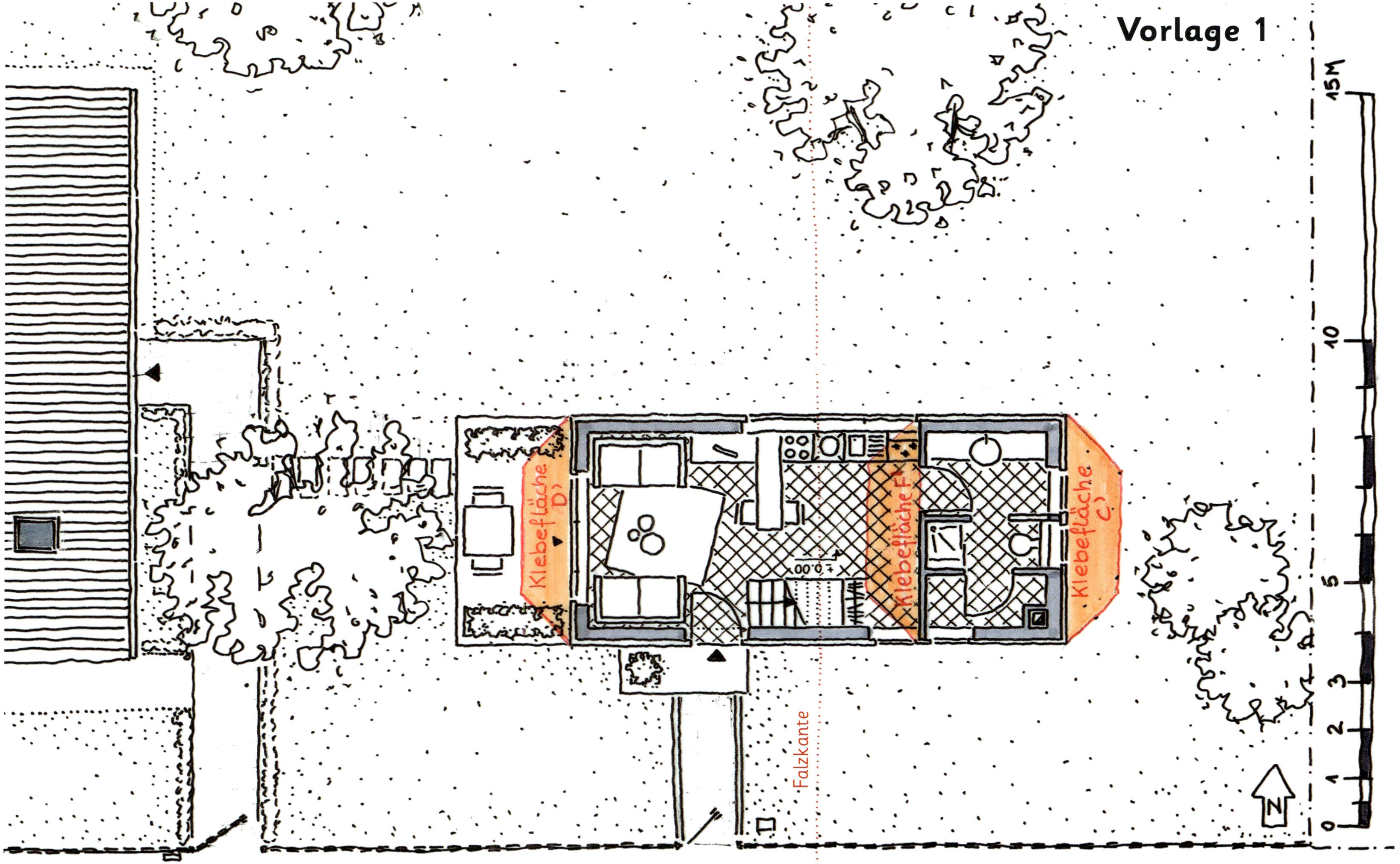
Klebefläche D)
Klebefläche F)
Klebefläche C)
Falzkante
±0,00
N
0
1
2
3
5
10
15M

Vorlage 3

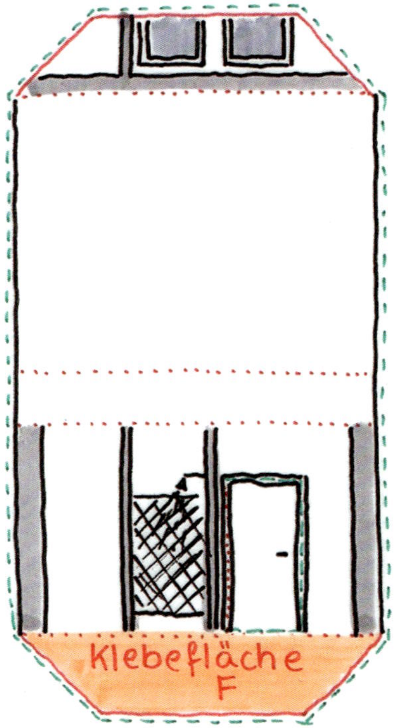

Vorlage 4

Vorlage 2

Vorlage 4

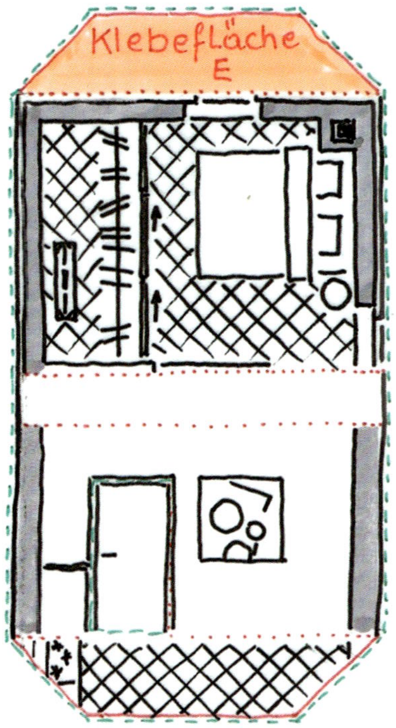

Vorlage 3

Vorlage 2

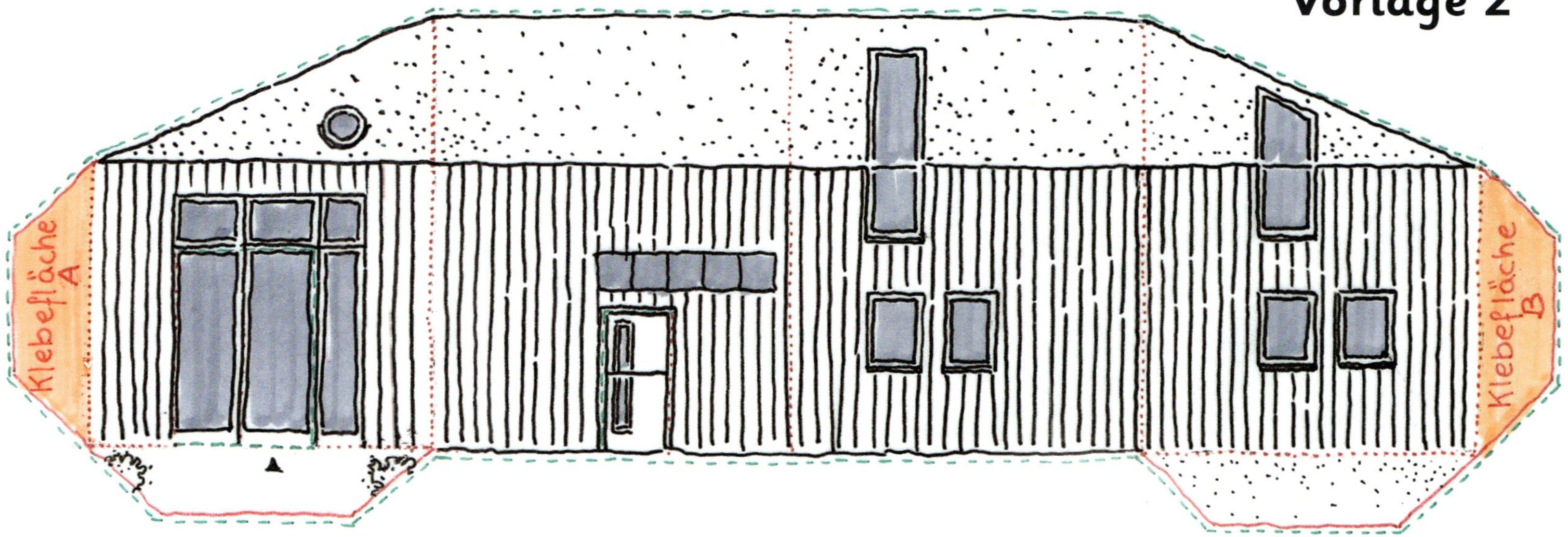

25°

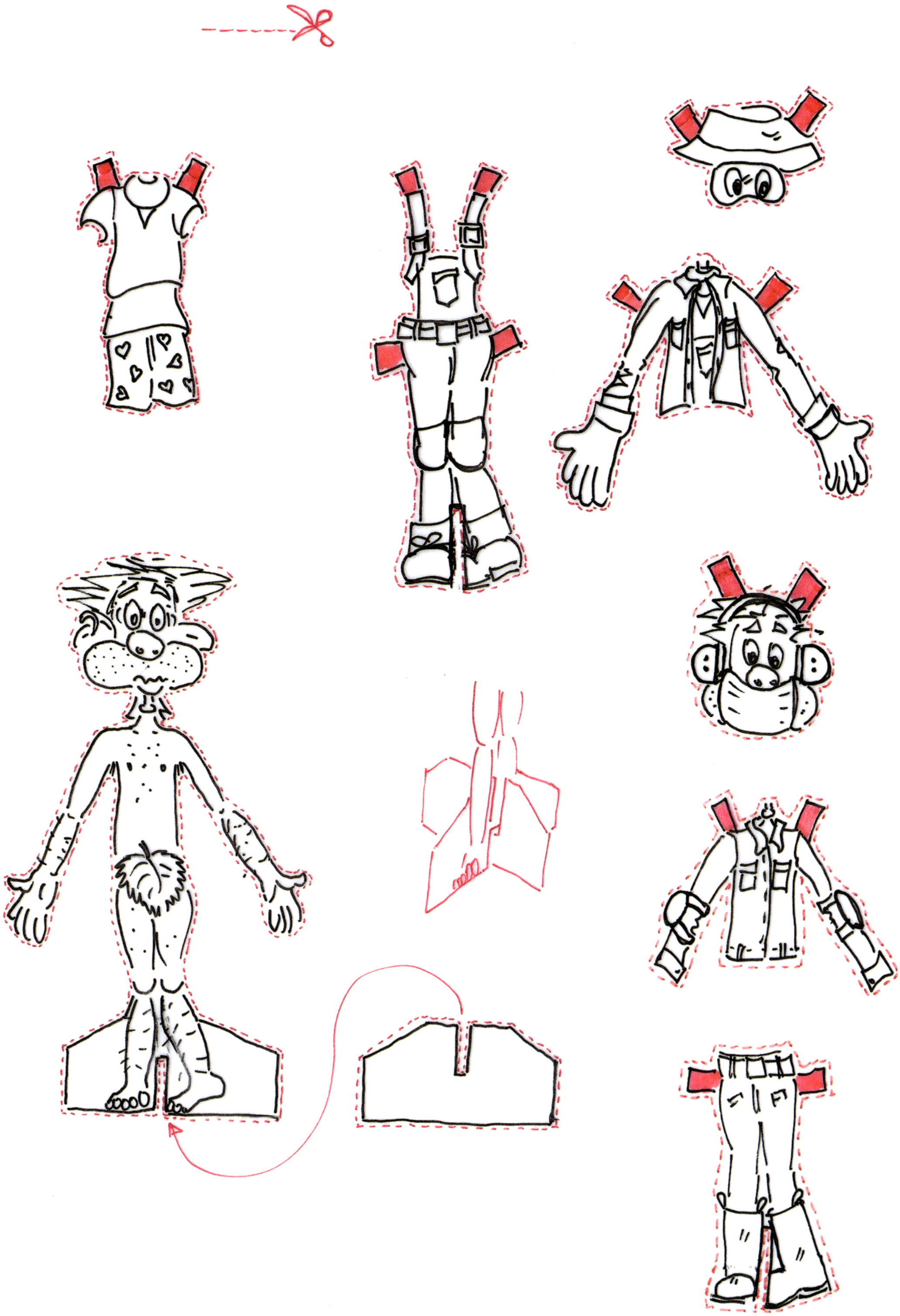

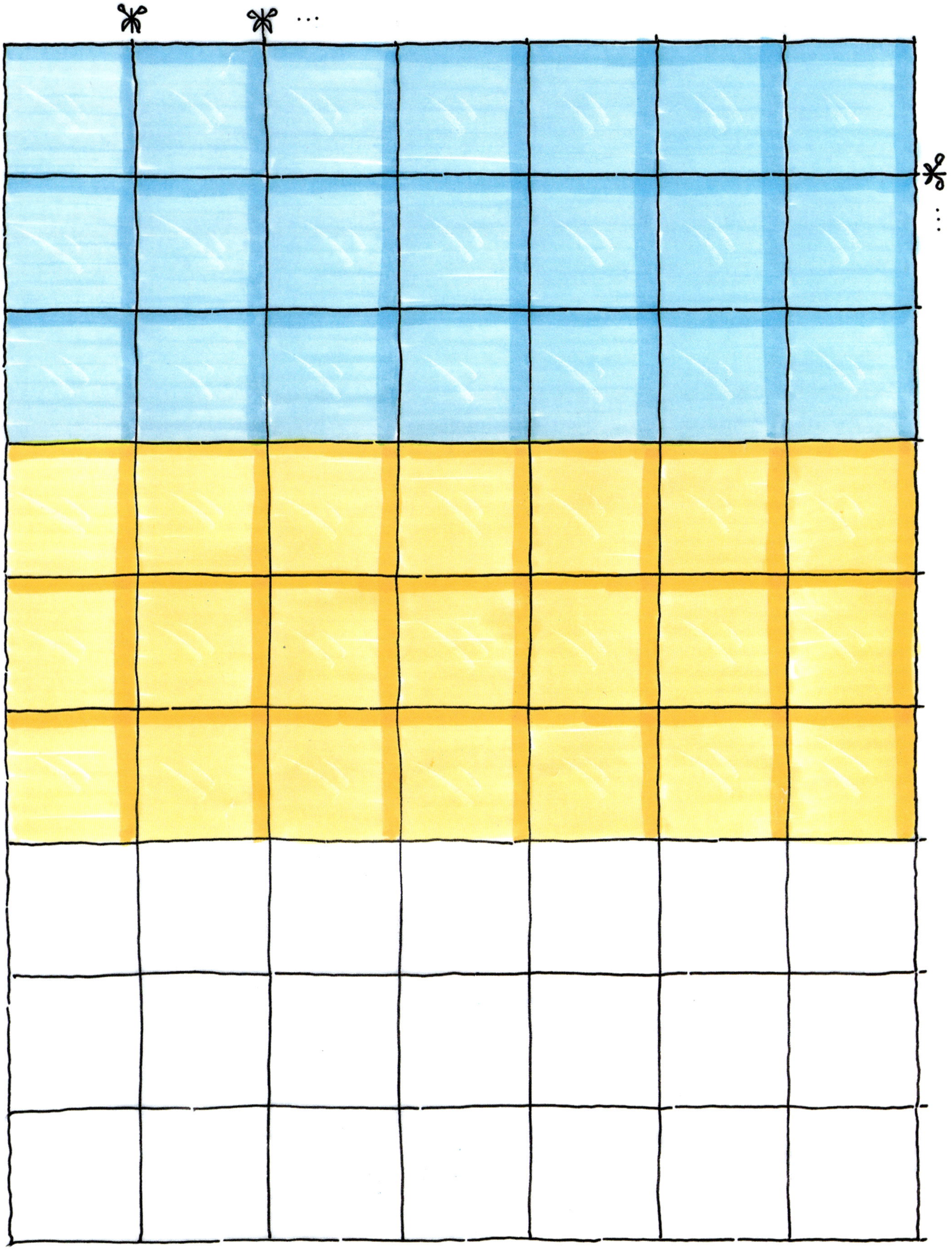

Notizen

Notizen